云南耕地
质量等别演变
与保护

Evolution and Protection of Cultivated Land Quality Grade in Yunnan Province

雷朋才
张乃明

—— 等著

化学工业出版社

·北京·

内容简介

本书共10章,主要介绍了耕地质量的内涵及其与人类文明的关系,云南耕地自然质量、利用质量和经济质量等别,耕地质量等别更新的依据和方法,云南耕地质量等别演变的总体趋势,不同指标区、不同地貌区、不同流域区耕地质量等别的变化特征,并从农耕措施、经济建设、农田建设三个方面论述其对耕地质量等别变化的驱动作用,以及土地整治与耕地质量的关系;最后讨论了高标准基本农田建设对耕地质量等别的影响等。

本书具有较强的针对性和实践性,可供自然资源部门、农业农村部门从事与耕地资源保护与利用等工作的科研人员和管理人员参考,也供高等学校农业资源与环境、自然资源、土地管理、生态工程及相关专业师生参阅。

审图号:云S(2024)1号

图书在版编目(CIP)数据

云南耕地质量等别演变与保护/雷朋才等著.—北京:化学工业出版社,2023.10

ISBN 978-7-122-44142-3

Ⅰ.①云… Ⅱ.①雷… Ⅲ.①耕地资源-资源评价-研究-云南 Ⅳ.①F323.211

中国国家版本馆CIP数据核字(2023)第171650号

责任编辑:刘兴春 刘 婧　　　　　　　　装帧设计:刘丽华
责任校对:王鹏飞

出版发行:化学工业出版社(北京市东城区青年湖南街13号 邮政编码100011)
印　　装:北京建宏印刷有限公司
787mm×1092mm 1/16 印张17½ 彩插5 字数367千字 2024年1月北京第1版第1次印刷

购书咨询:010-64518888　　　　　　　　售后服务:010-64518899
网　　址:http://www.cip.com.cn

凡购买本书,如有缺损质量问题,本社销售中心负责调换。

定　　价:158.00元　　　　　　　　　　　　版权所有　违者必究

《云南耕地质量等别演变与保护》编委会

主　任： 雷朋才　张乃明

副主任： 王　岗　包　立　吴文蓉

编委成员（按姓氏拼音顺序）：

包　立	陈　俊	陈　文	崔占仙	冯煜辉	韩东锦	雷朋才
李春睿	李　斐	李树国	卢维宏	穆玉宁	苏永良	苏友波
孙　彦	王　岗	王　晟	吴文蓉	伍小云	杨金福	于　泓
张乃明	张天文	支　芸	周洪印	周怀愿	朱兴丽	

前言

耕地保护是关系我国经济和社会可持续发展的全局性战略问题。"十分珍惜、合理利用土地和切实保护耕地"是必须长期坚持的一项基本国策。我国土地资源的特点可以概括为"一多三少",即总量多,人均耕地少,高质量的耕地少,可开发后备资源少。而耕地资源事关国家粮食安全,要把14亿中国人的饭碗牢牢端在自己手中,守住"谷物基本自给、口粮绝对安全"的国家粮食安全战略底线,前提是保证耕地数量稳定,重点是实现耕地质量的提升。《新时代的中国绿色发展》白皮书中明确要在守住资源安全底线的前提下支撑高质量发展。立足粮食安全,优先划定耕地和永久基本农田保护红线,明确2021~2035年继续保持18.65亿亩耕地保护任务不变。可见及时掌握耕地质量的动态演变并采取恰当的保护措施十分重要。本书正是在这个大的背景下撰写的,希望本书的出版能够为区域耕地质量等别演变研究以及利用和保护提供科学依据和理论指导。

全书共10章,第1章耕地质量概述重点介绍了耕地质量的内涵及其与人类文明的关系;第2章在介绍云南省自然概况的基础上论述了云南耕地自然质量、利用和经济等别;第3章论述了耕地质量等别更新的依据和方法;第4章介绍了云南耕地质量等别演变的总体趋势;第5~7章分别介绍了不同指标区、不同地貌区、不同流域区耕地质量等别的变化特征;第8章则从农耕措施、经济建设、农田建设三个方面论述了其对耕地质量等别变化的驱动作用;第9章主要论述了土地整治与耕地质量的关系;第10章讨论了高标准农田建设对耕地质量等别的影响。本书具有较强的针对性和技术应用性,可供各级自然资源部门、农业农村部门从事耕地资源利用保护的相关管理人员、科研人员以及高等学校自然资源、土地管理、农业、环境、地理、生态等相关专业的师生阅读参考。

本书提纲由云南省自然资源厅国土规划整理中心雷朋才主任和云南农业大学张乃明教授共同提出,各章撰写分工具体如下:第1章由张乃明、王晟、陈文、于泓、韩东锦、穆玉宁著;第2章由雷朋才、陈俊、冯煜辉著;第3章由雷朋才、李斐著;第4章由杨金福、王岗、伍小云著;第5章由吴文蓉、周怀愿、孙彦著;第6章由王岗、崔占仙、支芸著；第 7 章由张天文、苏永良、冯煜辉著；第 8 章由包立、张乃明、吴文蓉著；第 9 章由李树国、李春睿、朱兴丽著；第 10 章由苏友波、卢维宏、周洪印著。另外，王晟、包立、吴文蓉还负责该书稿的整理、校核和汇总工作。全书最后由雷朋才和张乃明统稿并定稿。

本书的出版得到了云南省自然资源厅、云南农业大学等单位的全方位支持与帮助，以及化学工业出版社的大力支持，在此表示衷心感谢！

限于著者水平及撰写时间，书中疏漏及不足之处在所难免，敬请广大读者批评指正。

著者

2023 年 3 月

目 录

第 1 章 耕地质量概述 / 001

1.1 耕地质量与人类文明 / 001
1.1.1 文明演进的物质基础 / 001
1.1.2 耕地质量与粮食安全 / 002
1.1.3 耕地保护政策法规 / 005
1.2 耕地质量内涵与评价 / 006
1.2.1 耕地质量概念内涵 / 006
1.2.2 耕地质量评价方法 / 007
1.3 气候条件与耕地质量 / 010
1.3.1 气候带与耕地质量 / 010
1.3.2 降雨量与耕地质量 / 011
1.4 土壤特性与耕地质量 / 012
1.4.1 土壤类型与耕地质量 / 013
1.4.2 土壤性质与耕地质量 / 016

第 2 章 云南耕地质量等别 / 020

2.1 自然概况 / 020
2.1.1 地形地貌 / 021
2.1.2 地质 / 022
2.1.3 气候 / 022
2.1.4 水文资源 / 024
2.1.5 土壤 / 026
2.2 耕地自然质量等别 / 026
2.2.1 自然等别总体分布情况 / 027
2.2.2 自然等别空间分布情况 / 027
2.2.3 自然等别地类分布情况 / 028
2.3 耕地利用等别 / 030
2.3.1 利用等别总体分布情况 / 031
2.3.2 利用等别空间分布情况 / 031
2.3.3 利用等别地类分布情况 / 032
2.4 耕地经济等别 / 034

2.4.1 经济等别总体分布情况 / 034
2.4.2 经济等别空间分布情况 / 035
2.4.3 经济等别地类分布情况 / 035

第3章 耕地质量等别更新方法 / 038

3.1 等别更新依据 / 038
3.1.1 政策依据 / 038
3.1.2 技术依据 / 039
3.1.3 资料依据 / 039

3.2 等别更新技术路线与方法 / 039
3.2.1 技术路线 / 040
3.2.2 参数的应用 / 041
3.2.3 计算方法 / 047

3.3 省级等别更新成果汇总 / 054
3.3.1 汇总对象 / 054
3.3.2 汇总技术路线 / 054
3.3.3 汇总方法 / 054
3.3.4 汇总准备 / 055
3.3.5 数据整理与汇总 / 056
3.3.6 汇总成果 / 056

第4章 云南耕地质量等别演变 / 058

4.1 耕地质量等别演变总体趋势 / 058
4.1.1 耕地质量演变总体趋势分析 / 059
4.1.2 减少耕地质量演变趋势分析 / 066
4.1.3 新增耕地质量演变趋势分析 / 069
4.1.4 质量建设耕地质量演变趋势分析 / 072

4.2 耕地质量等别演变潜在问题 / 075
4.2.1 耕地数量减少 / 075
4.2.2 耕地后备资源不足 / 075
4.2.3 部分耕地质量下降 / 076

4.3 提升耕地质量等别对策建议 / 077
4.3.1 实施耕地占补平衡 / 077
4.3.2 实施全域土地综合整治 / 078
4.3.3 实施耕地进出平衡 / 079
4.3.4 加强耕地保护 / 081

第 5 章　不同指标区耕地质量等别变化 / 085

5.1　南部边缘低山宽谷盆地区 / 085
5.1.1　分布情况 / 085
5.1.2　变化情况 / 087
5.2　滇中高原盆地区 / 091
5.2.1　分布情况 / 091
5.2.2　变化情况 / 093
5.3　滇南中山宽谷区 / 098
5.3.1　分布情况 / 098
5.3.2　变化情况 / 099
5.4　滇东北山原区 / 103
5.4.1　分布情况 / 103
5.4.2　变化情况 / 105
5.5　滇西北高山峡谷区 / 109
5.5.1　分布情况 / 109
5.5.2　变化情况 / 110

第 6 章　不同地貌区耕地质量等别变化 / 115

6.1　滇东岩溶高原区 / 115
6.1.1　分布情况 / 115
6.1.2　变化情况 / 116
6.2　滇中红土高原区 / 118
6.2.1　分布情况 / 119
6.2.2　变化情况 / 120
6.3　滇西横断山地区 / 123
6.3.1　分布情况 / 123
6.3.2　变化情况 / 123

第 7 章　不同流域耕地质量等别变化 / 127

7.1　金沙江流域 / 128
7.1.1　分布情况 / 128
7.1.2　变化情况 / 132
7.2　澜沧江流域 / 136
7.2.1　分布情况 / 136
7.2.2　变化情况 / 140
7.3　红河元江流域 / 143

7.3.1 分布情况 / 144
7.3.2 变化情况 / 147
7.4 南盘江（珠江）流域 / 150
7.4.1 分布情况 / 151
7.4.2 变化情况 / 154
7.5 怒江流域 / 156
7.5.1 分布情况 / 157
7.5.2 变化情况 / 159
7.6 伊洛瓦底江流域 / 162
7.6.1 分布情况 / 163
7.6.2 变化情况 / 165

第 8 章 耕地质量演变的驱动因子 / 168

8.1 农耕措施驱动 / 168
8.1.1 农业种植结构调整的驱动 / 169
8.1.2 耕作制度与新技术应用驱动 / 174
8.1.3 肥料投入变化 / 175
8.2 经济建设驱动 / 178
8.2.1 城市化改变经济建设 / 178
8.2.2 耕地占用影响经济建设 / 182
8.3 农田建设工程驱动 / 185
8.3.1 高标准农田建设 / 186
8.3.2 土地开发与整理 / 190

第 9 章 土地整治与耕地质量演变 / 194

9.1 土地整治政策 / 194
9.1.1 土地整治法律 / 195
9.1.2 土地整治法规 / 195
9.1.3 土地整治规章 / 196
9.1.4 土地整治规范性文件 / 196
9.2 土地整治项目 / 198
9.2.1 土地整治发展阶段 / 199
9.2.2 土地整治分类 / 200
9.2.3 土地整治项目分布情况 / 201
9.2.4 案例分析 / 208
9.3 土地整治前后质量变化 / 225
9.3.1 整理类项目质量变化情况 / 225

9.3.2 开发整理类项目质量变化情况 / 226
9.3.3 复垦类项目质量变化情况 / 227
9.3.4 开发类项目质量变化情况 / 227
9.3.5 整治类项目质量变化情况 / 228

第 10 章 高标准农田建设与耕地质量演变 / 230

10.1 高标准农田建设概况 / 230
10.1.1 高标准农田建设提出 / 230
10.1.2 国家高标准农田建设进展 / 233
10.1.3 云南高标准农田建设概况 / 239
10.2 高标准农田建设标准 / 243
10.2.1 标准制定背景 / 243
10.2.2 标准主要内容 / 244
10.2.3 标准存在不足 / 258
10.3 高标准农田质量 / 259
10.3.1 高标准农田的肥力质量 / 260
10.3.2 高标准农田的环境质量 / 262
10.3.3 高标准农田的健康质量 / 264

参考文献 / 265

第1章 耕地质量概述

耕地土壤作为人类生存最基础、最重要的自然资源,不仅为人类提供了食物来源,而且是人类文明演进的物质基础。

1.1 耕地质量与人类文明

1.1.1 文明演进的物质基础

关于人类文明起源的标志,应是人对自然具有了一定的独立自主性,而这种独立自主性最关键是产业上的独立自主性。按此标准,人类文明起源的标志应是农业产业的产生。而耕地是人类赖以生存的基本资源和条件,所以耕地的质量才是文明演进的物质基础。

从历史的角度看,在远古时代,最初的人类文明并不是出现在雨量充沛的地方,而是出现在一些降雨量小、河流两岸深林较少的地方,这也意味着人们面临着发展水利灌溉系统的艰巨任务。实际上,这个现象恰恰从一开始就说明了文明的本质,人类不是被动适应环境,也不是仅仅以生理进化适应环境,而是靠人类的协作进行有组织的生产劳动。

古代文明形成研究的基础是关于古代农业的研究。正如有学者所指出:已有的世界古代文明起源与形成的研究成果说明,世界各地古代文明起源形成的时代早晚与其农业起源的早晚有着密切联系。现在学术界一般认为世界主要古代文明有西亚两河流域、东亚古代中国和中美洲三大古代文明。上述三地的古代农业起源时代不同,两河流域农业起源于距今1万年前,古代中国的农业起源于距今1万年左右,中美洲的农业起源于距今7200~5400年。三地的古代文明形成时期也不同,两河流域为距今5500年,中国为距今5000~4000年,中美洲为距今2300~1900年。由此可见,农业起源越早,古代文明形成也越早;反之,农业起源滞后,古代文明的形成进程也就缓慢。

中国有五千多年的文明史，其中识土改土用土，以及精耕细作是农业文明的主要组成部分。多数学者认为中国农业技术经历了七个时期：第一为新石器时期，农业在采集和渔猎中发展；第二为初步形成时期，开始有了青铜农具；第三为精耕细作发生时期；第四为北方旱地精耕细作发生时期；第五为南方水土精耕细作形成时期；第六为精耕细作深入发展时期；第七则是现代高科技应用时期。早在五千多年前就形成了南稻北粟的格局。农业格局之所以能够形成，有两个不可缺少的东西：其一是水，中国有两条母亲河，长江和黄河，培育原始的农业，推进了农业的发展；其二则是耕地，土地是人类赖以生存的物质基础，是经济和社会发展的宝贵资源和重要的生产要素。古话说："五谷为养"。谷物生产是国家粮食安全的基础。万物土中生，有土斯有粮。保障国家粮食安全的根本在耕地，可以说耕地是粮食生产的命根子，国家实施"藏粮于地"就是这个道理。

1.1.2 耕地质量与粮食安全

大国的根基是农业，农业的根基是粮食，粮食的根基是耕地。

耕地的质量内容包括耕地用于一定的农作物栽培时，耕地对农作物的适宜性、生物生产力的大小（耕地地力）、耕地利用后经济效益的多少和耕地环境是否被污染四个方面。依据《农用地质量分等规程》（GB/T 28407—2012），将耕地质量划分为优、高、中、低四类15个等别，为耕地质量调查监测与评价工作的开展提供了科学的指标和方法。该标准从农业生产角度出发，对耕地地力、土壤健康状况和田间基础设施构成的满足农产品持续产出和质量安全的能力进行评价，将耕地质量划分为15个耕地质量等级。其中，1等地耕地质量最高，15等地耕地质量最低。

自然资源部发布的《2016年全国耕地质量等别更新评价主要数据成果的公告》（以下简称《公告》），公布了2015年度内由于土地利用变化及土地整治、土地复垦、高标准农田建设等引起的耕地质量变化，形成了基于2015年度土地变更调查的最新耕地质量等别成果。《公告》截至2015年末，全国耕地质量等别调查与评定面积为13462.40万公顷（20.19亿亩，1亩=666.7m^2），全国耕地评定为15个等，1等耕地质量最好，15等最差。其中，7～13等耕地每等的面积均大于1000万公顷，该部分耕地总面积占全国耕地评定面积的78.37%。详细情况如表1-1所列。将全国耕地按照1～4等、5～8等、9～12等、13～15等划分为优等地、高等地、中等地和低等地。其中，优等地面积为389.91万公顷（5848.58万亩），占全国耕地评定面积的2.90%；高等地面积为3579.57万公顷（53693.58万亩），占全国耕地评定面积的26.59%；中等地面积为7097.49万公顷（106462.40万亩），占全国耕地评定面积的52.72%；低等地面积为2395.43万公顷（35931.40万亩），占全国耕地评定面积的17.79%。

表 1-1 全国耕地质量等别面积比例

等别	面积 /万公顷	面积 /万亩	比例/%
1	44.33	664.88	0.33
2	59.27	888.98	0.44
3	114.08	1711.15	0.85
4	172.24	2583.58	1.28
5	366.41	5496.10	2.72
6	886.55	13298.29	6.59
7	1142.73	17140.97	8.49
8	1183.88	17758.21	8.79
9	1400.19	21002.91	10.40
10	1773.99	26609.86	13.18
11	2032.52	30487.73	15.10
12	1890.79	28361.90	14.04
13	1126.75	16901.20	8.37
14	766.91	11503.60	5.70
15	501.77	7526.60	3.73
合计	13462.41	201935.96	100.00

注：数据合计数由于单位或小数位取舍而产生的计算误差，均未做机械调整。

谈到耕地质量，就必须提起高标准农田。高标准农田是指土地平整、集中连片、设施完善、农田配套、土壤肥沃、生态良好、抗灾能力强，与现代农业生产和经营方式相适应的旱涝保收、高产稳产，划定为永久基本农田的耕地。属于"田成方、土成型、渠成网、路相通、沟相连、土壤肥、旱能灌、涝能排、无污染、产量高"的稳定保量的粮田。《全国高标准农田建设规划》是为了加快推进高标准农田建设，提高农业综合生产能力，确保国家粮食安全和主要农产品有效供给，提高耕地生产效率和水资源利用效率，实现我国农业可持续发展，由财政部组织制定的规划，2013年3月16日由国务院批复通过，自当日施行。2019年11月，国务院办公厅印发的《国务院办公厅关于切实加强高标准农田建设提升国家粮食安全保障能力的意见》明确提出，到2022年全国要建成10亿亩高标准农田。党的十九届五中全会明确提出，实施高标准农田建设工程，"十四五"规划纲要和近年来中央1号文件均对编制实施新一轮《全国高标准农田建设规划》作出具体部署。为此，农业农村部深入16个省120多个县开展实地调研，多次召开专题会议研讨论证，在广泛征求中央有关部门、地方政府、相关领域专家、基层农田建设管理人员等各方面意见的基础上，牵头形成了《全国高标准农田建设规划（2021—2030年）》。

粮食安全是指保证任何人在任何时候都能买得到又能买得起为维持生存和健康所必需的足够食品。这一概念主要涉及粮食的供给保障问题，它经历了一个较长时间的演变过程。1974年,联合国粮农组织对粮食安全的定义为:粮食安全从根本上讲指的是人类的一种基本生活权利,即"应该保证任何人在任何地方都能够得到未来生存和健康所需要的足够食品",它强调获取足够的粮食是人类的一种基本生活权利。1983年,联合国粮农组织对这一定义做了修改,提出粮食安全的目标为"确保所有的人在任何时候既能买得到又能买得起所需要的基本食品"。

大国之大,也有大国之重。我们应当清醒认识到,我国有14亿多人口,每天一张嘴,就要消耗70万吨粮、9.8万吨油、192万吨菜和23万吨肉。当前,国际形势继续发生深刻复杂变化,国内改革发展稳定任务艰巨繁重,"三农"压舱石作用进一步凸显。面向未来,我国粮食安全的基础需要进一步巩固增强,保障粮食安全的任务十分艰巨。

要确保粮食安全、保护耕地,可以从以下方面入手:首先是坚守18亿亩耕地红线,2022年的政府工作报告提出,坚决守住18亿亩耕地红线,划足划实永久基本农田,切实遏制耕地"非农化"、防止"非粮化";其次是努力建成10亿亩高标准农田,我国粮食生产能力能否在较高水平上再上新台阶,耕地质量建设是关键一环;最后是以良法善治推动耕地治理现代化,2022年的政府工作报告提出,各方面要共同努力,装满"米袋子"、充实"菜篮子",把14亿多中国人的饭碗牢牢端在自己手中。

国人的吃饭问题作为治国理政的头等大事来抓。保障粮食安全,最根本的就是要保护好耕地这个命根子,坚决实行最严格的耕地保护制度,采取"长牙齿"的硬措施,"像保护大熊猫一样保护耕地",一体抓好保耕地、建良田、产好粮,把党中央部署的一系列"藏粮于地"措施落实到田间地头,夯实粮食安全的基础保障。

在耕地数量基本稳定的前提下,着力提高耕地质量、全面提升耕地持续增产能力成为保障国家粮食安全的根本途径。根据对全国31个省(区、市)的抽样调查和农业生产经营单位的全面统计,2021年全国粮食播种面积、单位面积产量和总产量分别如下:

① 全国粮食播种面积117632千公顷(176447万亩),比2020年增加863千公顷(1295万亩),增长0.7%。其中谷物播种面积100177千公顷(150266万亩),比2020年增加2213千公顷(3320万亩),增长2.3%。

② 全国粮食单位面积产量5805公斤/公顷(387公斤/亩),比2020年增加71.5公斤/公顷(4.8公斤/亩),增长1.2%。其中谷物单位面积产量6316公斤/公顷(421公斤/亩),比2020年增加20.8公斤/公顷(1.4公斤/亩),增长0.3%。

③ 全国粮食总产量68285万吨(13657亿斤),比2020年增加1336万吨(267亿斤),增长2.0%。其中谷物产量63276万吨(12655亿斤),比2020年增加1602万吨(320亿斤),增长2.6%。

根据《国家统计局关于2022年粮食产量数据的公告》,2022年中国粮食总产量为13731亿斤。中国用占世界7%的耕地,养活了占世界22%的人口,可见耕地质量的重要性。

综上所述,耕地质量是粮食安全的前提,应稳定耕种面积、提高耕地质量、完善耕地的保护机制。土地在人类社会和经济发展中发挥着非常重要和独特的作用,它是人类生产生活中不可缺少的自然资源，我们要十分珍惜和合理利用每一寸土地，切实保护好土地。

1.1.3 耕地保护政策法规

耕地保护是指运用法律、经济、技术等手段和措施，对耕地的数量和质量进行保护。最近十几年来，中国因为非农业建设占用而减少的耕地大约占耕地减少面积的40%（其他的减少原因主要有农业结构调整、灾毁等）。耕地面积大量减少直接威胁农业发展。耕地保护是关系我国经济和社会可持续发展的全局性战略问题。"十分珍惜、合理利用土地和切实保护耕地"是必须长期坚持的一项基本国策。目前，我国耕地保护方面的政策法规主要有以下几项。

1.1.3.1 《中华人民共和国土地管理法》（土地法）

《中华人民共和国土地管理法》是指国家调整土地所有、占有、经营、使用、保护、管理中所发生的各种社会经济关系的法律规范。即国家宪法、民法、行政法、经济法、刑法及其诉讼法中有关土地的规定，以及国家为调整土地方面的社会关系而专门制定的土地法律、法规和其他规范性文件。该土地法以保护耕地为宗旨，确立了最全面的土地管理制度；目的是加强土地管理，维护土地的社会主义公有制，保护、开发土地资源，合理利用土地，切实保护耕地，促进社会经济的可持续发展。最新《中华人民共和国土地管理法》全文包括总则、土地的所有权和使用权、土地利用总体规划、耕地保护等共八章六十七条内容。

1.1.3.2 《基本农田保护条例》

《基本农田保护条例》自1999年1月1日起施行。本条例划定了基本农田保护区，目的是对基本农田实行特殊保护，以满足我国未来人口和国民经济发展对农产品的需求，为农业生产乃至国民经济的持续、稳定、快速发展起到保障作用。最新《基本农田保护条例》全文包括总则、划定、保护、监督管理等共六章三十六条内容。

1.1.3.3 《土地复垦条例》

《土地复垦条例》是为了落实十分珍惜、合理利用土地和切实保护耕地的基本国策，规范土地复垦活动等而制定的。于2011年2月22日国务院第145次常务会议通过，2011年3月5日国务院令第592号公布，自公布之日起施行。最新《土地复垦条例》全文包括总则、生产建设活动损毁土地的复垦、历史遗留损毁土地和自然灾害损毁土地的复垦等共七章四十四条内容。

1.1.3.4 《中华人民共和国黑土地保护法》

《中华人民共和国黑土地保护法》自2022年8月1日起施行。目的是保护黑土地资源，稳步恢复提升黑土地基础地力，促进资源可持续利用，维护生态平衡，保障国家粮食安全。最新《中华人民共和国黑土地保护法》共三十八条内容。

1.1.3.5 《中华人民共和国农业法》

《中华人民共和国农业法》自2013年1月1日起施行。目的是巩固和加强农业在国民经济中的基础地位，深化农村改革，发展农业生产力，推进农业现代化等。最新《中华人民共和国农业法》全文包括总则、农业生产经营体制、农业生产、农产品流通与加工、粮食安全、农业投入与支持保护等共十三章九十九条内容。

1.2 耕地质量内涵与评价

耕地是生产农作物的土壤，是确保农业可持续发展的重要物质基础，加强耕地质量建设与管理，提升耕地质量，对我国食品安全、环境安全和生态安全，既具有现实性和紧迫性，又具有重大的战略和长远意义。耕地质量评价不仅要查清土地的数量和质量，充分考虑自然条件和社会条件，确定土地合理利用的方向和途径，为制定合理的用地结构提供科学依据，又要明确土地利用的不利因素以及危害程度，以便提出相应的整治、改造和利用措施，为生产和利用部门建立土地档案、加强土地管理提供依据。

1.2.1 耕地质量概念内涵

1.2.1.1 耕地质量的概念

耕地是宝贵的自然资源，是人们赖以生存的基本条件，是保证粮食安全、农产品质量和农业农村高质量发展的重要载体。2007年中华人民共和国质量监督检验检疫总局和国家标准化委员会发布的《土地利用现状分类》中，耕地主要是指种植农作物为主的土地，包括熟地、新开发整理复垦地、休闲地、轮歇地草田轮作地；平均每年保证收获一季的已垦滩涂和海涂等。耕地中还包括南方宽小于1m，北方宽小于2m的沟、渠、路和田埂。耕地又可分为灌溉水田、望天田、水浇地、旱地和菜地五种。

目前我国对于耕地质量概念、耕地评价指标没有一个统一的、权威的定义，不同部门有不同的解释与评价体系，但其内涵大致相同。耕地质量的概念是由土壤质量延伸而来，是对广义的土壤质量在农业土壤中的表述。土壤质量可以归纳为土壤在生态系统和土地利用范围内，维持生物的生产力、维护环境质量、促进动植物和人类健康的能力。耕地质量的研究开始于20世纪70年代，开展了全国性土壤普查，使得土壤质量研究体系逐渐完善。耕地质量直接决定未来的粮食综合生产能力，1961年，《土地生产潜力分类》发布，成为世界上首个较为全面的土地评价系统。其将土地资源生产潜力划分为三个等级，即潜力级、潜力亚级、潜力单元，以定量评价耕地质量。20世纪80年代后，我国基于国外《土地评价纲要》，结合我国国情编制了《全国1∶100万土地资源评价图》，将土地分为了五个级别，拓展了十个耕地质量地力等级，并划分出七个不同地理环境的耕种类型区。之后，原农牧渔业部土地管理局和中国农业工程研究设计院等制定了《县级土地评价技术规程试行（草案）》，主要以水、热、土等自然条件为评价因素，划分农用地自然生产潜力的级别。

1.2.1.2 耕地质量的内涵

耕地质量的内涵是与特定的时代相关联的，并且不断发展丰富。耕地质量在生产力方面是指耕地用于农作物栽培使用时，在一定时期内单位面积耕地的物质生产力水平（公斤/公顷）；耕地质量经济效益是指耕地的物质生产量进行市场交换后所产生的收益（元/亩）；耕地质量从环境角度来看是指耕地是否被污染物污染以及被污染的程度。总的来看，耕地质量可概括为耕地物质生产力大小与耕地环境好坏两方面的总和。

1.2.2 耕地质量评价方法

耕地质量评价是掌握耕地质量现状、促进耕地资源可持续利用的基础，是实现耕地数量、质量、生态"三位一体"保护，落实国家"藏粮于地""藏粮于技"战略的重要措施，是贯彻国家乡村振兴战略、筑牢农业产业扶贫的重要基石，是第三次国土调查和全省粮食生产功能区划定的重要工作部分，更是每年县长粮食安全责任考核、地方行政县长离任自然资源审计、自然资源负债评定等工作的主要依据，是新时期赋予耕地资源保护利用的一项政治任务，其责任重大、意义深远。耕地质量评价包括耕地质量等级评价、耕地质量监测评价、特定区域耕地质量评价、耕地质量特定指标评价、新增耕地质量评价和耕地质量应急调查评价。

耕地质量评价具有人类社会的需求性和目的性。根据目的需求的不同，评价的方式方法也不同。根据其评价目的不同，可以将其分为两个系统：一个是以农业部门的服务于农业生产为目的；另一个则以自然资源管理部门的土地资源管理为目的。随着国内外对耕地质量定义理解的加深与完善，针对耕地质量的评价方法、模式和标准都有所不同。在其发展中由于各国的自然资源、社会经济等因素的差异而有所不同，各国之间的交流受到严重影响。随后联合国粮农组织（FAO）提出了一种适合评价世界土地资源农业利用潜力的方法，即农业生态区划法。随着"3S"技术（RS、GIS、GPS）的发展，各国开始把土地评价重心逐渐转移到耕地质量的方向发展，如FAO构建世界土壤图、美国建立NASIS土壤系统等土壤管理系统。目前我国的耕地质量评价工作主要围绕耕地地力调查与质量评价以及农用地分等定级这两项工作展开，其中耕地质量评价指标体系的获取与构建是耕地质量评价过程中非常重要的一环，如何准确确定耕地质量评价指标以及评价指标数据的准确是质量评价中的难题。我国《农用地质量分等规程》中明确指出，耕地质量评价指标以及对指标获取方法的规定，土壤表层有机质含量、表层土壤质地和土壤酸碱度均需实验室测定获得。而传统的野外调查取样以及实验室测定分析方法，存在周期长、工作量大、实时性差等问题，需要引入新技术、新方法，解决测定耕地质量评价关键指标快速准确获取的难题。

耕地质量评价不仅是表面上的简单评价，其中还包含了时间和空间等多方面评价，评价的结果是较为可靠的，有实际价值的。目前对于耕地质量评价的方式大多数都是对于特定的一个点进行静态评价。这种方式得到的评价结果虽然准确，但只代表该点的土壤质量，且随着气候、温度、降雨量等环境因子的改变，还有很多不确定因素。除此之外，耕地质量多以县级区域为单位，接着利用平衡转化的方法对耕地质量按等级进行总结，伴随着土地整治的发展，耕地的利用率也大大提升，所以对耕地质量的评价也应随之改变。结合不同的时间、空间等来进行评价，从农田不同的区域选择合适的耕地依次进行评价，得到不同耕地等级的耕地质量评价表，并以此来对耕地质量的变化进行更深层次的了解与研究。耕地质量评价实质是评价立地条件、土壤理化性状、障碍因素等要素对作物生长限制的强弱。由于影响耕地质量的因子间普遍存在着相关性，部分信息彼此重叠，因此进行耕地质量评价时没有必要将所有因子都考虑进去。筛选能全面反映当地耕地质量的主导评价因子并计算出各评价因子的权重是着手耕地质量评价的关键环节。

评价因子确定原则有以下几个。

① 主导性原则。选取的因子对耕地质量有较大的影响。例如，地形、土壤、灌排等。

② 差异性原则。选取的因子在评价区域内的变异较大，便于划分耕地质量的等级。例如，坡度、有效土层厚度等。

③ 稳定性原则。选取的评价因子在时间序列上具有相对的稳定性。例如，土壤质地、有机质等，评价的结果能够有较长的有效期。

④ 现实性原则。选取评价因素与评价区域的大小有密切的关系。例如，气候因素等。

⑤ 统一性原则。即各选择统一的评价原则，以保证它们具有可比性。

⑥ 敏感性原则。先取得评价因子对土壤的利用方式、气候和管理的变化有比较敏感的反应。

关于耕地质量的评价方法主要有两种看法。第一种看法就是选取那些对于土壤质量影响较大的因素作为评价指标，重新构建评价体系。高露露等认为，污染程度对耕地健康的影响较大，因此她以污染程度、耕地本底情况和耕地利用度为指标来构建新的评价体系。童陆亿等在研究的过程中，以耕地稳定性、交通便利性以及自然资源为因素，构建了新的评价体系。第二种看法则是认为现有的评价体系，也就是农用地分等是具有科学性的方法，只是并非对所有的耕地都适用，因此在使用的过程中需要在现有的基础上选取因素进行修正。农业农村部根据全国气候、地形地貌、成土母质等成土因素的不同类型特点，建立了一个综合指标体系作为公共评价标准，专门用来评价我国不同地区的地力等级。在这个评价指标中，主要包括气候、耕层土壤理化性质、耕层土壤养分状况、障碍因素以及当地土壤管理七大类共64个评价指标，自然资源部认为评定耕地质量的基本方法是按照全国统一的标准耕作制度，在测算作物光温生产能力，形成覆盖全国的、连续的"土地质量背景值曲面"的基础上，分区域选取土壤、地形、土地利用等因素，通过测算土地自然质量分、土地利用系数和土地经济系数、土地利用状况以及投入产出水平的逐级修订，按照乘积法计算全国可比的分等指数，一次划分耕地质量等别。赵春雨等认为耕地质量指标体系应包括两种功能、五个层次和24个具体指标，其中两种功能是指生态和生产功能，五个层次是指土壤质量、气候质量、生物多样性质量、景观生态质量和耕地生产力。

随着时间的发展，耕地质量评价逐渐从定性走向定量。定性评价以专家的经验判断为主、简单的计算为辅，是从人类认知的角度来研究的，因此很难避免个人看法的片面性。定量评价则有所侧重和取舍，再结合相关数学模型进行计算，可以得到准确的、有针对性的耕地质量评价结果。然而这类方法对依据的数学理论要求较高，可能造成参与度不高以及缺少定性分析等问题。

而在具体耕地质量评价过程中，由于不同的评价目的和内容各有所侧重而形成了不同的评价标准和体系。耕地质量的评价方法主要有以下几种。

(1) 专家打分法

经验判断法主要应用于早期的耕地质量评价，是一种偏向定性分析的方法。它根据评价研究有关人员的经验来判断而确定各个指标的权重，一般在缺乏数据和计算技术的情况下使用。由于主观性较强，该评价方法易造成指标选取不全面、权重分配不恰当、缺乏系统性等问题。

(2) 特尔斐法与层次分析法

该方法分为目标、准则、方案等层次，是一种定性和定量分析结合的决策方法，适用于指标层次复杂、目标值难于定量描述的评价对象。然而这种评价方法也存在分析结果模糊、权重确定主观性较强等缺点。

(3) 模糊综合评价法

耕地质量评价是一个系统的、综合的评价过程，有些数据无法量化，传统的分析方法无法应用。模糊综合评价法将被评价对象的各方面因素都加以考虑，无法量化的指标通过综合评判、加权等方法来计算从而得出科学、合理的评价结果。

(4) 地学信息系统技术（3S）类评价

该评价方法是一种决策支持系统也是一种空间信息系统。其特点在于具有优越的空间数据处理能力，在耕地质量评价过程中可以同遥感（RS）技术相结合，能够超越常规方法和一般的信息系统，获取更为有效的信息与数据，从而反映耕地质量的空间分布与变异状况，使评价结果具体化、可视化。

(5) 人工智能学习技术类评价

其代表性的方法有决策树、BP神经网络技术、模糊数学技术和元胞自动机技术等，在耕地质量评价研究中受到了广泛的关注。此类方法的优势在于具有感知、记忆、联想和思维、自适应等能力，可解决耕地质量评价过程中分类和回归等难以处理的问题。

随着研究的不断深入，人们对耕地质量评价的准确度、科学性、全面性提出了更高的要求，单一的评价方法逐渐难以满足多样化的研究需求。在现实研究中，一方面应当加强对新兴技术的应用，另一方面可以有针对性地将多种评价方法结合而做出更综合、更系统、更精确的评价，这样的评价结果能更全面、准确地反映耕地健康生产能力的空间分布规律，并为耕地质量管理提供更科学的数据与理论支持。

1.3 气候条件与耕地质量

气候因素是土壤发生发育的能量源泉，它直接影响着土壤的水热状况，影响着土壤中矿物、有机质的迁移转化过程，是决定土壤发生过程的方向和强度的基本因素。同时气候带的变化直接影响着包括植物、动物（土壤动物）和土壤微生物在内的生物群落，它们将太阳辐射转变为化学能引入土壤发育过程之中，它们是土壤腐殖质的生产者，同时又是土壤有机质的分解者，是促使土壤发生发展的最活跃因素。因此，气候是决定耕地质量的关键因素之一。

1.3.1 气候带与耕地质量

1.3.1.1 云南气候带类型分布

宏观上，北高南低的巨型阶梯加剧了气候变化，使得云南南北900km的范围内出现了北热带、南亚热带、中亚热带北亚热带、暖温带、中温带、寒温带和高原气候7个气候带（区）。相当于从海南岛到黑龙江的气候变化。而在局部，高山呈现出了明显的气候垂直带谱，相当于从海南岛到黑龙江的气候变化被压缩在仅仅数千米的高度范围内。

1.3.1.2 不同气候类型区域耕地质量状况

按照《耕地质量等级》（GB/T 33469—2016）国家标准中关于耕地质量等级划分区域范围的有关规定，云南省划入我国九区之西南区、华南区和青藏区3个农业区，分属西南区川滇高原山地农林牧二区、华南区滇南农林二区和青藏区川藏林农牧二区。

云南西北部高原气候和温带气候区内被划分为青藏区（川藏农林区），中部亚热带气候区被划分为西南区（川滇高原山地农林牧区），南部热带气候区则为华南区（滇南农林区）。

(1) 青藏区（川藏农林区）

包括2个州（市）、5个县（市、区），总耕地面积103.59万亩，占全省耕地总面积的1.11%，平均等级为6.92等。

① 评价为1～3等的高等级耕地面积为6.43万亩，占青藏区耕地面积的6.21%。全部分布于迪庆州，以水稻土为主。这部分耕地基础地力较高，没有明显障碍因素。

② 评价为 4~6 等的中等级耕地面积为 31.99 万亩，占青藏区耕地面积的 30.88%。散布于迪庆州、怒江州等山地坡下处，以水稻土和红壤为主，这部分耕地地块较为破碎，土壤肥力差，土层浅薄，灌溉能力差。

③ 评价为 7~10 等的低等级耕地面积为 65.17 万亩，占青藏区耕地面积的 62.91%。主要集中在迪庆州、怒江州的山地中上部，以黄棕壤和棕壤为主，这部分耕地海拔高，且土层较薄，灌溉能力差，耕地生产能力较低。

（2）西南区（川滇高原山地农林牧区）

包括 12 个州（市）、77 个县（市、区），总耕地面积 5484.60 万亩，占全省耕地总面积的 58.88%，平均等级为 4.95 等。

① 评价为 1~3 等的高等级耕地面积为 1373.23 万亩，占西南区耕地面积的 25.04%。主要分布在曲靖、昆明、楚雄、大理等州（市），以水稻土和红壤为主，没有明显障碍因素。

② 评价为 4~6 等的中等级耕地面积为 2869.43 万亩，占西南区耕地面积的 52.32%。主要分布在曲靖、昭通、昆明、楚雄、文山及大理等州（市），以红壤和水稻土为主，基础地力中等，灌排条件一般，存在酸化、障碍层次等障碍因素。

③ 评价为 7~10 等的低等级耕地面积为 1241.94 万亩，占西南区耕地面积的 22.64%。主要分布于昭通、曲靖、大理等州（市），以红壤、黄壤、水稻土和黄棕壤为主，立地条件较差，土层浅薄，存在酸化、潜育化、瘠薄、障碍层次等障碍因素。

（3）华南区（滇南农林区）

包括 8 个州（市）、47 个县（市、区），总耕地面积 3726.81 万亩，占全省耕地总面积的 40.01%，平均等级为 6.56 等。

① 评价为 1~3 等的高等级耕地面积为 428.23 万亩，占华南区耕地面积的 11.49%。主要分布在红河州、保山等州（市），以水稻土为主，没有明显障碍因素。

② 评价为 4~6 等的中等级耕地面积为 1199.39 万亩，占华南区耕地面积的 32.18%。主要分布于红河、临沧、文山、普洱等州（市），以水稻土、红壤和赤红壤为主，基础地力中等，灌溉条件一般，部分耕地存在潜育化等障碍因素。

③ 评价为 7~10 等的低等级耕地面积为 2099.19 万亩，占华南区耕地面积的 56.33%。主要分布于普洱、临沧、红河和文山等山地区域，以水稻土、红壤及赤红壤为主，基础地力相对较差，农田基础设施缺乏，部分耕地存在酸化、瘠薄等障碍因素。

1.3.2 降雨量与耕地质量

云南省西北部属寒带型气候，长冬无夏，春秋较短；云南中部、东部属温带型气候，四季如春，遇雨成冬；云南南部和西南部属低热河谷区，有一部分在北回归线以南，进入热带范围，长夏无冬，一雨成秋。在一个省域内，同时具有寒、温、热（包括亚热带）三带气候，有"一山分四季，十里不同天"之说。全省平均气温，最热（七月）月均温度在19～22℃之间，最冷（一月）月均温度在6～8℃之间，年温差一般只有10～12℃。早晚较凉，中午较热，尤其是冬、春两季，日温差可达12～20℃。云南全省降水的地域分布差异大，最多的地方年降水量可达2200～2700mm，最少的仅有584mm，大部分地区年降水量在1000mm以上。

从坡耕地质量等级空间分布来看，不同区域10个质量等级的坡耕地分布面积存在差异，但坡耕地质量等级空间分布呈现出显著的聚集特征；坡耕地质量以6等、5等、7等、4等为主，其他等级的坡耕地分布较少，其质量等级总体偏低。从不同分区坡耕地质量等级分布来看，南部边缘区、滇中区、滇东南区、滇西区坡耕地质量等级相对较高，以4等、5等为主；滇东北区、滇西北区坡耕地质量等级相对较低，以6等、7等为主；滇西南区、滇西区介于其间。

变异系数（C_v）反映评价指标的数值变异性大小。如表1-2所列，变异性较大（$C_v \geq 20\%$）的评价指标包括有机质、全氮、有效磷、速效钾、高程，表明这些指标在空间分布上存在较大的变异性。而有效土层厚度、耕层厚度、容重、土壤pH值、降雨量的变异系数处于5%～20%之间，表明这些指标具有一定的空间变异性。此外，耕地土壤指标中除容重和有机质，均呈现正态分布规律，而降雨量作为气候特征的重要指标之一未呈现正态分布规律。

表1-2　云南省耕地土壤基础指标统计特征

指标	平均值	变异系数(C_v)/%	分布类型
有效土层厚度/cm	91.30	9.48	N
耕层厚度/cm	18.61	11.44	N
容重/(g/m³)	1.24	11.76	
土壤pH值	6.08	11.51	N
有机质/(g/kg)	31.70	31.21	
全氮/(g/kg)	1.80	32.99	N
有效磷/(mg/kg)	17.11	62.97	N
速效钾/(mg/kg)	127.27	34.37	N
高程/m	1708.99	36.81	N
降雨量/(mm/a)	870.59	18.80	

注：1. "N"表示数据分布满足正态分布。
2. 研究数据来源于文献——基于"要素-需求-调控"的云南坡耕地质量评价，2020。

1.4　土壤特性与耕地质量

土壤是指地球表面的一层疏松的物质，由各种颗粒状矿物质、有机质、土壤水分、空气、微生物等组成。土壤的发育受成土母质、气候、生物、地形、时间和人为活动的因素影响，最终形成数种不同的土壤类型。我国是土壤资源高度约束型国家。按农业人口算，目前我国人均耕地面积不足世界平均值的1/2，且总体质量不高，中低产田约占耕地总面积70%；农业高度集约化生产所导致耕地质量下降问题已逐渐凸显。在云南省，红壤面积占全省土地面积的50%，因此云南省素有"红土高原"之称。云南省结合气候优势和经济发展正大力发展高原特色农业，因此，耕地土壤质量的保障是其长远发展的重中之重。云南省常用耕地面积 $5.3955\times10^6 hm^2$，另外还含有茶叶、花卉、水果、蔬菜、中药和咖啡等重点种植产业。总体而言，云南省的土地利用方式和农作措施呈现多元化。

1.4.1 土壤类型与耕地质量

云南省属低纬度内陆地区，整体地势呈西北高、东南低，自北向南呈阶梯状逐级下降，为山地高原地形，山地面积占全省总面积的88.64%，地跨长江、珠江、元江、澜沧江、怒江、大盈江6大水系。云南气候基本属于亚热带和热带季风气候，滇西北属高原山地气候。云南动植物种类数为全国之冠，素有"动植物王国"之称。根据云南省不同水热条件、土壤类型、成土母质和植被等特点，通常将云南划分为如下7个区域。

1.4.1.1 热带北缘丘陵宽谷盆地砖红壤区

该区主要由景洪勐腊砖红壤、普文以南的褐色砖红壤、河口丘陵河谷地区的黄色砖红壤构成，是云南省内最窄的生物气候带。具体区域包括红河州的河口、金平，西双版纳州的景洪、勐腊和德宏州的瑞丽、潞西等县镇。该区域年平均温度21~24℃，年均降雨量1500mm，地带性植被为热带雨林和季雨林，通常以阔叶林为主。人工植被多为热作、经作、橡胶、热带林木、水稻和棉花。

1.4.1.2 滇东南岩溶山原赤红壤、红色石灰土区

该区位于云南省的东南部，包括红河州的建水、石屏、蒙自、开远、个旧、屏边、元阳、绿春、新平弥勒的一部分，文山州的文山、西畴、马关、麻栗坡、富宁和广南的一部分。年平均温度为15.8~19.7℃，年降雨量为800~1700mm。农作物以小麦、水稻和蚕豆为主。

1.4.1.3 滇西南中山宽谷赤红壤区

该区位于云南省西南和中南部，包括临沧、双江、耿马、沧源、凤庆，红河州的红河绿春一部分，思茅区和西双版纳的江城、澜沧、西盟、景谷、景东、普洱墨江，德宏州的梁河、盈江等19个县。年平均温度为16~20℃，降雨量为100~1400mm。农作物以水稻、小麦、甘蔗和茶叶为主。

1.4.1.4 滇东高原湖盆山原红壤区

该区主要位于云南省东部，包括昆明市（东川区除外）；曲靖市除宣威市以外的各

县；文山州的丘北、砚山、广南；红河州的泸西、弥勒；玉溪市的江川、通海、易门；楚雄州境内11个县；大理州的大理、祥云、弥渡、华坪、剑川、鹤庆、洱海等，共计48个县。年平均温度13～16℃，年降雨量为800～1100mm。该区域土壤主要为山原红壤和石灰土，紫色土也基本集中分布在该区域。农作物以水稻、玉米、小麦、烤烟和油料作物为主。

1.4.1.5 滇西中山盆地山地红壤区

该区主要位于云南西部。包括保山、云龙、漾濞、永平、腾冲、梁河、龙陵等县。年平均温度12～20℃，年降雨量为1000～2000mm。农作物以水稻、玉米、小麦和茶叶为主。

1.4.1.6 滇东北山地黄壤、黄棕壤区

该区位于滇中高原东北部，包括昭通市、曲靖市的宣威、会泽、昆明市东川区。区内有从亚热带到北温带各类气候，年平均温度17～22℃，降水量受地形影响，其范围为700～1400mm。农作物以玉米、马铃薯为主。

1.4.1.7 滇西北高山峡谷棕壤区

该区位于云南省西北部，纬度和地势均为全省最高地区，包括怒江州、迪庆州和丽江市的兰坪等地。该地区冬长无夏，气候寒冷，年平均温4.7～17℃，年降水量600～1100mm。农作物以玉米、青稞、小麦、燕麦、荞麦为主。

1.4.1.8 影响耕地土壤质量的因素

（1）自然条件

不同自然条件下发育不同的土类。同一种土类发育自不同的母质母岩，其土壤环境背景值也有明显差异。除此之外，土壤基本的理化性质也会随着时间、空间、成土因素而变化，从而影响耕地质量。由于成土母质和母岩等地球化学属性直接影响土壤中重金属的含量。不同类型母质上发育的土壤，其重金属含量的差异很大，如Cd、As、Hg和Pb等元素在火成岩和石灰岩母质发育的土壤中的平均含量显著高于风沙母质土壤。成土过程中元素的次生富集作用是造成我国中南、西南高背景地区土壤中Cd、As、Hg和Pb等重金属含量在大尺度上发生显著分异的重要原因。云南省不同成土母质和母岩分别为：滇东、滇中以碳酸盐岩母质和中、酸性岩浆岩成土母质为主，滇西北至滇南以碎屑岩成土母质为主，滇西以中、酸性岩浆岩为主。

全国土壤环境背景值的调查作为国家"七五"重点科技攻关课题之一，其目的在于获得主要母质母岩的土类背景值，进一步对土壤背景值的区域分异规律及影响因素开展深入研究。

（2）人为因素

除自然因素导致耕地土壤质量发生变化以外，随着人类历史的发展和对自然环境的影响愈发深远，近年来耕地土壤质量因为人为因素的影响而下降，并呈现区域化的趋势

（如长江三角洲、珠江三角洲、环渤海和华北城郊区域等）。例如，工业产生的大气沉降、污水灌溉、农业投入品（有机肥、化肥、农药）和生活中产生的垃圾等污染物，通过不同污染途径进入土壤环境。

工业废水中许多重金属含量超标，造成工厂附近生活用水中重金属含量过高，污水随意排放会污染农业灌溉用水，造成土壤重金属污染。据报道，自20世纪60年代以来污灌面积持续增加，其中，北方旱地污灌现象尤为严重，占到全国污灌面积的90%以上，而南方地区仅占6%。污水灌溉会导致耕地土壤中Cd、As、Hg和Pb等重金属含量增加。

有色冶金及无机化工行业，在生产过程中排放出大量含重金属的有害气体和粉尘，并且经自然沉降和雨淋过程进入土壤，造成土壤重金属污染。另外，大气重金属沉降还具有可迁移的特点，受风向等影响导致不同空间中的土壤污染物含量分布产生差异。

过量施用化肥和农药已成为中国农业生产的一个普遍现象，而使用含有Pb、Hg、Cd、As等重金属的农药以及不合理施用化肥都会导致土壤中重金属污染。现阶段，农业生产中施用的化肥含有重金属，如过磷酸盐中含有较多的Hg、Cd、As、In和Pb等，氮肥中含有较多的Pb、As和Cd。据相关研究报道，施用化肥后，农田土壤中的Cd含量由0.134mg/kg增加到0.316mg/kg，Hg含量由0.22mg/kg升高到0.39mg/kg，而Cu和Zn含量也增加了60%以上。农用塑料薄膜中含有大量的Cd和Pb，塑料薄膜使用也会造成农田土壤的重金属污染。

近半个世纪以来，随着中国城镇化进程加快，城市垃圾产生量也迅速增长，其中包括厨余垃圾、燃煤炉灰以及生物有机质。城市垃圾增长速度快于垃圾处理技术的发展速度，造成垃圾积累和处理不当等问题，而城市垃圾中重金属含量较高，最终造成土壤污染。城市垃圾处理中的焚烧处理产生较多飞灰，而重金属是焚烧飞灰中最重要的污染成分之一，且重金属的不可降解性决定了其长期存在并潜在威胁人类健康。焚烧飞灰中含有不同化学形态的重金属，如不稳定结合态和稳定结合态的金属，重金属的存在形态在一定程度上决定了垃圾焚烧飞灰的危害性；如稳定结合态的金属由于不易被动植物吸收，其活动性、生物可利用性和毒性等相对较低。

1.4.1.9 耕地质量类别划分政策文件

耕地土壤是农业生产的基本物质条件，耕地土壤环境质量事关农产品质量安全。开展耕地土壤环境质量类别划分是落实《中华人民共和国土壤污染防治法》《土壤污染防治行动计划》《农用地土壤环境管理办法》《云南省土壤污染防治工作方案》等法律法规、政策文件的重要工作，对推进土壤污染防治、改善耕地土壤环境质量、保障农产品质量安全具有重要意义。

2019年1月1日起执行的《中华人民共和国土壤污染防治法》中第四十九条规定"国家建立农用地分类管理制度，按照土壤污染程度和相关标准，将农用地划分为优先保护类、安全利用类和严格管控类"。2016年5月28日，国务院印发的《国务院关于印发土壤污染防治行动计划的通知》（国发〔2016〕31号）要求以土壤污染状况详查结果为依据，开展耕地土壤和农产品协同监测与评价，在试点基础上有序推进耕地土壤环境质量类别划定，逐步建立分类清单，2020年底前完成。

2017年2月19日，云南省人民政府印发的《云南省土壤污染防治工作方案》（云政发〔2016〕69号）中要求2020年底前，完成全省耕地土壤环境质量类别划定工作，建立分类清单。2020年云南省已全面完成耕地环境质量类别划分工作，为下一步落实耕地分类管理、跟踪监测与评价、动态调整等工作打下了坚实的基础。在云南全省农用地土壤污染状况详查（以下简称"农用地详查"）、农产品产地土壤重金属污染普查（以下简称"重金属普查"）等调查基础上，按照土壤污染程度和相关标准划定耕地土壤环境质量类别，实施耕地分类管理，将为全省（各市、县、区）针对性地开展耕地土壤风险管控和修复，科学发挥受污染耕地的生产功能提供支撑，对实现耕地土壤污染治理与农业生产的有机结合具有重要意义。

1.4.2 土壤性质与耕地质量

1.4.2.1 土壤物理性质

土壤物理性质主要包括土壤颗粒（土粒）、土壤密度、土壤孔隙、土壤质地和土壤结构等。

（1）土粒

根据土粒的成分，土粒可分为矿质颗粒和有机颗粒。矿质颗粒是在岩石矿物风化、母质搬运和土壤形成过程中产生的，在完全分散时可以单独存在，通过研磨、溶解或化学处理才能细分的单个的土壤矿物颗粒。土壤矿物颗粒占土壤固相重量的95％以上，而且在土壤中长期稳定地存在，构成土壤固相骨架；有机颗粒是指有机残体的碎屑，极易被小动物吞噬和微生物分解掉，或者是与矿质土粒结合而形成复粒，复粒可以进一步通过物理、化学、生物化学和生物作用而黏结或团聚，形成各种大小、形状和性质不同的团聚体、结构体。单粒、复粒和结构体构成了土体的固相部分，土粒及粒间孔隙的大小、形状和分布对土壤理化性质有重要影响。所以，通常所说的土粒专指矿质土粒。

（2）土壤密度

单位容积固体土粒（不包括粒间孔隙的容积）的质量（实用上多以重量代替）称为土壤密度（过去曾称为土壤比重或土壤真比重），单位为g/cm^3或t/m^3。土壤密度值除了用于计算土壤孔隙度和土壤三相组成外，还可用于计算土壤机械分析时各级土粒的沉降速度，估计土壤的矿物组成以及土壤环境容量的计算与评估等。一般土壤的密度多为$2.6\sim2.8g/cm^3$，计算时通常采用平均密度值$2.65g/cm^3$。

（3）土壤孔隙

土粒与土粒或者团聚体之间以及团聚体内部的孔洞，叫作土壤孔隙。土壤孔隙是容纳水分和空气的空间，也是植物根系伸展和土壤动物及微生物活动的地方。土壤孔隙可粗略地反映土壤持水、透水和通气情况。三相组成与容重、孔隙度等土壤参数可评价农业土壤的松紧程度和宜耕状况。土壤固、液、气三相的容积占土体容积的百分率分别称为固相率、液相率（即容积含水量或容积含水率，可与质量含水量换算）和气相率，三者之比即土壤三相组成（或称三相比）。

（4）土壤质地

质地是土壤十分稳定的自然属性，反映母质来源及成土过程中的某些特征，对肥力有很大影响，是土壤分类系统中基层分类的依据之一。在制定土壤利用规划、进行土壤改良和管理时必须考虑其质地特点。土壤质地对土壤肥力的影响是多方面的，是决定土壤水、肥、气、热的重要因素。

（5）土壤结构

土壤结构是土粒的排列和组合形式。通常所说的土壤结构多指结构体。土壤结构体或称结构单位，是土粒互相排列和团聚成为一定形状和大小的土块或土团，具有不同程度的稳定性，以抵抗机械破坏（力稳性）或泡水时不致分散（水稳性）。自然土壤的结构体种类对每一类型土壤或土层是特征性的，可以作为土壤鉴定的依据。耕作土壤的结构体种类也可以反映土壤的培肥熟化程度和水文条件等。

（6）土壤力学性质

土粒通过各种引力而黏结起来，就是土壤黏结性；土壤塑性是片状黏粒及其水膜造成的。过干的土壤不能任意塑形，泥浆状态的土壤虽能变形，但不能保持变形后的状态。因此，土壤只有在一定含水量范围内才具有塑性。

（7）土壤耕性与耕作

作物生产过程中的播种、发芽以及根系的良好生长有赖于疏松且水、肥、气、热较为协调的土壤环境，其形成需要一系列农艺措施的配合，耕作就是其中的重要手段。耕作是在作物种植以前或在作物生长期间，为了改善植物生长条件而对土壤进行的机械操作。操作的方式、过程因自然条件、经济条件、作物类型及土壤性质的不同而异。

土壤耕作主要有以下 2 方面的作用：

① 改良土壤耕作层的物理状况，调整其中的固、液、气三相比例，改善耕层构造。对紧实的土壤耕层，耕作可增加土壤空隙，提高通透性，有利于降水和灌溉水下渗，减少地面径流，保墒蓄水，并能促进微生物的好氧分解，释放速效养分；对土粒松散的耕层，耕作可减少土壤空隙，增加微生物的厌氧分解，减缓有机物消耗和速效养分的大量损失，协调水、肥、气、热四个肥力因素，为作物生长提供良好的土壤环境。

② 根据当地自然条件特点和不同作物栽培要求，使地面符合农业要求。

1.4.2.2 土壤化学性质

（1）土壤 pH 值

土壤 pH 值是反映土壤酸碱度的强度指标，影响土壤的物理化学性质，土壤养分的存在状态、转化和有效性，从而影响植物的生长发育。土壤 pH 值通常用作土壤性质分类、植物营养状况和土壤利用管理与改良的重要参考，也是评价耕地土壤环境质量的重要指标之一。土壤 pH 值分为水浸和盐浸，前者代表土壤的活性酸度（碱度），后者代表土壤的潜在酸度。盐浸提液常用 1mol/L KCl 溶液或 0.01mol/L $CaCl_2$ 溶液，其中的 K^+ 或 Ca^{2+} 与土壤胶体表面 H^+ 发生交换，使其相当一部分被交换进入溶液，故盐浸 pH 值较水浸 pH 值低，一般实验室较多采用水浸法。

土壤 pH 值的测定方法有电位法和混合指示剂比色法。混合指示剂比色法适用于野外现场土壤 pH 值的快速初步测定，但该方法受人为因素影响较大，准确度相对较差。电位法测定准确、快速、方便，适用于不同的土壤类型，现已成为实验室测定土壤 pH 值的常用方法。

(2) 土壤电导率（EC）

土壤电导率是指土壤传导电流的能力。通过测定土壤提取液的电导率表示，电导率不仅为盐渍化土壤的改良提供重要依据，对于非盐渍化土壤，也可作为土壤肥力的一个综合性参考指标。一般情况下，常见低含盐土壤的电导率一般小于 $1000\mu S/cm$，电导率越高，则土壤含水溶性盐越高，危害农作物生长，导致土地退化。

(3) 阳离子交换量

土壤所能吸附和交换的阳离子的容量称为土壤阳离子交换量（CEC），用每千克土壤的一价离子的厘摩尔数表示，即 cmol(+)/kg。阳离子交换量是评价土壤保肥、供肥性能和缓冲能力的一个重要指标，该测定值越大，则土壤保肥力越强。不同土壤种类，阳离子交换量差异较大，如东北的黑钙土的交换量为 30~50cmol(+)/kg，而华南的红壤交换量均小于 10cmol(+)/kg。

在现有的常用分析方法中，酸性和中性土壤采用乙酸铵交换法，石灰性土壤则通常采用氯化铵-乙酸铵交换法和盐酸-乙酸钙交换法。

(4) 土壤有机质

土壤有机质是指存在于土壤中的含碳有机物，包括土壤中各种动植物残体、微生物及各种有机物。目前全球土壤有机碳储量约为 1.50×10^3 PgC，含量超过植被和大气中碳储量的总和，土壤碳含量的小幅度变化将对全球气候产生重要影响。同时，土壤有机质还参与土壤重金属、农药残毒等污染物的迁移转化过程。

土壤有机质的测定方法有重量法、容量法、比色法和灼烧法。国际上普遍采用容量法，此法不受碳酸盐干扰，操作简捷，设备简单，结果可靠，适合大量样品分析。

1.4.2.3 土壤生物性质

(1) 土壤微生物

土壤中微生物分布广、数量大、种类多，是土壤生物中最活跃的部分。它们参与土壤有机质分解，腐殖质合成，养分转化和推动土壤的发育和形成。1kg 土壤中含 5 亿个细菌、100 亿个放线菌和近 10 亿个真菌，5 亿个微小动物。土壤微生物种类不同，有能分解有机质的细菌和真菌，有以微小微生物为食的原生动物以及能进行有效光合作用的藻类等。

（2）土壤酶

土壤中各种生化反应除受微生物本身活动的影响外，实际上是在各种相应的酶的参与下完成的。土壤酶主要来自微生物、土壤动物和植物根，但土壤微小动物对土壤酶的贡献十分有限。植物根与许多微生物一样能分泌胞外酶，并能刺激微生物分泌酶。在土壤中已发现50~60种酶，研究较多的有氧化还原酶、转化酶和水解酶。

土壤酶较少游离在土壤溶液中，主要是吸附在土壤有机质和矿物质胶体上，并以复合物状态存在。土壤有机质吸附酶的能力大于矿物质，土壤微团聚体中酶比大团聚体多，土壤细粒级部分比粗粒级部分吸附的酶多。酶与土壤有机质或黏粒结合，固然会对酶的动力学性质有影响，但它也会因此受到保护，增强稳定性，防止被蛋白酶或钝化剂降解。

（3）土壤活性物质

土壤活性物质包含植物激素、植物毒素、维生素和氨基酸，以及多糖和生物活性物质等。土壤微生物合成的代谢产物——生物活性物质，直接影响植物的生长、产品数量和质量。如各种不同的植物激素，分泌于体外或在微生物死亡后释放到土壤中。另外，还有许多土壤微生物都能合成维生素并分泌到周围环境中。根圈土壤中微生物产生氨基酸，供作物根系吸收，参与植物营养。土壤微生物产生的多糖约占土壤有机质的0.1%，这种物质与植物黏液、矿物胶体和有机胶体结合在一起，可在幼龄、尚未木栓化的根部表面形成不连续的膜，保护植物根部免受病原生物体的入侵。

1.4.2.4 土壤肥力

土壤肥力是耕地质量类别划分的重要依据，也是揭示土壤条件动态的最敏感的指标，能体现自然因素及人类活动对土壤的影响。耕地土壤质量的核心之一是土壤-作物的生产力。土壤肥力质量是土壤的本质属性，直接影响作物生长的好坏，从而影响农业生产的结构、布局和效益。国内外关于土壤肥力质量的学说与观点中，比较全面的观点是将地貌、水文、气候、植物等环境因子，以及人类活动等社会因子作为土壤肥力质量系统组分，认为从土壤—植物—环境整体角度看，土壤肥力质量是土壤养分针对作物的供应能力，以及土壤养分供应植物时环境条件的综合体现。

第2章
云南耕地质量等别

云南省地处中国西南边陲，位于东经 97°31′～106°11′，北纬 21°8′～29°15′之间，北回归线横贯云南省南部，属低纬度内陆地区。全省东西最大横距 864.9km，南北最大纵距 990km。全省国土总面积 39.41 万平方千米。全省地形地貌复杂多样，其中，1000～3500m 中海拔区域面积占全省面积的 87.21%，云南省绝大部分区域均位于中海拔区域。25°坡度以下区域占全省面积的 56.46%。从地貌类型看，平原、台地、丘陵、山地面积分别占全省面积的 4.85%、1.55%、4.96%、88.64%。海拔高低相差很大，立体气候特点显著，降水在季节上和地域上的分配极不均匀。故而云南省耕地质量等别范围跨度较大。根据云南省 2018 年度耕地质量等别年度更新成果，云南省耕地自然等别范围 6～13 等，耕地国家利用等别为 1 等、3～13 等，云南省耕地国家经济等别为 2～12 等。

2.1 自然概况

云南简称"滇"，战国时期，这里是滇族部落的生息之地。云南，意即"彩云之南"。300 万年前一次强烈的地壳运动，使地处海洋深处的谷地突兀而起，造出了一片峰谷纵横、川流回旋的奇异高原。"岭峦涌作千倾海，峰簇栽成万仞葱"。从海拔仅 76m 的镇南河口溯向高达 6740m 的德钦梅里雪山卡格博峰，云贵高原以平均 6m/km 的节律抬升着，恰是一座绿葱葱的 900 里（1 里＝500m）天梯。闻名于世的金沙江、怒江、澜沧江几乎并排地经这里流向远方，险峰峡谷纵横交错，江河溪流源远流长，湖泊温泉星罗棋布，造就了这块神奇美丽的乐土。独特的地理环境形成了云南省独特的气候条件。"一山分四季，十里不同天"，一省兼有寒、温、热三带气候，实为世间罕见。得天独厚的地理环境和气候条件，使得云南省动植物种类异常丰富，有高等植物 15000 多种，动物 250 多种类，鸟类总数达 766 种，"植物王国""动物王国"的美名成了云南省的代称。

2.1.1 地形地貌

云南省属山地高原地形，是一个以山地为主的高原山区省份，全省的山区、半山区约占全省总面积的94%。地形一般地以元江谷地和云岭山脉南段的宽谷为界，分为东西两大地形区。东部为滇东、滇中高原，称云南高原，系云贵高原的组成部分，地形波状起伏，平均海拔2000m左右，表现为起伏和缓的低山和浑圆丘陵，发育着各种类型的岩溶地形。西部为横断山脉纵谷区，高山深谷相间，相对高差较大，超过1000m，地势险峻，海拔一般南部在1500～2200m，北部在3000～4000m。只是在西南部边境地区，地势渐趋和缓，河谷开阔，一般海拔在800～1000m，个别地区下降至500m以下，是云南省主要的热带、亚热带地区。全省整个地势从西北向东南倾斜，江河顺着地势，成扇形分别向东、向东南、向南流去。全省海拔相差很大，最高点为滇藏交界的德钦县怒山山脉梅里雪山主峰卡格博峰，海拔6740m；最低点在与越南交界的河口县境内南溪河与元江汇合处，海拔76.4m。两地直线距离约900km，高低相差达6000多米。

云南省的地形地貌有以下5个特征：

① 高原呈波涛状，纵横起伏。全省相对平缓的山区大约只占总面积的10%，大部分面积的土地高低起伏，但在一定范围内又有起伏和缓的高原面。

② 高山峡谷相间，独具特色。尤其在滇西北尤为突出。滇西北是云南主要山脉的策源地，形成著名的滇西纵谷区。高黎贡山为缅甸伊洛瓦底江的上游恩梅开江与缅甸萨尔温江的上游怒江的分水岭，怒山为怒江与老挝湄公河的上游澜沧江的分水岭，云岭自德钦至大理为澜沧江与长江上游金沙江的分水岭各江强烈下切，形成了极其雄伟壮观的山川骈列、高山峡谷相间的二貌形态。其中的怒江峡谷、澜沧江峡谷和金沙江峡谷，气势磅礴，山岭和峡谷的相对高差超过1000m，怒江峡谷是世界上两个最大的峡谷之一。在5000m以上的高山顶部常有永久积雪，形成奇异、雄伟的山丘冰川地貌。金沙江"虎跳涧"峡谷，在玉龙雪山与哈巴雪山之间，两侧山岭矗立于江面之上，相对高差达3000余米，也是世界著名峡谷之一。横亘于澜沧江上的西当铁索桥，海拔已达1980m，从桥面上至江边的卡格博峰顶端，直线距离大约只有12km，高差竟达4760m。在三大峡谷中，谷底是亚热带干燥气候，酷热如蒸笼，山腰则清爽宜人，山顶却终年冰雪覆盖。因此，在垂直几千米的距离内，其气候与自然景观相当于从广东至黑龙江跨过的纬度，为全国所仅有。

③ 全省地势自西北向东南分三大阶梯递降。滇西北德钦、中甸一带是地势最高的一级梯层，滇中高原为第二梯层，南部、东南和西南部为第三梯层，平均每公里递降6m。在这3个大的转折地势当中，第一梯层内的地形地貌都是十分复杂的，高原面上不仅有丘状高原面、分割高原面，以及大小不等的山间盆地，而且还有巍然耸立的巨大山体和深切的河谷，这种分割层次同从北到南的三级梯层相结合，纵横交织，把本来已经十分复杂的地带性分布规律，变得更加错综复杂。

④ 山川湖泊纵横，水系交织。云南不仅山多，河流湖泊也多，构成了山岭纵横，河谷

渊深，湖泊棋布的特色。天然湖泊分布在滇中高原湖盆区的较多，属高海拔的淡水湖泊。

⑤ 断陷盆地星罗棋布，形成"坝子"。在云南，山坝交错的情况随处可见。它们有的成群成带分布，有的孤立地镶嵌在重峦叠嶂的山地和高原之中；有的按一定方向排列，有的则无明显方向。坝子地势平坦，且常有河流蜿蜒其中，是城镇所在地及农业生产发达地区。全省面积在 $1km^2$ 以上的大小坝子共有 1442 个，面积在 $100km^2$ 以上的坝子有 49 个，最大的坝子在陆良县，面积为 $771.99km^2$。

2.1.2 地质

云南省地质构造主要为两大地质构造单元，分别为东部扬子地台的昆明凹陷和康滇地轴，滇西一带是阿尔卑斯褶皱带的横断山脉区。云南省各地深、大断裂比较发达，新构造运动十分强烈。因地质构造运动的影响，云南省的底层发育比较齐全，三大岩类均有出露。岩浆岩类主要包括玄武岩和花岗岩，玄武岩主要分布于梁河、腾冲一带，滇东地区的南盘江以西，以及滇西地区的大理以北和丽江东部地区，花岗岩主要分布于滇西一带。沉积岩类主要为砂岩、页岩、泥岩、石灰岩和松散岩体等，砂岩和页岩、石灰岩互层，多分布于滇中和滇东南地区，泥岩主要分布于大理、楚雄等地。石灰岩分布较为广泛，主要呈滇东、滇西北和滇西三大片区分布，松散岩体主要存在于江河湖泊及盆地区域。变质岩类主要呈带状分布，在云南省范围内呈 6 个带状分布区，主要分布于高黎贡山分布的片麻岩、片岩和大理岩，沿临沧花岗岩体西侧及澜沧江分布的片岩及板岩，沿哀牢山脉呈带状分布的片岩及片麻岩，沿滇西金沙江沿岸分布的石英岩、大理岩等，分布于大理苍山的花岗片麻岩；顺元谋县-元江县呈南北向分布的变质岩。

2.1.3 气候

2.1.3.1 云南省气候类型

云南省位于低纬度地带的云贵高原区。总的来说，云南一年四季太阳光热比较多，特别是云南南部地区，热能更为丰富。同时，云南位于亚欧大陆东南部，西北面临青藏高原，南部临近海洋。再加上云南独特的地貌类型、纵横起伏的地势和南北热量的差异，从而形成了特殊的亚热带、热带高原（山地）季风气候。

2.1.3.2 云南省气候特征

(1) 地形地貌复杂，气候类型多样

我国共划分 9 个气候带和 1 个高原区。云南省除南热带和中热带外，与其他各个气候带以及高原气候区并存。同时在很小的范围内由于地形地貌的复杂，海拔变化，也有几个气候带的差异。云南省所拥有的丰富多样的气候类型，使云南省生物种类多样，生物资源丰富，因而有"动物王国"和"植物王国"之称。

（2）气候的区域和垂直变化差异显著

这一现象与云南省的纬度和海拔这两个因素密切相关。这种高纬度与高海拔相结合、低纬度和低海拔相一致，即水平方向上的纬度增加与垂直方向上的海拔增高相吻合的状况，使得各地的年平均温度，除金沙江河谷和元江河谷外，大致由北向南递增，平均温度为5~24℃，南北气温相差达19℃左右，体现了"立体气候"的特点。

（3）地理位置特殊，干湿季节分明

云南省因独特的地理位置，总体上降雨量充沛但分布不均，降雨量因季节不同而差别较大，夏秋季节，东南季风和西南季风携带太平洋和印度洋的水汽，沿着南低北高的地势爬坡而上，降水丰富，全省大部分地区年降水在1000mm以上，但85%的雨量在5~10月降落，其中又以6~8月三个月降水量最多，约占全年降水量的60%，故称雨季。11月至次年4月的冬春季节，季风改变，降水量仅占全年雨量的15%，故称干季。降水量在地域分布上也很不均匀，往往在山脉的迎风坡降水多，背风坡降水少。

（4）四季温差小，昼夜温差大

由于地处低纬高原，空气干燥而较稀薄，各地所得到的太阳光热的多少随太阳高度角的变化而增减。同时，因海拔较高，气温随地势升高而下降。夏季，阴雨天多，太阳光被云层遮蔽，温度不高，最热天平均温度在19~22℃之间。冬季，由北方来的冷空气受山脉和高原阻挡，势力微弱，与由青藏高原南侧来的西南暖气流在昆明到贵阳之间相遇，形成"昆明静止锋"。位于静止锋以西的云南，处于暖空气一侧，晴天特多，日照充足，温度较高。最冷月均温在6~8℃，年温差一般只有10~12℃，日温差在冬春两季可达12~20℃。

2.1.3.3 云南省气候带分布

（1）北热带

云南北热带呈树枝状向北伸展。包括河口、元江、景洪、孟定等地。滇中以北金沙江河谷低海拔地带，由于海拔低，地形闭塞，较少受冷空气影响，降水量少，地面蒸发耗热少，加之焚风效应，使得气温偏高，元谋年≥10℃积温达7996℃，出现了北热带"气候飞地"。北热带哀牢山以东海拔高度在400m以下，哀牢山以西海拔高度在700m以下。本带总面积4700km^2。云南北热带地区分为湿热和干热两种类型，主要分布在云南省内南部及海拔较低的几大江河河谷地带。干热地区主要以元江县为代表，这部分地区光照充足，热量丰富。湿热地区主要分布在河口、勐腊等地。

（2）南亚热带

南亚热带包括哀牢山以西梁河、芒市、云县、南涧、景东一线以南海拔700~1400m的地区，哀牢山以东石屏、建水、开远、蒙自、富宁一线以南海拔400~1100m的地区，以及金沙江河谷地带的华坪、东川、巧家等地。本带总面积7.4×10^{4}km^2。

（3）中亚热带

中亚热带包括施甸、凤庆、弥渡、禄丰、玉溪、宜良、弥勒、丘北、广南一线以南至南亚热带之间的地区，以及宾川、福贡、永善、盐津、彝良、绥江等地。云南省内东部地区海拔高度1100～1500m，西部地区海拔高度1400～1700m，总面积64000km^2。

（4）北亚热带

北亚热带包括保山地区大部，大理州中部和东部、楚雄州和昆明市大部分地区、曲靖地区中部和南部以及大关、西畴、砚山、个旧等地。云南省内东部地区海拔高度1500～1900m，西部地区海拔高度1700～2000m，总面积$8.0 \times 10^4 km^2$。

（5）南温带

南温带包括大理州北部、丽江地区大部、曲靖地区北部及昭通、鲁甸、镇雄、威信等地。东部地区海拔高度1900～2100m，西部地区海拔高度2000～2400m，总面积$6.3 \times 10^4 km^2$。

（6）中温带

中温带包括西部地区海拔2400～2800m及东部地区海拔2100～2800m之间地区，面积约$6.3 \times 10^4 km^2$。

（7）高原气候区（北温带）

北温带（高原气候区域）包括云南省内西部海拔3000m以上地区如德钦、香格里拉等地，以及省内东部海拔2800m以上的地区，总面积$3.3 \times 10^4 km^2$。

2.1.4 水文资源

2.1.4.1 降水

云南省年降水量分布大致由北部、中部向东部、东南部和西南部递增，多年平均降水资源量为1200mm。根据全省多年平均降雨资料统计，降水资源量年内分配极不均衡，其中11月至次年4月降雨量只占年降水资源量的15.8%左右，5～10月降雨量占年降水资源量的84.2%；其中7～8月降雨量占全年降水资源的40.1%。

2.1.4.2 河流

云南省河流众多，有长江、珠江、红河、澜沧江、怒江和伊洛瓦底江6大水系。集水面积在100km^{2}以上河流有908条，1000km^{2}以上河流有108条，有47条省际河流和37条国际河流。经初步评价，云南省自产水资源是我国较为丰富的省份，但人均水资源分布极不均衡。

（1）长江水系的河流

长江水系流域面积在云南省境内面积约为$10.9 \times 10^4 km^2$，占全省流域面积的28.5%，在6大水系流域面积中最大。流域地处滇北、西隔云岭与澜沧江流域相接，南与红河流域相连，东南隔乌蒙山与珠江流域为界，北望四川省西南部，东部与四川、贵州接壤。东西横跨7个地州（市），47个县市（区）。集水面积在100km^{2}以上的各级支流有298条，封闭湖泊3个；省际河流31条。按照流域面积划分，10000km^{2}以上河流有 4 条，为金沙江及其支流普渡江、横江、牛栏江；5000～10000km² 的河流有 1 条；1000～5000km² 的河流有 28 条；500～1000km² 的河流有 25 条；100～500km² 的河流有 240 条。

（2）珠江流域的河流

珠江发源于云南省曲靖市马雄山南麓，云南境内流域面积为 5.87×10^4km²，占全省面积的 15.3%。珠江流域部分位于滇东及滇东南，东与贵州省、广西壮族自治区接壤。流域内地势西北高，东南低，由滇东高原岩溶湖盆区和滇东南岩溶山区两种地貌类型组成，岩溶地貌发育。流域内干、支流呈扇形分布，形如密树枝状。集水面积在 100km² 以上的各级支流有 122 条，省际河流有 16 条，主要高原湖泊有抚仙湖、杞麓湖、异龙湖、星云湖、阳宗海等。按照流域面积划分，10000km² 以上的河流只有珠江主源南盘江 1 条，5000～10000km² 的河流有 4 条，1000～5000km² 的河流有 14 条，500～1000km² 的河流有 11 条，100～500km² 的河流有 93 条。

（3）西南区域的河流

云南省境内西南诸河包括红河、澜沧江、怒江及伊洛瓦底江。红河是中越国际河流，流域内主要干支流呈扇形分布，省境内面积在 100km² 以上的各级支流共有 173 条，国际河流 14 条。按照流域面积划分，10000km² 以上的河流有红河及李仙江 2 条，5000～10000km² 的河流有 3 条，1000～5000km² 的河流有 15 条，500～1000km² 的河流有 14 条，100～500km² 的河流有 139 条。澜沧江是中缅国际河流，发源于青海省唐古拉山东北部，流经西藏、云南两省区，出国境后被称为湄公河，经缅甸、老挝、泰国、柬埔寨，于越南胡志明市注入南海，是东南亚最大的国际河流。澜沧江流域省境内集水面积在 100km² 以上的各级支流有 198 条，国际河流 8 条。按照流域面积划分，10000km² 以上的河流有澜沧江干流和黑惠江 2 条，5000～10000km² 的河流有 3 条，1000～5000km² 的河流有 18 条，100～500km² 的河流有 157 条。怒江发源于青藏高原的唐古拉山南麓的吉热拍格。它深入青藏高原内部，由怒江第一湾西北向东南斜贯西藏东部的平浅谷地，入云南省折向南流，经怒江傈僳族自治州、保山市和德宏傣族景颇族自治州，流入缅甸后改称萨尔温江，最后注入印度洋的安达曼海。省境内集水面积在 100km² 以上的各级支流共有 77 条，国际河流有 7 条。按流域面积划分，10000km² 以上的河流有怒江干流 1 条，5000～10000km² 的河流有 2 条，1000～5000km² 的河流有 5 条，500～1000km² 的河流有 9 条，100～500km² 的河流有 60 条。伊洛瓦底江其河源有东西两支，东源叫恩梅开江，发源于中国境内察隅县境伯舒拉山南麓（中国云南境内称之为独龙江），西源迈立开江发源于缅甸北部山区。独龙江东南流经云南贡山独龙族怒族自治县西境，然后折转西南，进入缅甸，过贾冈南流，称恩梅开江，两江在密支那城以北约 50km 处的圭道会合后始称伊洛瓦底江。省境内流域位于高黎贡山西侧，北高南低，逐渐向南倾斜至国境处仅 740m，流域内最高点位于流域西北角与西藏的界山 4969m，最低点位于盈江县昔马乡穆雷江与界河拉沙河交汇处仅 210m，主要干支流呈扇形分布。云南省境内集水面积在 100km² 以上的各级支流共有 39 条，国际河流 8 条按流域面积划分，5000～10000km² 的河流有 2 条，1000～5000km² 的河流有 3 条，500～1000km² 的河流有 3 条，100～500km² 的河流有 31 条。

2.1.4.3 湖泊

云南省湖泊众多，湖水面积在 1km² 以上的湖泊有 31 个。全省湖水面积近 1140km²，集水面积 9000 多平方千米，分别占全省面积的 0.29% 和 2.31%，蓄水总量近 $3.0×10^{10}$ m³。云南省湖泊形成受地质构造因素控制，溶蚀和侵蚀作用比较明显，均为淡水湖泊。湖泊主要分布在滇西北、滇西、滇中、滇东北、滇南的怒江、澜沧江、金沙江、南盘江流域。滇东较大的湖泊有滇池、抚仙湖、阳宗海、杞麓湖等，滇西较大的湖泊有洱海、程海、泸沽湖、剑湖等，滇南较大的湖泊有异龙湖、长桥湖、大屯海等。

2.1.5 土壤

依据《云南土壤》对全省土壤的分类，云南土壤分属 7 个土纲、18 个土类。受成土环境影响，各土类的面积及其分布差异较大。云南省土壤以铁铝土纲红壤系列的土壤为主，占全省土地面积的 55.3%；其次为淋溶土纲的棕壤系列的土壤，占全省土地面积的 19.3%；半淋溶土纲的燥红土等土壤，占全省土地面积的 1.42%；初育土纲的以中生代红色岩系和石灰岩形成的紫色土、石灰岩土等岩成土壤，占全省土地面积的 18.2%；人为土纲中以水稻土为主，主要分布在平坝及河谷地区，仅占全省土地面积的 3.9%；高山土主要分布在滇西北横断山区的高山和极高山地区，占全省土地面积的 1.9%。红壤约占全省土地面积的 50%，是云南省内分布最广、最重要的地带性土壤资源。

2.2 耕地自然质量等别

根据《农用地分等规程》及其他相关标准要求，耕地自然质量等别主要按照耕地的自然质量状况的优劣进行等别划分，考虑的因素主要包括气候、土壤、水文等方面。耕地自然质量等别主要根据自然因素指标确定，具体包括有效土层厚度、土壤质地、剖面构型、灌溉保证率、地形坡度、地表岩石露头度、排水条件、土壤有机质含量、土壤酸碱度和障碍层距地表深度 10 个因素指标，通过这 10 个因素指标值的确定，计算得出耕地标准耕作制度下自然质量分值，从而确定耕地自然质量等别。耕地自然质量国家等别划分 1～15 等，其中 1 等最好，15 等最劣；云南省耕地自然质量等别范围为 6～13 等。本节主要对云南省耕地国家自然等别进行介绍，分析云南省耕地国家自然等别的分布情况。

2.2.1 自然等别总体分布情况

云南省耕地国家自然等别为 6~13 等，其中以 10~12 等分布最多，面积分别为 144.28 万公顷、311.84 万公顷和 82.58 万公顷，分别占耕地总面积的 23.21%、50.16% 和 13.28%；其次是 9 等，面积为 64.33 万公顷，占比 10.35%；其余 6~8 等、13 等，面积共 18.63 万公顷，合计占比仅为 3.00%。云南省 2018 年度耕地国家自然等平均等别为 10.60 等。按照国家级农用地分等考核标准，在 15 个国家等别序列中，将 1~4 等划分为优等地、5~8 等地划分为高等地、9~12 等地划分为中等地、13~15 等划分为低等地。云南省国家自然等中无优等地；高等地面积 18.12 万公顷，占全省耕地总面积的 2.92%；全省绝大部分是中等地，面积 603.04 万公顷，占全省耕地总面积达到 97.00%；低等地有少量分布，面积 0.51 万公顷，仅占全省耕地总面积的 0.08%。

云南省耕地国家自然等别面积比例分布情况见图 2-1。

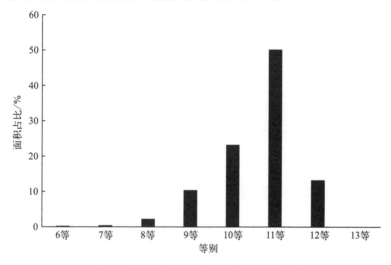

图 2-1 云南省耕地国家自然等别面积比例分布图

2.2.2 自然等别空间分布情况

从国家自然等别的空间分布上看，各州（市）中，德宏州国家自然等平均等别最高，为 9.44 等；西双版纳州次之，国家自然等平均等别为 9.91 等；余下各州（市）中，国家自然等平均等别在 10.00~10.99 等的有 10 个州（市），依次是玉溪市为 10.14 等、楚雄州为 10.40 等、临沧市为 10.44 等、文山州和大理州均为 10.48 等、红河州为 10.55 等、普洱市为 10.59 等、保山市为 10.63 等、昆明市为 10.65 等、曲靖市为 10.86 等；国家自然等平均等别在 11.00~11.51 等的有昭通市（11.00 等）、丽江市（11.26 等）、怒江州（11.42 等）、迪庆州（11.51 等）。

云南省各州（市）耕地国家自然平均等别情况见书后彩图1。各州（市）耕地国家自然等别面积见表2-1。

表 2-1　云南省各州（市）耕地国家自然等别面积统计表　　　单位：万公顷

州(市)	自然等别							合计	平均等别
	6 等	7 等	8 等	9 等	10 等	11 等	12 等	13 等	
昆明市		0.25	0.60	5.89	6.71	22.82	6.24	0.10	42.60	10.65
曲靖市				3.63	15.50	52.20	11.19		82.52	10.86
玉溪市		0.21	1.29	6.20	4.75	12.32	0.34		25.11	10.14
保山市		0.00		2.01	10.66	18.10	2.33		33.10	10.63
昭通市	0.18	0.24	0.01	0.02	8.52	42.10	10.59		61.66	11
丽江市		0.02	0.57	0.06	2.54	7.40	9.81		20.40	11.26
普洱市			1.37	5.76	18.15	18.26	11.50		55.04	10.59
临沧市		0.33	1.52	5.30	17.37	16.35	6.92		47.80	10.44
楚雄州	1.18	0.32	0.26	7.92	3.70	18.14	5.32	0.01	36.85	10.4
红河州			0.59	7.20	18.20	37.03	3.92		66.94	10.55
文山州			0.00	5.90	24.68	35.69	1.52		67.79	10.48
西双版纳州	0.04	0.01	1.75	2.77	4.24	5.19			14.01	9.91
大理州		1.36	0.69	5.88	6.24	16.68	6.08	0.09	37.02	10.48
德宏州			5.32	5.58	2.24	4.76	0.53		18.44	9.44
怒江州			0.21	0.77	1.79	4.10			6.88	11.42
迪庆州						3.01	2.20	0.31	5.51	11.51
合计	1.40	2.74	13.97	64.33	144.27	311.84	82.59	0.51	621.67	平均等别均值 10.61

2.2.3　自然等别地类分布情况

根据云南省2018年度耕地质量等别年度更新成果数据，云南省耕地中水田面积142.67万公顷，占云南省耕地总面积的22.95%；水浇地面积为15.04万公顷，占云南省耕地总面积的2.42%；旱地面积463.96万公顷，占云南省耕地总面积的74.63%（见图2-2、表2-2）。

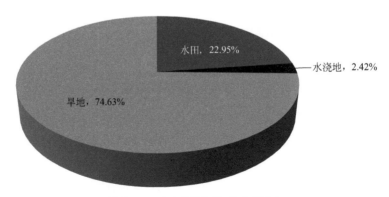

图 2-2　云南省耕地地类面积比例分布

表 2-2　云南省耕地国家自然等别地类统计表　　　　　单位：万公顷

自然等别	地类			合计
	水田(011)	水浇地(012)	旱地(013)	
6 等	1.25	0.15	0.00	1.40
7 等	2.63	0.04	0.09	2.75
8 等	12.63	0.32	1.03	13.97
9 等	56.55	3.12	4.66	64.33
10 等	47.17	6.69	90.43	144.28
11 等	20.54	4.33	286.97	311.84
12 等	1.90	0.39	80.29	82.58
13 等			0.51	0.51
合计	142.67	15.04	463.98	621.66
平均等别	9.51	10.04	10.95	10.6

（1）水田

水田国家自然等别是 6～12 等，以 9～11 等为主，面积分别为 56.55 万公顷、47.17 万公顷、20.54 万公顷，分别占水田的 39.64%、33.06%、14.40%；其次是 8 等，面积 12.63 万公顷，占比 8.85%；其余 6 等、7 等和 12 等的面积合计 5.77 万公顷，占比 4.05%。水田国家自然等平均等别为 9.51 等。云南省水田自然等别面积比例见图 2-3。

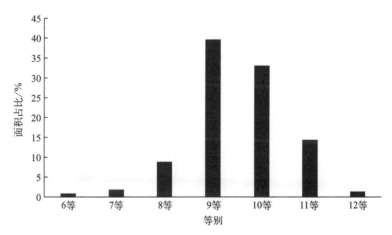

图 2-3　云南省水田自然等别面积比例

（2）水浇地

水浇地国家自然等别是 6～12 等，以 9～11 等为主，面积分别是 3.12 万公顷、6.69 万公顷、4.33 万公顷，分别占水浇地的 20.76%、44.49%、28.82%；其余 6～8 等、12 等，面积合计 0.89 万公顷，占比 5.93%。水浇地国家自然等平均等别为 10.04 等。云南省水浇地自然等别面积比例见图 2-4。

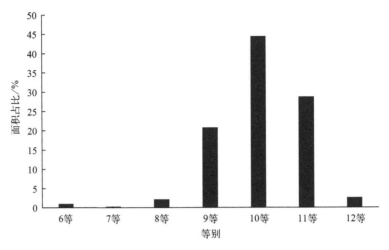

图 2-4 云南省水浇地自然等别面积比例

(3) 旱地

旱地国家自然等别是 6～13 等，主要是 11 等，面积 286.97 万公顷，占旱地的 61.85%；其次是 10 等和 12 等，面积合计 170.72 万公顷，占比 36.80%；其余是 6～9 等、13 等，面积合计 6.28 万公顷，仅占 1.35%。旱地国家自然等平均等别为 10.95 等。云南省旱地自然等别面积比例见图 2-5。

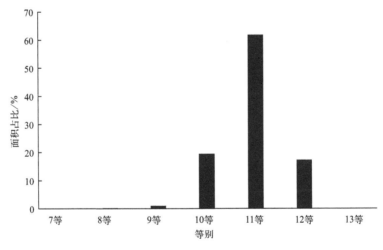

图 2-5 云南省旱地自然等别面积比例

2.3 耕地利用等别

根据《农用地分等规程》及其他相关标准要求，耕地利用等别主要是在耕地自然质量状况的基础上考虑了耕地利用状况及产出水平后划分的等别。耕地利用国家等别划分为 1～15 等，其中 1 等最好，15 等最劣；云南省耕地利用等别范围为 1 等、3～13 等。本节主要对云南省耕地国家利用等别进行介绍，分析云南省耕地国家利用等别的分布情况。

2.3.1 利用等别总体分布情况

云南省耕地国家利用等别为 1 等、3～13 等，其中以 10～12 等分布最多，面积分别为 136.69 万公顷、233.02 万公顷和 143.22 万公顷，分别占耕地总面积的 21.99%、37.48% 和 23.04%；其次是 6～9 等，面积合计 100.54 万公顷，合计占比 16.17%；其余为 1 等、3～5 等、13 等，面积共 8.20 万公顷，合计占比仅为 1.32%。云南省 2018 年度耕地国家利用等平均等别为 10.49 等。按照国家级农用地分等考核标准，云南省国家利用等有少量优等地，面积 3.08 万公顷，仅占全省耕地总面积的 0.50%，主要分布在楚雄州、西双版纳州、大理州等；高等地面积 53.95 万公顷，占全省耕地总面积的 8.68%，主要分布在德宏州、大理州、玉溪市、楚雄州、昆明市、红河州等；全省绝大部分是中等地，面积 562.52 万公顷，占全省耕地总面积达到 90.48%，主要分布在曲靖市、昭通市、文山州、红河州等；低等地有少量分布，面积 2.12 万公顷，仅占全省耕地总面积的 0.34%，主要分布在普洱市、昭通市、迪庆州等。

2.3.2 利用等别空间分布情况

从国家利用等别的空间分布上看，云南省各州（市）中，德宏州国家利用等平均等别最高，为 8.43 等；西双版纳州、玉溪市和大理州次之，国家利用等平均等别分别为 9.33 等、9.51 等和 9.91 等；余下各州（市）中，国家利用等平均等别在 10.10～10.94 等的有 8 个州（市），依次是楚雄州 10.10 等、昆明市 10.30 等、文山州 10.37 等、保山市 10.51 等、红河州 10.53 等、曲靖市 10.61 等、临沧市 10.75 等、普洱市 10.94 等；国家利用等平均等别在 11.24～11.71 等的有丽江市 11.24 等、昭通市 11.27 等、迪庆州 11.69 等、怒江州 11.71 等。如书后彩图 2 所示。

云南省各州（市）耕地国家利用等别面积统计如表 2-3 所列。

表 2-3 云南省各州（市）耕地国家利用等别面积统计表　　单位：万公顷

州（市）	利用等别											合计	平均等别
	1 等	3 等	4 等	5 等	6 等	7 等	8 等	9 等	10 等	11 等	12 等	13 等		
昆明市				0.05	1.24	1.69	2.27	4.34	10.00	14.56	8.15	0.30	42.60	10.30
曲靖市					0.93	0.65	2.21	5.57	22.01	36.22	14.92		82.51	10.61
玉溪市			0.29	0.33	1.17	2.17	2.44	3.44	5.39	9.11	0.76		25.10	9.51
保山市					0.48	0.38	0.92	3.33	8.72	13.29	5.97		33.09	10.51

续表

州(市)	利用等别												合计	平均等别
	1等	3等	4等	5等	6等	7等	8等	9等	10等	11等	12等	13等		
昭通市					0.09	0.13	0.26	0.55	3.96	33.90	22.26	0.49	61.64	11.27
丽江市		0.01	0.09	0.13	0.01	0.18	0.25	0.56	2.77	4.63	11.76	0.02	20.41	11.24
普洱市						0.51	1.82	4.38	11.34	13.52	22.75	0.72	55.04	10.94
临沧市				0.54	0.43	0.26	1.46	2.48	11.54	15.72	15.38		47.81	10.75
楚雄州		0.84	0.17	0.00	0.11	2.37	3.24	3.44	5.87	13.44	7.36	0.01	36.85	10.10
红河州					0.29	1.46	2.94	6.54	15.12	27.65	12.94		66.94	10.53
文山州						0.52	1.08	6.65	28.44	27.08	4.01		67.78	10.37
西双版纳州	0.04	0.50	0.38	0.48	0.63	0.43	0.49	2.72	2.71	4.64	1.01		14.03	9.33
大理州			0.70	0.18	2.04	2.13	3.23	3.16	6.23	12.88	6.38	0.09	37.02	9.91
德宏州			0.08	1.28	3.63	2.11	2.34	2.41	2.40	2.58	1.62		18.45	8.43
怒江州								0.02		1.93	4.93	0.01	6.89	11.71
迪庆州									0.17	1.87	3.00	0.47	5.51	11.69
合计	0.04	1.35	1.71	2.99	11.05	14.99	24.95	49.59	136.67	233.02	143.20	2.11	621.67	10.49

2.3.3 利用等别地类分布情况

(1) 水田

根据云南省2018年度耕地质量等别年度更新成果数据,云南省耕地中水田国家利用等别是1等、3~12等,以8~11等为主,面积分别是20.64万公顷、30.10万公顷、32.45万公顷、20.56万公顷,分别占水田的14.46%、21.10%、22.75%、14.41%;其次是6等、7等、12等,面积合计33.14万公顷,占比23.23%;其余为1等、3~5等,面积合计5.77万公顷,占比4.05%。云南省水田国家利用等平均等别为9.00等,其水田利用等别面积比例见图2-6。

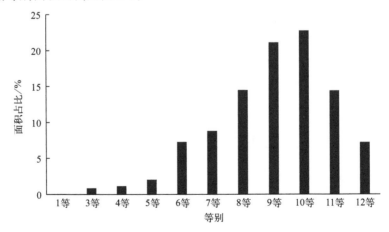

图2-6 云南省水田利用等别面积比例

(2) 水浇地

水浇地国家利用等别是 3~13 等,以 10 等和 11 等为主,面积分别是 4.58 万公顷和 4.11 万公顷,分别占水浇地的 30.43% 和 27.32%;其次是 6~9 等、12 等,面积合计 6.05 万公顷,占比 40.23%;其余为 3~5 等、13 等,面积合计 0.33 万公顷,占比 2.02%。水浇地国家利用等平均等别为 9.87 等。云南省水浇地利用等别面积比例见图 2-7。

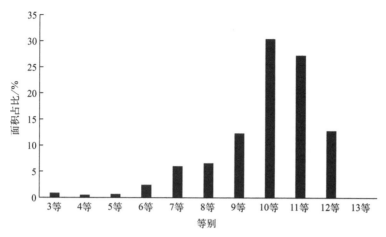

图 2-7 云南省水浇地利用等别面积比例

(3) 旱地

旱地国家利用等别是 4~13 等,主要是 11 等,面积 208.35 万公顷,占旱地的 44.91%;其次是 10 等、12 等,面积分别为 99.66 万公顷、131.04 万公顷,分别占比 21.48%、28.24%;其余是 4~9 等、13 等,面积合计 24.92 万公顷,仅占 5.37%。旱地国家利用等平均等别为 10.96 等。云南省旱地利用等别面积比例见图 2-8。

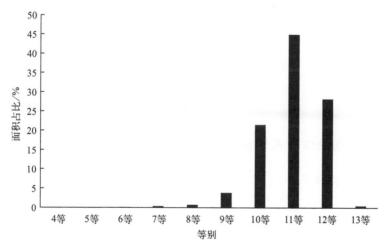

图 2-8 云南省旱地利用等别面积比例

云南省耕地国家利用等分地类统计如表 2-4 所列。

表 2-4　云南省耕地国家利用等分地类统计表　　　　　　单位：万公顷

利用等别	地类			合计
	水田(011)	水浇地(012)	旱地(013)	
1等	0.04			0.04
3等	1.21	0.13		1.34
4等	1.62	0.07	0.00	1.69
5等	2.89	0.10	0.01	3.00
6等	10.33	0.37	0.33	11.03
7等	12.55	0.90	1.52	14.97
8等	20.64	0.99	3.31	24.94
9等	30.10	1.85	17.63	49.58
10等	32.45	4.58	99.66	136.69
11等	20.56	4.11	208.35	233.02
12等	10.25	1.93	131.04	143.22
13等		0.00	2.11	2.11
合计	142.64	15.03	463.96	621.67
平均等别	9.00	9.87	10.96	10.49

2.4　耕地经济等别

根据《农用地分等规程》及其他相关标准要求，耕地经济等别主要是在耕地的自然质量状况以及耕地利用状况及产出水平后的基础上，在考虑经济效益后划分的等别。耕地经济国家等别划分为1～15等，其中1等最好，15等最劣；云南省耕地经济等别范围为2～12等。本节主要对云南省耕地国家经济等别进行介绍，分析云南省耕地国家经济等别的分布情况。

2.4.1　经济等别总体分布情况

云南省耕地国家经济等别为2～12等，其中以10～12等分布最多，面积分别为159.91万公顷、235.54万公顷、102.10万公顷，分别占耕地总面积的25.72%、37.89%、16.42%；等别面积超过1%的还有6～9等，合计113.33万公顷，合计占比18.23%；其余为2～5等，面积合计10.79万公顷，合计占比仅为1.74%。云南省2018年度耕地国家经济等平均等别为10.29等。按照国家级农用地分等考核标准，在15个国家等别序列中，将1～4等划分为优等地、5～8等地划分为高等地、9～12等地划分为中等地、13~15等划分为低等地。云南省国家经济等有少量优等地，面积5.64万公顷，仅占全省耕地总面积的0.91%，主要分布在4等；高等地面积56.76万公顷，占全省耕地总面积的9.13%，主要分布在8等；全省绝大部分是中等地，面积559.26万公顷，占全省耕地总面积达到89.96%，主要分布在11等。

2.4.2 经济等别空间分布情况

从国家经济等别的空间分布上看，各州（市）中，德宏州国家经济等平均等别最高，为8.51等；西双版纳州、玉溪市、大理州和昆明市次之，国家经济等平均等别分别为9.17等、9.35等、9.70等和9.88等；余下各州（市）中，国家经济等平均等别在10.00~10.99等的有8个州（市），依次是楚雄州（10.02等）、文山州（10.23等）、红河州（10.28等）、曲靖市（10.33等）、临沧市（10.47等）、保山市（10.69等）、普洱市（10.75等）和昭通市（10.95等）；国家经济等平均等别在11.22~11.64等的有丽江市（11.22等）、迪庆州（11.44等）、怒江州（11.64等）。见书后彩图3、表2-5。

表2-5 云南省各州（市）耕地国家经济等别面积统计表　　　　单位：万公顷

州（市）	经济等别											合计	平均等别
	2等	3等	4等	5等	6等	7等	8等	9等	10等	11等	12等		
昆明市		0.05	0.57	0.42	1.53	1.19	3.20	6.16	9.80	16.21	3.47	42.60	9.88
曲靖市				0.86	0.46	0.77	2.94	8.95	26.85	33.15	8.52	82.50	10.33
玉溪市	0.08	0.13	0.74	0.58	0.91	2.01	1.59	4.43	5.98	7.55	1.11	25.11	9.35
保山市					0.66	0.07	1.01	1.84	7.21	15.19	7.12	33.10	10.69
昭通市				0.12	0.09	0.12	0.47	1.46	14.19	28.14	17.07	61.66	10.95
丽江市		0.01	0.16	0.04	0.03	0.08	0.51	0.52	2.01	6.17	10.87	20.40	11.22
普洱市				0.01	0.22	0.54	1.82	5.50	10.77	19.65	16.53	55.04	10.75
临沧市		0.08	0.33	0.42	0.25	0.77	1.50	4.13	11.37	20.24	8.71	47.80	10.47
楚雄州				0.27	1.01	2.14	2.78	3.84	8.60	14.56	3.66	36.86	10.02
红河州				0.12	0.81	1.75	2.88	8.03	19.47	26.40	7.47	66.93	10.28
文山州					0.04	0.29	2.76	8.03	29.81	23.32	3.54	67.79	10.23
西双版纳州	0.48	0.40	0.26	0.59	0.38	0.49	1.32	1.90	2.58	4.17	1.44	14.01	9.17
大理州		0.83	0.28	1.12	1.37	1.59	2.38	4.21	8.38	12.64	4.22	37.02	9.7
德宏州		0.08	1.17	0.60	1.90	2.25	2.73	2.73	2.36	3.62	1.00	18.44	8.51
怒江州								0.00	0.00	0.11	2.24	4.53	6.88	11.64
迪庆州									0.41	2.28	2.82	5.51	11.44
合计	0.56	1.58	3.51	5.15	9.66	14.06	27.89	61.73	159.90	235.53	102.08	621.67	10.29

2.4.3 经济等别地类分布情况

根据云南省2018年度耕地质量等别年度更新成果数据，云南省耕地中水田、水浇地和旱地地类分布情况如下。

（1）水田

水田国家经济等别是 2～12 等，以 8～11 等为主，面积分别是 19.05 万公顷、26.24 万公顷、31.27 万公顷、30.30 万公顷，分别占水田的 13.35%、18.39%、21.92%、21.24%；水田国家经济等平均等别为 8.97 等。云南省水田经济等别面积比例见图 2-9。

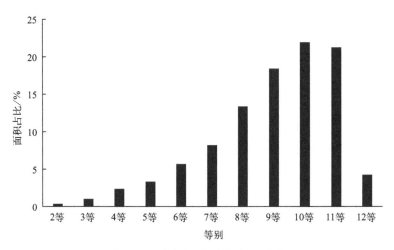

图 2-9　云南省水田经济等别面积比例

（2）水浇地

水浇地国家经济等别是 2～12 等，以 9～11 等为主，面积分别是 2.32 万公顷、3.84 万公顷和 4.56 万公顷，分别占水浇地的 15.40%、25.54% 和 30.34%；水浇地国家经济等平均等别为 9.66 等。云南省水浇地经济等别面积比例见图 2-10。

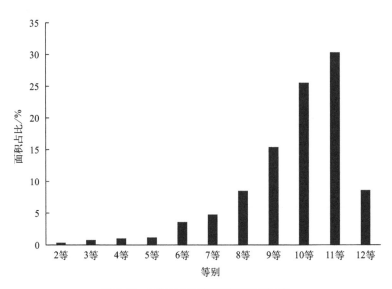

图 2-10　云南省水浇地经济等别面积比例

(3) 旱地

旱地国家经济等别是 4~12 等,主要是 11 等,面积 200.68 万公顷,占旱地的 43.25%;其次是 10 等地,面积为 124.79 万公顷,占旱地的 26.90%。旱地国家经济等平均等别为 10.71 等。云南省旱地经济等别面积比例见图 2-11。

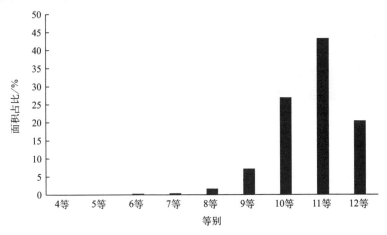

图 2-11 云南省旱地经济等别面积比例

云南省耕地国家经济等分地类统计如表 2-6 所列。

表 2-6 云南省耕地国家经济等分地类统计表 单位:万公顷

经济等别	地类			合计
	水田(011)	水浇地(012)	旱地(013)	
2 等	0.51	0.05		0.56
3 等	1.45	0.12		1.57
4 等	3.35	0.15	0.01	3.51
5 等	4.73	0.17	0.25	5.15
6 等	8.07	0.54	1.06	9.67
7 等	11.67	0.72	1.67	14.06
8 等	19.05	1.28	7.57	27.90
9 等	26.24	2.32	33.17	61.73
10 等	31.27	3.84	124.79	159.90
11 等	30.30	4.56	200.68	235.54
12 等	6.03	1.29	94.77	102.09
合计	142.67	15.04	463.97	621.67
平均等别	8.97	9.66	10.71	10.29

第3章 耕地质量等别更新方法

为实现耕地质量等别动态更新，保持成果现势性，围绕耕地质量等别年度更新评价的目标和任务，结合各县（市、区）实际情况，依据《农用地质量分等规程》（GB/T 28407—2012），利用GIS技术，采用"因素法"评定耕地质量等别。对年度内耕地增减变化及耕地质量建设等引起的耕地质量等别变化，在上一年度耕地质量等别年度更新评价工作的基础上，结合邻近地块的自然条件和基础设施状况，按照规程及相关技术要求以及云南省分等的因素指标区、分等因素、"指定作物-分等因素-自然质量分"记分规则表、相关系数和体系计算自然质量分、自然等指数、利用等指数和经济等指数，最终转换为国家等，开展耕地质量等别更新评价。耕地质量等别年度更新评价应遵循"评价方法不变、基本参数稳定、适当补充调查的原则"。

3.1 等别更新依据

耕地质量等别年度更新评价工作，对切实加强耕地数量和质量管理，保持耕地质量等别成果的现势性具有重要意义。为了响应国家关于耕地数量管控、质量管理和生态管护的有关要求；进一步加强耕地保护，改进耕地占补平衡，规范农村土地流转，为保障国家粮食安全提供基础保障，在更新过程中严格遵守相关的政策依据、技术依据，认真分析资料依据，保证数据来源的真实性，数据成果的合理性、合法性。

3.1.1 政策依据

①《中华人民共和国土地管理法》；
②《中华人民共和国土地管理法实施条例》；
③《云南省土地管理条例》；
④《国土资源部办公厅关于印发〈耕地质量等别调查评价与监测工作方案〉工作的

通知》(国土资厅发〔2012〕60号);

⑤《自然资源部办公厅关于部署开展2019年全国耕地质量等别年度更新评价工作的通知》(自然资办函〔2019〕1039号);

⑥《云南省自然资源厅关于部署开展2019年全省耕地质量等别年度更新评价工作的通知》(云自然资耕保〔2019〕614号)。

3.1.2 技术依据

①《农用地质量分等规程》(GB/T 28407—2012);
②《土地利用现状分类》(GB/T 21010—2007);
③《农用地质量分等数据库标准》(2017工作稿);
④《耕地质量等别年度更新评价技术手册(2019年版)》;
⑤《云南省2019年耕地质量等别年度更新评价实施方案》(云南省自然资源厅)。

3.1.3 资料依据

① 云南省最新年度耕地质量等别更新评价成果;
② 耕地质量等别补充完善成果;
③ 最新年度的国土变更调查数据;
④ 土地利用、农业、气象、土壤以及经济社会统计等方面的资料;
⑤ 最新年度统计年鉴;
⑥ 最新年度内验收且完成土地利用现状变更的土地整治项目资料,包括项目可研、规划、竣工验收资料,土地整治项目区及其周边相关农业生产资料;
⑦ 最新年度农业综合开发、农田水利建设等项目资料;
⑧ 外业补充调查结果。

3.2 等别更新技术路线与方法

根据国家部署和要求,耕地质量等别年度更新作为国土资源调查的内容之一,以县级行政区为调查单位,组织各县级、州(市)级相关部门,依据年度土地变更调查,对年度内土地的增减变化,及耕地质量建设等引起的耕地质量等别变化,依据相关的工作依据和技术标准,结合项目情况,当分等因素、土地利用水平、投入产出水平发生变化时,适量补充调查,按照《农用地质量分等规程》(GB/T 28407—2012)规定的方法,重新测算相关指标,并将测算结果直接赋予相对应的图斑,综合考虑项目特点,保证成果的科学性、现实性和可比性。

3.2.1 技术路线

3.2.1.1 基本原则

① 县域耕地现状与变化数据使用部下发的最新年度土地变更调查数据库，不得对数据库内的地类图斑位置、形状以及地类、面积等属性进行修改和删减。

② 耕地质量等别年度更新评价要严格遵循《农用地质量分等规程》（GB/T 28407—2012）的基本思想、技术路线和方法步骤；年度更新评价时所采用的因素指标区、标准耕作制度、指定作物、光温（气候）生产潜力指数、产量比系数、分等因素及分级标准、分等因素权重等基本参数，应与耕地质量等别补充完善工作保持一致。

③ 更新评价对象以外的耕地质量等别一律不得调整，即与上一年度的耕地质量等别保持一致；项目区的耕地质量等别评定结果必须与上一年度的耕地质量等别成果具有可比性，即除项目建设改变的因素属性值外，其他因素属性值一律不得调整；新评定的耕地质量等别必须与周边同等自然条件、同等基础设施状况、同类型耕地具有可比性。

④ 耕地质量等别评定时要考虑土地整治、农业综合开发、农田水利建设等项目特点依据长期耕种、肥力相对稳定的耕地条件来进行评定，保证成果的科学性、现实性和可比性。

3.2.1.2 更新技术路线

围绕耕地质量等别年度更新评价的目标和任务，依据《农用地质量分等规程》（GB/T 28407—2012）（以下简称《规程》）、《耕地质量等别年度更新评价技术手册》（以下简称《技术手册》）以及《农用地分等数据库标准（2017 工作稿）》（以下简称《数据库标准》）的技术要求，以县级最新年度土地变更调查数据及上一年耕地质量等别更新评价成果为基础，收集、整理年度内通过验收并且完成土地利用现状变更的各类土地整治项目（包括一般土地整治项目、开发补充耕地、提质改造、重大工程项目、高标准农田建设项目、城乡建设用地增减挂钩项目、工矿废弃地复垦项目）和验收完成的农业综合开发和农田水利设施建设等项目资料，利用 GIS 技术，通过项目竣工验收图或规划设计图分别与最新年度土地变更调查数据库中的等单元图层叠加，分别提取项目区范围内的分等单元，生成质量建设耕地图层；同时从最新年度土地变更调查数据中提取年度内减少和新增耕地图层；确定更新评价单元，制作更新评价工作底图。

将年度更新评价工作底图与上一年耕地质量等别数据库中的分等单元图层叠加，分别读取减少耕地和质量建设耕地建设前的等别信息。已开展土地整治项目耕地质量等别评定的，经核实确认无误后可直接使用其评定结果作为新增耕地和质量建设耕地建设后的等别评定信息；未开展耕地质量等别评定或核实确认有误的，利用项目相关资料，适当开展外业补充调查获取相关属性信息，按照《规程》和《技术手册》的方法和要求，沿用分等完善成果中的分等因素、权重、评价体系及记分规则表，依次计算耕地的自然质量分、自然等指数、利用等指数、经济等指数,最终转换成国家等,完成对耕地等别的评价。

整理减少耕地、新增耕地和质量建设耕地的属性信息并按照《技术手册》要求,生成耕地质量等别年度更新数据包。将最新年度土地变更调查数据库中的分等单元与年度更新包中的新增和质量建设耕地图层以及上一年耕地质量等别数据库中的分等单元叠加,获取耕地质量等别评定的属性信息。按照《数据库标准》的要求,更新县级耕地质量等别数据库。在数据检查无误后,编写县级更新评价分析报告,统计汇总数据表格,最终形成县级最新年度耕地质量等别更新评价成果。

耕地质量等别更新技术路线如图3-1所示。

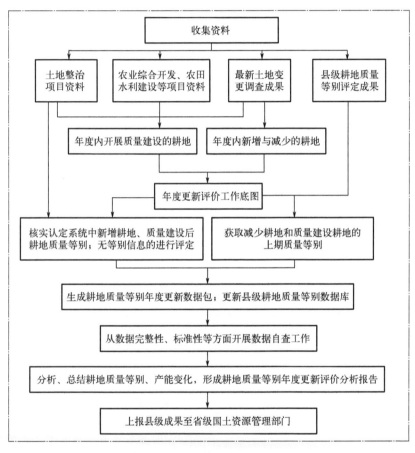

图 3-1 耕地质量等别更新技术路线

3.2.2 参数的应用

3.2.2.1 国家级参数的应用

(1)标准耕作制度

云南省耕地质量等别更新中各县(市、区)种植制度参照自然资源部公布的《云南省各县主要作物标准耕作制度》。

(2) 基准作物与指定作物

1) 基准作物

国家《规程》中规定基准作物指小麦、玉米、水稻三种主要粮食作物中的一种，在此基础上结合云南省实际情况选择水稻作为本省基准作物。

2) 指定作物

指定作物是指标准耕作制度中所涉及的作物，根据国家提供的云南省各县（市、区）标准耕作制度中的作物（详见表 3-1），云南省确定了指定作物。

表 3-1 云南省耕地质量分等指标区表

国家一级区	国家二级区	省级三级区	州（市）	县（市、区）	合计
华南区（Ⅴ）	华南沿海西双版纳低山丘陵区（Ⅴ2）	南部边缘低山宽谷盆地区（Ⅴ201）	德宏州	瑞丽市、盈江、梁河、陇川、芒市	18个
			普洱市	江城、澜沧、西盟、孟连	
			临沧市	沧源、镇康、耿马	
			西双版纳州	景洪市、勐腊、勐海	
			红河州	金平、绿春、河口	
云贵高原区（Ⅸ）	云南高原区（Ⅸ3）	滇中高原盆地区（Ⅸ301）	昆明市	官渡区、西山区、五华区、盘龙区、石林、寻甸、禄劝、富民、嵩明、宜良、呈贡区、安宁市、晋宁区	55个
			曲靖市	富源、麒麟区、马龙区、陆良、师宗、罗平、沾益区	
			玉溪市	红塔区、澄江、华宁、江川区、通海、峨山、易门	
			楚雄州	楚雄市、武定、禄丰、双柏、元谋、牟定、永仁、大姚、姚安、南华	
			红河州	泸西	
			大理州	大理市、弥渡、宾川、祥云、漾濞、巍山、南涧、永平、鹤庆、洱源、云龙	
			保山市	隆阳区、施甸、龙陵、腾冲市	
			丽江市	永胜、华坪	
		滇南中山宽谷区（Ⅸ302）	文山州	丘北、广南、富宁、砚山、西畴、麻栗坡、马关、文山市	31个
			红河州	个旧市、建水、石屏、弥勒市、开远市、蒙自市、屏边、红河、元阳	
			玉溪市	新平、元江	
			普洱市	思茅区、景东、镇沅、景谷、宁洱、墨江	
			临沧市	凤庆、云县、临翔区、双江、永德	
			保山市	昌宁	
	滇黔高原山地区（Ⅸ4）	滇东北山原区（Ⅸ401）	昭通市	昭阳区、绥江、水富市、盐津、大关、永善、彝良、镇雄、威信、巧家、鲁甸	14个
			曲靖市	会泽、宣威市	
			昆明市	东川区	

续表

国家一级区	国家二级区	省级三级区	州(市)	县(市、区)	合计
横断山区（X）	横断山区(X0)	滇西北高山峡谷区（X001）	怒江州	贡山、福贡、兰坪、泸水市	11个
			迪庆州	德钦、维西、香格里拉市	
			丽江市	玉龙、宁蒗、古城区	
			大理州	剑川	

(3) 生产潜力指数

根据自然资源部全国农用地分等技术指导组提供的云南省作物生产潜力计算（2006年6月18日第三次测算数据）初步结果，结合云南省农作物生产实际情况以及不同县（市、区）之间的差异性和相似性，确定云南省耕地质量等别更新中指定作物的生产潜力指数。由于自然资源部提供的数据没有涵盖云南省129个县（市、区）的作物光温（气候）生产潜力指数，因此对于无数据的县（市、区）或者与实际情况差异较大的县（市、区），采用周边自然条件和气候条件相似的县（市、区）的数据代替。

(4) 分等因素体系

1）分等因素及权重

国家《规程》根据自然条件对全国进行了分区，并提供了全国及各分区农用地分等因素体系所包含的必选因素、分级及其分值和权重。《规程》按"平原"和"丘陵"拟定分等因素。但是由于云南省特殊的地理位置，全省以山地为主，没有平原的概念，自然条件较好的地方采用梯田种植水生作物，因此能在丘陵地区同时看见"水田"和"旱地"两种土地利用方式。由于两种利用方式在种植作物、耕作方式、种植制度存在差异，且对耕地质量的影响因素和影响程度也存在不同程度的要求，因此云南省按"水田"和"旱地"两种土地利用现状拟定分等因素。

分等因素权重则是以《规程》提供的全国性及分区耕地评价因素及权重为基础，采用Delphi法，经过多轮分等因素专家征询及权重打分，直至各位专家意见相对接近为止，从而最终确定各分等指标区各指定作物的分等因素及权重。

2）分等因素分级的划分及量化

根据《规程》提供的国家标准和各行业标准，云南省结合实际情况，确定各分等因素具体分级及量化方法。除有效土层厚度和土壤pH值两个分等因素的分级划分与国家标准存在一定差异外，其他因素均与国家标准一致。

3.2.2.2 省级参数的应用

(1) 指标区分

云南省分等指标区是以县（市、区）为单位，依据云南省地形、地貌、水文条件、水资源、土地资源分布规律和特征，结合云南省农业种植区划、土地资源利用情况及社会经济发展状况等，遵循自然条件、社会经济条件相对一致，作物结构布局、品种类型和耕作制度相对一致，种植业生产力水平和土地利用状况相对一致的原则进行划分。全省在国家一级区和二级区的基础上再划分5个省级三级指标区，即南部边缘低山宽谷盆地区、滇中高原盆地区、滇南中山宽谷区、滇东北山原区和滇西北高山峡谷区。详见表3-1和书后彩图4。

(2) 标准耕作制度

云南省耕地质量评价中各县（市、区）标准耕作制度参照《规程》附表B.2。全省各地熟制主要有一年一熟、一年两熟、一年三熟。

云南省三级指标区的熟制如下。

① 南部边缘低山宽谷盆地区：一年一熟、一年两熟、一年三熟。

② 滇中高原盆地区：一年一熟、一年两熟。

③ 滇南中山宽谷区：一年一熟、一年两熟。

④ 滇东北山原区：一年一熟、一年两熟。

⑤ 滇西北高山峡谷区：一年一熟、一年两熟。

(3) 基准作物与指定作物

1) 基准作物

基准作物是理论标准粮的折算标准，按照不同区域作物生长季节的不同，基准作物分为春小麦、冬小麦、春玉米、夏玉米、中稻、早稻、晚稻七种粮食作物。根据《云南省种植业区划》及对云南省主要粮食作物生产情况的分析，水稻是云南省各地最基础的种植作物，因此按照云南省的统一标准，确定水稻为基准作物。

2) 指定作物

指定作物是指标准耕作制度中所涉及的种植作物。依据云南省实际情况，一年内主要是秋冬季种植小麦，在夏季种植水稻和玉米。水稻、玉米和小麦是云南省的最具代表性和普遍性的三大粮食作物，种植历史悠久，分布范围广，播种面积稳定。因此，主要选取水稻、玉米和小麦作为云南省耕地质量评价的指定作物。

(4) 光温（气候）生产潜力指数

根据《规程》，参考自然资源部全国农用地分等技术指导组提供的云南省作物生产潜力计算结果，结合云南省实际情况确定作物的光温生产潜力指数和气候生产潜力指数。光温生产潜力指数适用于水田和灌溉条件能充分满足作物生长需要的水浇地；气候生产潜力指数适用于无灌溉条件的旱地。云南省各地指定作物水稻、小麦和玉米生产潜力指数具体数据见《规程》附录D表D.50～D.53。

(5) 指定作物产量比系数

作物的产量比系数反映的是在相同的光、温、水、土条件下，不同作物产量之间的当量关系。云南省耕地质量分等采用作物的光温生产潜力指数来计算指定作物的产量比系数，全省统一取值，详见表3-2。

表 3-2　云南省指定作物产量比系数

作物	水稻	玉米	小麦
产量比系数	1.0	0.8	1.3

（6）分等因素

1）分等因素权重

由于云南省是一个山地占94%的高原山区省份，因此没有《规程》中绝对"平原"的概念，自然条件较好的"丘陵"或山地区域仍可采用梯田的形式种植水田作物。因此，云南省根据种植习惯及影响耕地质量因素的不同，采用在各指标区内划分"水田"和"旱地"两种土地利用类型的方法，分别拟定"水田"和"旱地"的分等因素。经云南省十分熟悉农业生产、土地管理、土壤科学、农业气象、地理科学等众多专家和科技人员采用Delphi法通过多轮分析筛选，最终确定各分等指标区"水田""旱地"的分等因素和权重，水浇地的分等因素和权重参照旱地，5个三级指标区间分别确定不同的分等因素权重，指标区内采用统一分等因素权重。

云南省5个指标区分等因素及权重见表3-3。

表 3-3　云南省指标区分等因素及权重表

农用地类型	指标区分等因素	南部边缘低山宽谷盆地区	滇中高原盆地区	滇南中山宽谷区	滇东北山原区	滇西北高山峡谷区
水田	有效土层厚度					
	表层土壤质地	0.14	0.16	0.16	0.16	0.12
	剖面构型	0.18	0.18	0.18	0.18	0.15
	土壤有机质含量	0.08	0.10	0.10	0.10	0.13
	土壤pH值	0.11	0.11	0.11	0.11	0.10
	障碍层距地表深度	0.05	0.05	0.05	0.05	—
	排水条件	0.24	0.22	0.20	0.18	0.23
	地形坡度					
	灌溉保证率	0.20	0.18	0.20	0.22	0.27
	地表岩石出露度					
旱地	有效土层厚度	0.27	0.30	0.30	0.30	0.26
	表层土壤质地	0.08	0.06	0.06	0.06	0.06
	剖面构型					
	土壤有机含量	0.08	0.08	0.08	0.08	0.08
	土壤pH值	0.10	0.08	0.08	0.08	0.09
	障碍层距地表深度					
	排水条件					
	地形坡度	0.21	0.25	0.23	0.21	0.20
	灌溉保证率	0.15	0.12	0.14	0.16	0.19
	地表岩石出露度	0.11	0.11	0.11	0.11	0.12

2）分等因素分级

① 有效土层厚度。分级界限下含上不含：1级，有效土层厚度≥100cm；2级，有效土层厚度60～100cm；3级，有效土层厚度30～60cm；4级，有效土层厚度<30cm。

② 表层土壤质地。1级，壤土；2级，黏土；3级，砂土；4级，砾质土。

③ 剖面构型。1均质质地剖面构型，分为通体壤土、通体砂土、通体黏土，以及通体砾4种类型；2夹层质地剖面构型，分为砂/黏/砂、黏/砂/黏、壤/黏/壤、壤/砂/壤4种类型。3体（垫）层质地剖面构型分为砂/砂/黏、黏/砂/砂、黏/黏/黏、壤/砂/砂4种类型。

④ 地形坡度。坡度分为6个级别，分级界限下含上不含：1级，地形坡度<2°，梯田按<2°坡耕地对待；2级，地形坡度2°～5°；3级，地形坡度5°～8°；4级，地形坡度8°～15°；5级，地形坡度15°～25°；6级，地形坡度≥25°。

⑤ 土壤有机质含量。土壤有机质含量分为6个级别，分级界限下含上不含：1级，土壤有机质含量≥40g/kg；2级，土壤有机质含量30～40g/kg；3级，土壤有机质含量30～20g/kg；4级，土壤有机质含量20～10g/kg；5级，土壤有机质含量10～6g/kg；6级，土壤有机质含量<6g/kg。

⑥ 土壤酸碱度（土壤pH值）。土壤pH值分为5个级别，分级界限下含上不含：1级，土壤pH值为6.0～7.9；2级，土壤pH值为5.5～6.0、7.9～8.5；3级，土壤pH值为5.0～5.5、8.5～9.0；4级，土壤pH值为4.5～5.0；5级，土壤pH<4.5，pH≥9.0。

⑦ 排水条件。排水条件分为4个级别，分级界限下含上不含：1级，有健全的干、支、斗、农排水沟道（包括抽排），无洪涝灾害；2级，排水体系（包括抽排）基本健全，丰水年暴雨后有短期洪涝发生（田面积水1～2d）；3级，排水体系（包括抽排）一般，丰水年大雨后有洪涝发生（田面积水2～3d）；4级，无排水体系（包括抽排），一般年份在大雨后发生洪涝（田面积水≥3d）。

⑧ 灌溉保证率。1级，充分满足，包括水田、菜地和可随时灌溉的水浇地；2级，基本满足，有良好的灌溉系统，在关键需水生长季节有灌溉保证的水浇地；3级，一般满足，有灌溉系统，但在大旱年不能保证灌溉的水浇地；4级，无灌溉条件，包括旱地与望天田。

⑨ 地表岩石出露度。根据对耕作的干扰程度可分为4个级别，分级界限下含上不含：1级，岩石露头<2%，不影响耕作；2级，岩石露头2%～10%，露头之间的间距35～100m，已影响耕作；3级，岩石露头10%～25%，露头之间的间距10～35m，影响机械化耕作；4级，岩石露头≥25%，露头之间的间距3.5～10m，影响小型机械化操作。

⑩ 障碍层距地表深度。根据其距地表的距离分为3个级别，分级界限下含上不含：1级，60～90cm；2级，30～60cm；3级，<30cm。

3) 分等因素计分规则

云南省分 5 个指标区,即滇中高原盆地区、南部边缘低山宽谷盆地区、滇南中山宽谷区、滇东北山原区、滇西北高山峡谷区。各指标区分等因素记分规则是在采用《规程》计分规则的基础上,针对云南省的实际情况,经专家论证后进行补充和进一步修正而确定的,各指标区间计分规则不同,指标区内规则统一。各分等因素自然质量分遵循下列原则,采用百分制相对值的方法计算。

① 作用分值与耕地质量优劣成正相关。耕地质量越好,得分越高,总分值越大。

② 因素作用分值采用 0～100 分的封闭区间,最优条件取值 100 分,每 10～40 分降低一个级别,因素指标的优劣均在 0～100 分内计算其相对得分值。作用分值与分等因素的显著作用区间相对应。

根据以上规则及因素分级结果,得到云南省 5 个指标区分等因素计分规则表,见表 3-4～表 3-8。

3.2.3 计算方法

3.2.3.1 计算原则

根据"评价方法不变,基本参数稳定,适当补充调查"的原则,耕地质量等别评价采用分等完善成果中的方法,即因素法。

3.2.3.2 计算过程

(1) 计算指定作物自然质量分

结合外业补充调查资料,根据《规程》,按下式计算土地整治项目区耕地的自然质量分:

$$C_{Lij} = \frac{\sum_{k=1}^{m} w_k f_{ijk}}{100}$$

式中 C_{Lij} ——分等单元指定作物的农用地自然质量分;

w_k ——第 k 个分等因素的权重;

i ——分等单元编号;

j ——指定作物编号;

k ——分等因素编号;

m ——分等因素的数目;

f_{ijk} ——第 i 个分等单元内第 j 种指定作物第 k 个分等因素的指标分值(取值为 10～100)。

表 3-4 云南省南部边缘低山宽谷地区"指定作物-分等因素-自然质量分"记分规则表

水田

分值/分 水稻	分值/分 小麦	表层土壤质地	剖面构型	土壤有机含量	土壤pH值	障碍层距地表深度/cm	排水条件	灌溉保证率
100	100	壤土	通体壤、壤/砂/壤	1级	1级	60~90	1级	充分满足
90	90		壤/黏/壤	2级	2级		2级	基本满足
80	80	黏土	砂/黏/壤、壤/黏/黏	3级	3级	30~60	3级	一般满足
70	70	砂土	黏/砂/黏、通体黏	4级	4级	<30	4级	无灌溉设施
60	60		砂/黏/砂、壤/砂/砂	5级	5级			
50	50		黏/砂/砂					
40	50	砾质土						
30	40		通体砂、通体砾					
20	40							
10								

旱地

分值/分 玉米	分值/分 小麦	有效土层厚度/cm	表层土壤质地	土壤有机含量	土壤pH值	地形坡度/(°)	灌溉保证率	地表岩石出露度
100	100	≥100	壤土	1级	1级	<2	充分满足	1级
90	90	60~100		2级	2级	2~5	基本满足	2级
80	80		黏土	3级	3级	5~8	一般满足	
70	70		砂土	4级	4级			3级
60	60	30~60		5级		8~15	无灌溉设施	
60	50		砾质土					4级
50	50	<30						
40	40				5级	15~25		
40	40							
30						≥25		

表 3-5 云南省滇中高原盆地区"指定作物-分等因素-自然质量分"记分规则表

水田

分值/分 水稻	分值/分 小麦	表层土壤质地	剖面构型	土壤有机含量	土壤pH值	障碍层距地表深度/cm	排水条件	灌溉保证率
100	100	壤土	通体壤、壤/砂/壤		1级	60~90	1级	充分满足
90	90		壤/黏/壤	2级	2级		2级	基本满足
80	80	黏土	砂/黏/壤、壤/黏/黏	3级	3级	30~60	3级	一般满足
70	70	砂土	黏/砂/黏、通体黏	4级	4级	<30	4级	无灌溉设施
60	60		砂/黏/砂、壤/砂/砂	5级				
60		砾质土	黏/砂/砂、通体砂					
50	50		通体砾		5级			
40	40							
30								
20								
10								

旱地

分值/分 玉米	分值/分 小麦	有效土层厚度/cm	表层土壤质地	土壤有机含量	土壤pH值	地形坡度/(°)	灌溉保证率	地表岩石出露度
100	100	≥100	壤土		1级	<2	充分满足	1级
90	90	60~100		2级	2级	2~5	基本满足	2级
80	80		黏土	3级	3级	5~8	一般满足	
70	70			4级				3级
60	60	30~60	砂土	5级	4级	8~15		
60							无灌溉设施	4级
50	50		砾质土					
50					5级	15~25		
40	40	<30						
40						≥25		
30								

表 3-6 云南省滇南中山宽谷区"指定作物-分等因素-自然质量分"记分规则表

水田

分值/分		表层土壤质地	剖面构型	土壤有机含量	土壤pH值	障碍层距地表深度/cm	排水条件	灌溉保证率
水稻	小麦							
100	100	壤土	通体壤、壤/砂/壤		1级	60~90	1级	充分满足
90	90		壤/黏/黏	2级	2级		2级	基本满足
80	80	黏土	砂/黏/壤、壤/黏/黏	3级	3级	30~60	3级	一般满足
70	70	砂土	黏/砂/黏、通体黏	4级	4级	<30	4级	无灌溉设施
60	60		砂/黏/砂、壤/砂/壤	5级				
60		砾质土	黏/砂/砂、通体砾		5级			
50	50							
50								
40	40							
30								
20	40							
10								

旱地

分值/分		有效土层厚度/cm	表层土壤质地	土壤有机含量	土壤pH值	地形坡度/(°)	灌溉保证率	地表岩石出露度
玉米	小麦							
100	100	≥100	壤土		1级	<2	充分满足	1级
90	90	60~100		2级	2级	2~5	基本满足	2级
80	80		黏土	3级	3级	5~8	一般满足	
70	70	30~60	砂土	4级	4级			3级
60	60			5级		8~15	无灌溉设施	
60			砾质土					4级
50	50	<30				15~25		
50								
40	40				5级	≥25		
40								
30								

表 3-7 云南省滇东北山原区"指定作物-分等因素-自然质量分"记分规则表

水田

分值/分 水稻	分值/分 小麦	表层土壤质地	剖面构型	土壤有机含量	土壤pH值	障碍层距地表深度/cm	排水条件	灌溉保证率
100	100	壤土	通体壤、壤/砂/壤		1级	60~90	1级	充分满足
90	90	黏土	壤/黏/黏、壤/砂/黏	2级	2级	30~60	2级	基本满足
80	80	砂土	砂/黏/黏、黏/砂/黏	3级	3级	<30	3级	一般满足
70	70		黏/砂/黏、通体黏	4级	4级		4级	
60	60	砾质土	砂/黏/砂、壤/砂/砂	5级				无灌溉设施
60	60		黏/砂/砂					
50	50		通体砂、通体砾		5级			
40	50							
30	40							
20	40							
10								

旱地

分值/分 玉米	分值/分 小麦	有效土层厚度/cm	表层土壤质地	土壤有机含量	土壤pH值	地形坡度/(°)	灌溉保证率	地表岩石出露度
100	100	≥100	壤土		1级	<2	充分满足	1级
90	90	60~100		2级	2级	2~5	基本满足	2级
80	80		黏土	3级	3级	5~8	一般满足	
70	70		砂土	4级	4级			3级
60	60	30~60	砾质土	5级		8~15	无灌溉设施	
60	60							4级
50	50							
50	50	<30			5级	15~25		
40	40							
40	40					≥25		
30								

表 3-8 云南省滇西北高山峡谷区"指定作物 分等因素 自然质量分"记分规则表

水田

分值/分		表层土壤质地	剖面构型	土壤有机含量	土壤pH值	障碍层距地表深度/cm	排水条件	灌溉保证率
水稻	小麦							
100	100	壤土	通体壤、壤/砂/壤	1级	1级	60~90	1级	充分满足
90	90	黏土	壤/黏/壤	2级	2级		2级	基本满足
80	80		砂/黏/壤、壤/黏/黏	3级	3级	30~60		
70	70	砂土	黏/砂/黏、通体黏	4级	4级	<30	3级	一般满足
60	60		砂/黏/壤、砂/砂/砂	5级			4级	无灌溉设施
50	60	砾质土	黏/砂/砂、砂/砂/砂	6级	5级			
40	50		通体砂					
30	50		通体砾					
20	40							
10	40							

旱地

分值/分		有效土层厚度/cm	表层土壤质地	土壤有机含量	土壤pH值	地形坡度/(°)	灌溉保证率	地表岩石出露度
玉米	小麦							
100	100	≥100	壤土	1级	1级	<2	充分满足	1级
90	90		黏土	2级	2级	2~5	基本满足	2级
80	80	60~100		3级	3级	5~8		
70	70		砂土	4级	4级		一般满足	3级
60	60	30~60		5级		8~15		
60	50		砾质土	6级			无灌溉设施	4级
50	50	<30			5级	15~25		
40	40							
40						≥25		
30								

(2) 计算省级自然质量等指数

自然质量等指数是按照标准耕作制度所确定的各指定作物，在耕地当前自然质量条件下，所能获得的按产量比系数折算的基准作物产量指数。计算公式为：

$$R_{ij} = \alpha_{ij} C_{Lij} \beta_j$$

$$R_i = \sum R_{ij} \text{（一年一熟、二熟、三熟时）}$$

式中　R_{ij} ——第 i 个单元第 j 种指定作物的自然质量等指数；

　　　R_i ——第 i 个分等单元的农用地自然质量等指数；

　　　α_{ij} ——第 i 个单元第 j 种作物的光温（气候）生产潜力指数；

　　　C_{Lij} ——第 i 个分等单元内种植第 j 种指定作物的农用地自然质量分；

　　　β_j ——第 j 种作物的产量比系数。

(3) 确定土地利用系数

查找耕地所在区域的原土地利用系数等值区图，直接引用所在等值区的土地利用系数。

(4) 计算利用等指数

利用等指数计算公式如下：

$$Y = RK'$$

式中　Y ——利用等指数；

　　　R ——自然等指数；

　　　K' ——土地利用系数。

(5) 确定土地经济系数

查找耕地所在区域的原土地经济系数等值区图，直接引用所在等值区的土地经济系数。

(6) 计算经济等指数

土地经济等指数计算公式如下：

$$G = YK_c$$

式中　G ——经济等指数；

　　　Y ——利用等指数；

　　　K_c ——土地经济系数。

(7) 省级等与国家等的平衡转换

依公式计算国家级等别指数，最后采用等间距法确定国家等别。

云南省省级等指数向国家等指数转化的公式为：

国家级自然等指数＝省级自然质量等指数×0.5148＋1020.28

国家级利用等指数＝省级利用等指数×0.5598＋539.70

国家级经济等指数＝省级经济等指数×0.6998＋676.04

按上述公式得出国家级等指数后，国家自然等按 400 等指数一个等别间距、国家利用等和国家经济等按 200 等指数一个等别间距的方法划分等别。

（8）等别结果校验

检查等别计算参数、计算过程是否正确，是否符合《规程》和《技术手册》的有关规定。

3.3 省级等别更新成果汇总

为全面掌握年度内耕地现状变化及耕地质量建设引起的耕地质量等别变化情况，保持耕地质量等别数据的现势性，方便分析变化趋势，需要对云南省年度更新数据进行分类汇总。分类汇总是基于县级成果的基础上进行，县级成果统一类型、格式和计量单位，从源头上统一标准，保证州（市）成果与县级成果一致，再进行省级汇总，最终保证省级数据与州（市）级、县级成果一致。表格与数据库一致。

3.3.1 汇总对象

省级汇总的对象为满足要求的县级汇总成果。等别面积数据汇总应从县级基础单元做起，然后汇总州（市）级数据，从而保证数据的准确性。图形数据可以注记缩编形成小比例尺挂图，但是由于等别间距调整等客观要求，造成逐级汇总存在困难，因此将数据统计汇总与省级数据库内各地类的面积数据汇总为省级图件。

3.3.2 汇总技术路线

为做好云南省耕地质量等别更新汇总工作，保证图上的每个属性有理可依，表中的每条数据有据可查，云南省逐级检查，分类汇总的技术路线。汇总分阶段完成，各部分工作均由相互关联的技术流程组成，在操作上分布经行。

在县级数据提交之前，需先进行汇总准备，包括部级质检软件更新和省级质检工具调试，其中，部级质检软件更新主要是软件版本及数据字典更新，省级质检工具调试主要是为了适应最新的数据标准并保证各项功能的正常使用。

县级成果质量检查从成果完整性、成果规范性、数据合理性、成果内容一致性等方面展开检查，检查内容涵盖县级成果的所有部分，包括文字报告、数据表和数据库。

在质检通过的县级成果基础上，汇总形成省级数据表格，并编制省级更新评价报告和参数表，最终形成云南省最新年度耕地质量等别更新评价成果。详见图3-2。

3.3.3 汇总方法

汇总方法包括县级等别的平衡调整法、数据汇总方法、图件汇总方法和报告汇总方

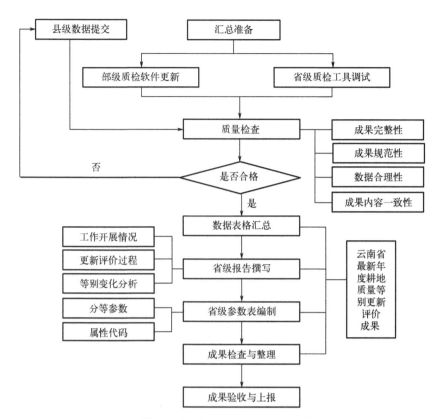

图 3-2 耕地质量等别年度更新评价省级汇总技术路线

法,其中数据汇总和图件汇总是核心,平衡调整是基础。

平衡调整包括平衡检验和调整两部分:平衡检验是对省级成果及省级成果之间的检验,是实现成果全国可比的保证与验证;平衡调整是建立在检验基础上的处理方法。

数据汇总有逐级汇总、集中汇总和综合汇总三种组织形式。

① 逐级汇总,是指按照一定的行政组织系统,自下而上逐级汇总。

② 集中汇总,是指将全部调查资料集中起来,由同一布置搜集资料的机构一次汇总。

③ 综合汇总,是指逐级汇总和集中汇总两者结合使用,根据云南省实际,全省采用综合汇总的方法经行数据汇总。

3.3.4 汇总准备

汇总准备包括数据准备和图件准备:数据准备主要包括检查县级数据的完整性和准确性;图件准备主要包括检查图件的比例尺是否准确、各级行政界线及现状地物是否完整等。

3.3.5 数据整理与汇总

3.3.5.1 数据整理

数据整理主要指县级数据整理。县级数据整理包括从县级数据库中提取省级数据库所需的县级分等单元属性，包括单元编号、地类编码、熟制、基准作物和指定作物的光温（气候）生产潜力指数、土地利用系数、土地经济系数、自然质量分、等指数（自然等指数、利用等指数、经济等指数）、等别（国家自然等、国家利用等、国家经济等）、面积等作为省级汇总的基础数据。

3.3.5.2 数据汇总

耕地质量的面积统计是基于各县最新年度的变更调查进行的，县级面积统计以最新年度的土地利用变更调查数据为依据，按台账进行统计，台账与图上面积不符的，以台账面积为准，使用全省统一的标准和规范进行操作。

省级数据汇总遵循以下 5 个基本原则。

① 地类一致性原则。是指在汇总过程中保证省级成果中的地类与县级成果中的地类一致。

② 等别数量一致性原则。是指在汇总过程中保证省级成果中各地类的等别数量与县级成果一致。

③ 面积一致性原则。是指在汇总过程中保证省级成果中各县（市、区）、各地类、各等别的面积与县级成果一致。

④ 空间位置一致性原则。是指汇总过程中尽量保证省级成果中各地类、各等别与县级成果在空间位置的对应关系。

⑤ 接边差异较小原则。汇总过程中尽量保证相邻县（市、区）接边位置等别的一致或等别差异较小。

3.3.6 汇总成果

(1) 数据表格汇总

在通过质检的县级成果基础上，汇总各县（市、区）等别统计表、增减建（新增、减少、质量建设）耕地等统计表，按《技术手册》的要求形成省级数据表格。

(2) 报告撰写

依据省级实施方案和云南省耕地质量等别工作实际情况，分别从工作目的、任务、依据以及组织等方面全面介绍年度更新评价工作的开展情况，在耕地质量等别年度更新评价工作的具体技术方法、步骤、评价参数等内容，以及数据汇总的基础上全面、准确、深度地分析等别的分布情况及变化状况，并提出相关建议。

（3）建立省级分等数据库

以上年度数据库为基础，将权属、地类、自然等、利用等、经济等和面积等 6 个字段属性汇总到省级分等单元上，并按照《数据库标准》的要求，补充完善其他相关属性，建立省级分等数据库。

（4）编制省级图件

包括最新年度云南省耕地自然等别图、最新年度云南省耕地利用等别图、最新年度云南省耕地经济等别图。

（5）省级参数表编制

包括分等参数表和属性代码表。分等参数表由指标区类型、基准作物产量、指定作物产量、分等因素权重、计分规则、指定作物潜力指数 6 张表组成；属性代码表罗列了等别数据库中所使用到的代码编号及其含义。

第 4 章
云南耕地质量等别演变

评定土地等级是法律赋予国土资源管理部门的一项重要职责，评定对象主要包括各级各类土地整治项目新增和质量提升的耕地。

2008 年，开展了农用地分等工作，形成了基于一次详查及其变更调查的农用地分等成果。

2011 年底，云南省形成了基于第二次土地调查及其变更调查的 2012 年耕地质量等别补充完善成果。

2012 年 12 月 7 日，根据《国土资源部办公厅关于印发〈耕地质量等别调查评价与监测工作方案〉工作的通知》（国土资厅发〔2012〕60 号）文件要求，从 2014 年开始部署开展耕地质量等别年度更新评价工作，基于 2013~2018 年度土地变更调查基础数据，形成了 2013~2018 年度耕地质量别年度更新评价成果。

2013~2018 年度耕地质量别年度更新评价成果以 2013~2018 年度国土变更调查成果为基础，年度间耕地面积增减变化具有延续性。

本章以 2013~2018 年度耕地质量别年度更新评价成果数据为基础，从云南省耕地面积增减变化、耕地等别变化两个方面对云南省耕地质量等别演变进行分析论述。

4.1 耕地质量等别演变总体趋势

2013~2018 年度间，云南省耕地总面积总体呈减少趋势，耕地净面积减少 0.31 万公顷，全省耕地质量等别持平，仍为 10.49 等；2013~2018 年度间，新增耕地面积总体呈增长趋势，但全省新增耕地平均等别总体呈下降趋势，各年度新增耕地平均等别均低于各年度全省耕地平均等别；2013~2018 年度间，减少耕地面积总体呈减少趋势，但全省年度间减少耕地平均等别总体呈下降趋势，各年度减少耕地平均等别均高于各年度全省耕地平均等别；各年度间质量建设耕地面积虽有不同，但质量建设前后等别总体均呈上升趋势。

4.1.1 耕地质量演变总体趋势分析

4.1.1.1 耕地面积变化趋势分析

(1) 耕地总面积变化趋势

云南省2013~2018年度耕地总体面积(即水田、水浇地、旱地面积之和)呈减少趋势。2013年度云南省耕地总面积为621.98万公顷,2018年度云南省耕地总面积为621.67万公顷,耕地总面积减少了0.31万公顷。其中云南省2014~2017年度耕地总体面积呈增加趋势,2013~2014年度全省耕地面积减少较多,减少了1万公顷;2017~2018年度全省耕地面积略有减少。详见图4-1和表4-1。

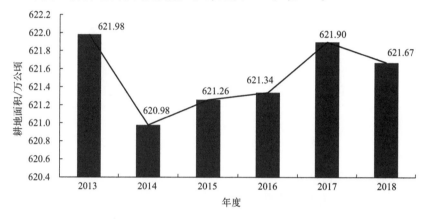

图 4-1 云南省2013~2018年度耕地面积统计图

表 4-1 云南省耕地面积统计表

年度		水田	水浇地	旱地	合计
2013年	面积/万公顷	143.17	6.10	472.71	621.98
	比率/%	23.02	0.98	76.00	100.00
2014年	面积/万公顷	142.65	6.35	471.98	620.98
	比率/%	22.97	1.02	76.01	100.00
2015年	面积/万公顷	142.62	8.09	470.54	621.26
	比率/%	22.96	1.30	75.74	100.00
2016年	面积/万公顷	142.39	9.80	469.15	621.34
	比率/%	22.92	1.58	75.51	100.00
2017年	面积/万公顷	142.75	13.50	465.65	621.90
	比率/%	22.95	2.17	74.88	100.00
2018年	面积/万公顷	142.67	15.04	463.96	621.67
	比率/%	22.95	2.42	74.63	100.00
净增减变化(+/−)	面积/万公顷	−0.50	8.94	−8.75	−0.31
	比率/%	−0.07	1.44	−1.37	0.00

（2）水田面积变化趋势

云南省2013～2018年度水田面积呈减少趋势。2013年度全省水田面积为143.17万公顷，占全省耕地的23.02%；2018年度水田面积为142.67万公顷，对比2013年度，占全省耕地的比重下降为22.95%，水田总面积减少了0.50万公顷。其中2016～2017年度水田总体面积呈增加趋势，其余相邻年度全省水田面积均呈减少趋势。详见图4-2和表4-1。

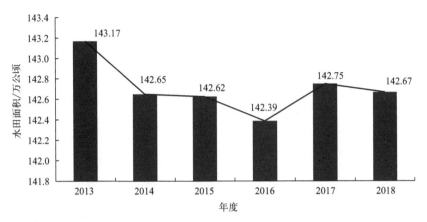

图4-2 云南省2013～2018年度水田面积统计

（3）水浇地面积变化趋势

云南省2013～2018年度水浇地面积呈增加趋势。2013年度全省水浇地面积为6.10万公顷，占全省耕地的0.98%；2018年度水浇地面积为15.04万公顷，对比2013年度，占全省耕地的比重上升为2.42%，水浇地总面积增加了8.94万公顷。2013～2018年度水浇地面积逐年增加，水浇地面积增加明显。详见图4-3和表4-1。

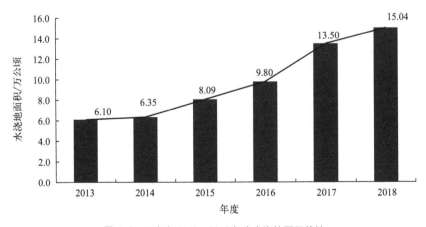

图4-3 云南省2013～2018年度水浇地面积统计

（4）旱地面积变化趋势

全省2013～2018年度旱地面积呈减少趋势。2013年度全省旱地面积为472.71万公顷，占全省耕地的76.00%；2018年度旱地面积为463.96万公顷，对比2013年度，占全省耕地的比重下降为74.63%，旱地总面积减少了8.75万公顷。2013~2018年度旱地面积逐年减少，旱地面积减少明显。详见图4-4和表4-1。

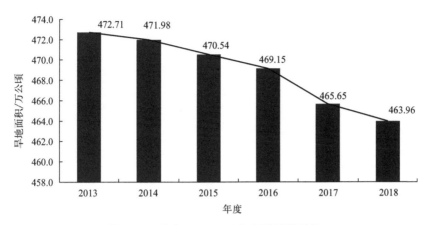

图4-4 云南省2013~2018年度旱地面积统计

4.1.1.2 耕地质量变化趋势分析

(1) 总体质量变化趋势

云南省2013~2018年度耕地质量总体呈上升趋势，等别范围为1等、3~13等。2013~2018年度间等别提升0.01等。其中2013~2014年度全省耕地平均等别持平，为10.50等；2015年度全省耕地平均等别为10.49等，上升0.01等；2015~2018年度全省耕地平均等别持平，为10.49等。详见图4-5。

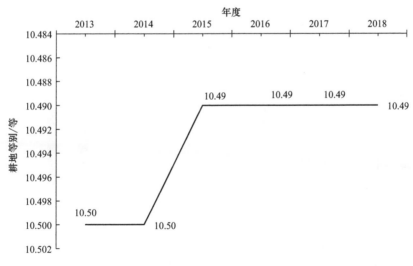

图4-5 云南省2013~2018年度耕地平均等别变化趋势

根据表4-2和图4-6，2013~2018年度间9~12等面积增减变化较大。其中1等、4~6等、7等、11~13等面积减少，10等、11等面积减少较多，分别减少1.86万公顷和 2.28 万公顷；3 等、6 等、9 等、10 等面积增加，9 等、10 等面积增加较多，分别增加 1.48 万公顷和 2.49 万公顷。

表 4-2 云南省 2013～2018 年度耕地等别面积统计表　　　　单位：万公顷

等别	2013 年度	2014 年度	2015 年度	2016 年度	2017 年度	2018 年度	变化量
1 等	0.05	0.05	0.05	0.04	0.04	0.04	−0.01
3 等	1.31	1.31	1.31	1.30	1.30	1.34	＋0.03
4 等	1.71	1.71	1.70	1.70	1.70	1.70	−0.01
5 等	3.06	3.03	3.01	3.04	3.02	3.00	−0.06
6 等	11.08	11.04	11.02	11.03	11.03	11.03	−0.05
7 等	14.85	14.76	14.70	14.69	14.74	14.98	＋0.13
8 等	25.02	24.99	25.07	25.04	25.04	24.94	−0.08
9 等	48.11	48.33	48.69	48.91	49.66	49.59	＋1.48
10 等	134.20	134.81	135.19	135.74	136.53	136.69	＋2.49
11 等	234.88	234.08	234.11	234.01	233.25	233.02	−1.86
12 等	145.50	144.68	144.22	143.71	143.47	143.22	−2.28
13 等	2.21	2.20	2.20	2.13	2.12	2.12	−0.09
合计	621.98	620.99	621.27	621.34	621.90	621.67	−0.31
平均等别	10.50	10.50	10.49	10.49	10.49	10.49	＋0.01

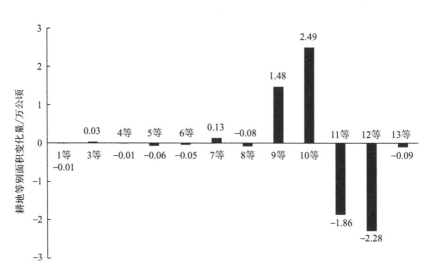

图 4-6 云南省 2013～2018 年度耕地等别面积变化量统计

（2）水田质量变化趋势

云南省 2013～2018 年度各年间水田质量持平，均为 9.00 等，等别范围为 1 等、3～12 等。从各等别面积间的变化来看，2013～2018 年度间 8～10 等面积增减变化较大。1等、4～8等、10等、12等面积减少,其中8等、10等面积减少较多,分别减少0.31万公顷和0.26万公顷;9等、11等面积增加,9等面积增加较多,增加0.21万公顷。详见表4-3和图4-7。

表4-3 云南省2013～2018年度水田等别面积统计表　　　单位:万公顷

等别	2013年度	2014年度	2015年度	2016年度	2017年度	2018年度	变化量
1等	0.05	0.05	0.05	0.04	0.04	0.04	−0.01
3等	1.21	1.21	1.20	1.20	1.19	1.21	0
4等	1.64	1.63	1.62	1.62	1.62	1.62	−0.02
5等	2.92	2.91	2.90	2.93	2.91	2.89	−0.03
6等	10.38	10.34	10.32	10.34	10.34	10.33	−0.05
7等	12.61	12.55	12.51	12.51	12.49	12.55	−0.06
8等	20.95	20.90	20.89	20.79	20.76	20.64	−0.31
9等	29.89	29.80	29.84	29.80	30.06	30.10	+0.21
10等	32.71	32.63	32.66	32.53	32.52	32.45	−0.26
11等	20.54	20.43	20.45	20.49	20.58	20.56	+0.02
12等	10.28	10.21	10.19	10.13	10.23	10.25	−0.03
合计	143.18	142.66	142.63	142.38	142.74	142.64	−0.54
平均等别	9.00	9.00	9.00	9.00	9.00	9.00	0

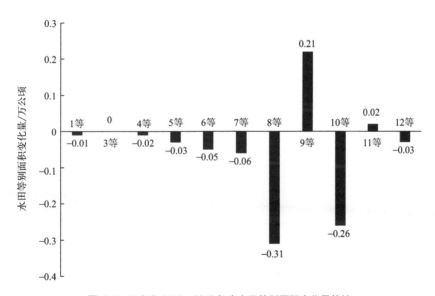

图4-7 云南省2013～2018年度水田等别面积变化量统计

(3) 水浇地质量变化趋势

云南省2013～2018年度,水浇地质量总体呈下降趋势,等别范围为3～12等。2013～2018年间等别下降0.82等,其中2014～2017年度全省水浇地平均等别下降较为明显。详见图 4-8。

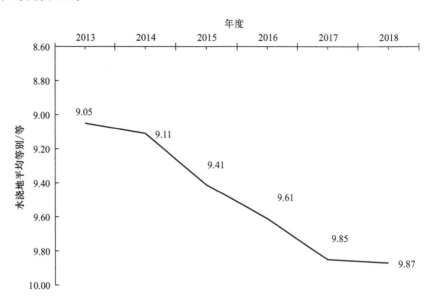

图 4-8 云南省 2013~2018 年度水浇地平均等别变化趋势

根据表 4-4 和图 4-9，2013~2018 年度间，等别较低的耕地面积增加较大。除 5 等、6 等面积略有减少外，其余等别面积均增加，其中 9~12 等面积增加较多，合计 8.50 万公顷。

表 4-4 云南省 2013~2018 年度水浇地等别面积统计表　　　　单位：万公顷

等别	2013 年度	2014 年度	2015 年度	2016 年度	2017 年度	2018 年度	变化量
3 等	0.10	0.10	0.10	0.10	0.10	0.13	+0.03
4 等	0.07	0.07	0.07	0.07	0.08	0.07	0
5 等	0.12	0.11	0.11	0.10	0.10	0.10	−0.02
6 等	0.38	0.37	0.37	0.36	0.37	0.37	−0.01
7 等	0.68	0.67	0.66	0.65	0.71	0.90	+0.22
8 等	0.78	0.78	0.82	0.88	0.97	0.99	+0.21
9 等	0.90	0.92	1.09	1.25	1.72	1.85	+0.95
10 等	1.46	1.62	2.29	2.92	4.13	4.58	+3.12
11 等	1.23	1.31	2.08	2.67	3.73	4.11	+2.88
12 等	0.38	0.38	0.50	0.79	1.59	1.93	+1.55
合计	6.10	6.33	8.09	9.79	13.50	15.03	+8.93
平均等别	9.05	9.11	9.41	9.61	9.85	9.87	−0.82

(4) 旱地质量变化趋势

云南 2013~2018 年度，旱地质量总体呈上升趋势，等别范围为 4~13 等。2013~

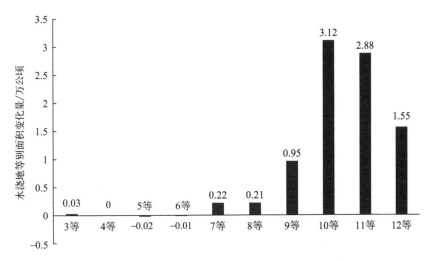

图 4-9 云南省 2013~2018 年度水浇地等别面积变化量统计

2018 年度间等别上升 0.01 等。其中 2013~2015 年度全省旱地平均等别持平，为 10.97 等；2016 年度全省耕地平均等别为 10.96 等，上升 0.01 等；2016~2018 年度全省耕地平均等别持平，为 10.96 等。详见图 4-10。

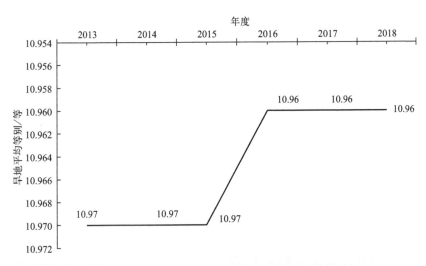

图 4-10 云南省 2013~2018 年度旱地平均等别变化趋势

根据表 4-5 和图 4-11，2013~2018 年度 6 年间，旱地低等别面积变化较大。其中 11 等、12 等面积减少较多，分别减少 4.76 万公顷和 3.81 万公顷；4 等、6 等、8 等、9 等面积略有增加。

表 4-5 云南省 2013~2018 年度旱地等别面积统计表　　　　单位：万公顷

等别	2013 年度	2014 年度	2015 年度	2016 年度	2017 年度	2018 年度	变化量
4 等	0.0009	0.0032	0.0032	0.0032	0.0032	0.0032	+0.0023
5 等	0.03	0.01	0.01	0.01	0.01	0.01	-0.02

续表

等别	2013 年度	2014 年度	2015 年度	2016 年度	2017 年度	2018 年度	变化量
6 等	0.31	0.33	0.33	0.33	0.33	0.33	+0.02
7 等	1.56	1.54	1.54	1.53	1.53	1.52	-0.04
8 等	3.30	3.30	3.36	3.37	3.31	3.31	+0.01
9 等	17.33	17.61	17.76	17.86	17.87	17.63	+0.30
10 等	100.02	100.56	100.24	100.28	99.88	99.66	-0.36
11 等	213.11	212.34	211.58	210.85	208.94	208.35	-4.76
12 等	134.85	134.09	133.53	132.79	131.66	131.04	-3.81
13 等	2.21	2.20	2.20	2.12	2.12	2.11	-0.10
合计	472.72	471.98	470.55	469.14	465.65	463.96	-8.75
平均等别	10.97	10.97	10.97	10.96	10.96	10.96	+0.01

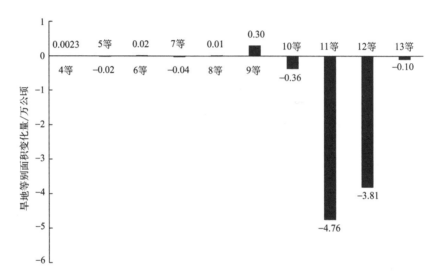

图 4-11 云南省 2013~2018 年度旱地等别面积变化量统计图

4.1.2 减少耕地质量演变趋势分析

4.1.2.1 减少耕地变化趋势分析

云南省 2013~2018 年度，减少耕地面积总体呈减少趋势。2013~2015 年度减少耕地面积逐年减少，2015~2017 年度减少耕地面积逐年增加，2018 年度减少耕地面积比 2017 年度面积减少。2013 年度减少耕地面积最多，为 21343.60hm^2，2015 年度减少耕地面积最少，为 6784.11hm^2，但全省 2013~2018 年度减少耕地面积总体呈减少趋势。详见表 4-6 和图 4-12。

云南省 2013~2018 年度，减少耕地等别总体呈下降趋势。相连年度间平均等别呈

"下降-上升-下降"的规律变化,其中2013年度减少耕地平均等别最高,为9.28等;2014年度减少耕地平均等别最低,为9.99等。但全省2013～2018年度减少耕地平均等别总体呈下降趋势,各年度减少耕地平均等别均高于各年度全省耕地平均等别;2013～2018年度减少耕地主要为中等地(9～12等),优、低等地减少较少。详见表4-6和图4-12。

表4-6 云南省2013～2018年度减少耕地等别面积统计表 单位:hm²

等别	2013年度	2014年度	2015年度	2016年度	2017年度	2018年度
1等	19.03	11.92	3.78	6.44	8.21	0.11
3等	41.86	47.94	12.85	39.12	53.76	11.05
4等	154.86	63.03	84.22	27.37	131.98	41.19
5等	872.04	176.68	164.84	86	205.53	86.94
6等	1353.56	527.05	361.32	386.96	520.63	324.07
7等	1970.76	833.15	638.38	695.15	632.38	445.23
8等	2327.58	1320.15	548.28	812.58	863.57	622.88
9等	2718.27	1586.47	906.81	1515.66	1465.49	863.48
10等	4805.06	2655.6	1701.74	2978.9	2477.81	1651.6
11等	5021.88	3693.01	1683.67	2424.73	2744.86	1971.39
12等	2055.31	3352.54	673.97	1079.44	1268.04	1021.41
13等	3.38	10.99	4.25	23.07	15.48	14.04
合计	21343.59	14278.53	6784.11	10075.42	10387.74	7053.39
平均等别	9.28	9.99	9.44	9.70	9.60	9.80

注:2013年度减少耕地面积包含2012年度、2013年度减少耕地面积。

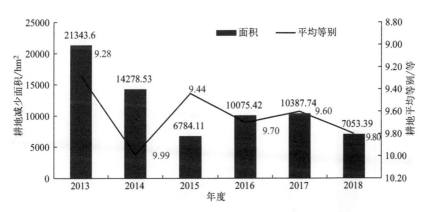

图4-12 云南省2013～2018年度减少耕地面积及平均等别

4.1.2.2 减少水田变化趋势分析

云南省2013～2018年度,减少水田面积总体呈下降趋势。2013～2015年度减少水田面积逐年减少,2015～2017年度减少水田面积逐年增加,2018年度减少水田面积对比2017年度面积减少。2013年度减少水田面积最多,为9723.80hm²,2018年度减少水田面积最少，为 2675.60hm², 但全省 2013～2018 年度减少水田面积总体呈下降趋势。详见图 4-13。

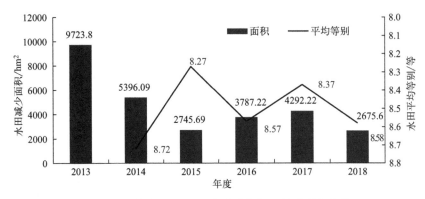

图 4-13 云南省 2013～2018 年度减少水田面积及平均等别

云南省 2014～2018 年度，减少水田等别总体呈下降趋势。相连年度间平均等别呈"上升-下降-上升-下降"的规律变化，其中 2015 年度减少水田平均等别最高，为 8.27 等，2014 年度减少水田平均等别最低，为 8.72 等，但全省 2014～2018 年度减少水田平均等别总体呈下降趋势，各年度减少水田平均等别均高于各年度全省水田平均等别，2014～2018 年度减少水田主要为高等地（5～8 等）、中等地（9～12 等），优、低等地减少较少。详见图 4-13。

4.1.2.3 减少水浇地变化趋势分析

2013～2018 年度，云南省减少水浇地面积总体呈下降趋势。2013～2015 年度减少水浇地面积逐年减少，2015～2018 年度减少水浇地面积呈"上升-下降-上升-下降"的规律变化。2013 年度减少水浇地面积最多，为 2396.48hm²；2017 年度减少水浇地面积最少，为 385.75hm²，但全省 2013～2018 年度减少水浇地面积总体呈下降趋势。详见图 4-14。

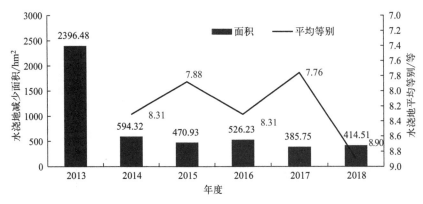

图 4-14 云南省 2013～2018 年度减少水浇地面积及平均等别

2014～2018 年度，云南省减少水浇地等别总体呈下降趋势。相连年度间平均等别呈"上升-下降-上升-下降"的规律变化,其中2017年度减少水浇地平均等别最高,为7.76等;2018年度减少水浇地平均等别最低,为8.90等,但全省2014~2018年度减少水浇地平均等别总体呈下降趋势,各年度减少水浇地平均等别均高于各年度全省水浇地平均等别,2014~2018年度减少水浇地主要为高等地(5~8等)、中等地(9~12等),优、低等地减少较少。详见图4-14。

4.1.2.4 减少旱地变化趋势分析

2013~2018年度,云南省减少旱地面积总体呈下降趋势。2013~2015年度减少旱地面积逐年减少,2015~2016年度减少旱地面积逐年增加,2016~2018年度减少旱地面积逐年减少。2013年度减少旱地面积最多,为9223.32hm²,2015年度减少旱地面积最少,为3567.49hm²,但全省2013~2018年度减少旱地面积总体呈下降趋势。详见图4-15。

2014~2018年度,云南省减少旱地等别总体呈下降趋势。2014~2015年度减少旱地等别呈上升趋势,其中2015年度减少旱地平均等别最高,为10.55等;2014年度减少旱地平均等别最低,为10.94等。但全省2014~2018年度减少旱地平均等别总体呈下降趋势,各年度减少旱地平均等别均高于各年度全省旱地平均等别,2014~2018年度减少旱地主要为中等地(9~12等),优、高、低等地减少较少。详见图4-15。

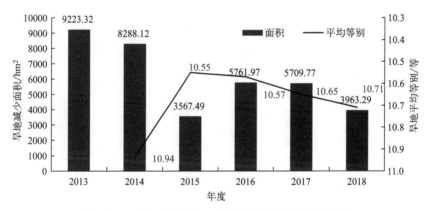

图4-15 云南省2013~2018年度减少旱地面积及平均等别

4.1.3 新增耕地质量演变趋势分析

4.1.3.1 新增耕地总体变化趋势分析

2013~2018年度,云南省新增耕地面积总体呈上升趋势。2013~2014年度新增耕地面积逐年减少,2014~2017年度新增耕地面积逐年增加,2018年度新增耕地面积对比2017年度面积减少。2017年度新增耕地面积最多,为16009.32hm²,2014年度新增耕地面积最少,为4229.78hm²,但全省2013~2018年度新增耕地面积总体呈上升趋势。详见表4-7和图4-16。

表 4-7 云南省 2013~2018 年度新增耕地等别面积统计表　　　　单位：hm²

等别	2013 年度	2014 年度	2015 年度	2016 年度	2017 年度	2018 年度
3 等	71.94			0.07		439.25
4 等	75.81	0.38	0.24	0.01	30.03	
5 等	25.73	8.50	0.17	3.45	51.24	4.03
6 等	222.89	6.65	0.08	52.13	42.21	103.79
7 等	273.84	24.28	25.33	36.98	232.60	251.27
8 等	533.96	242.64	187.8	393.27	514.70	164.36
9 等	752.98	256.15	1282.84	1558.08	2728.38	528.83
10 等	2845.03	2062.14	3536.73	3501.91	3413.11	1132.11
11 等	3917.55	1264.78	3578.79	4145.05	6878.98	1776.96
12 等	828.51	342.33	971.79	1176.95	2097.55	1146.49
13 等		21.93	9.57	4.91	20.52	287.50
合计	9548.24	4229.78	9593.34	10872.81	16009.32	5547.59
平均等别	10.10	10.27	10.38	10.35	10.39	9.81

注：2013 年度新增耕地面积包含 2012 年度、2013 年度新增耕地面积。

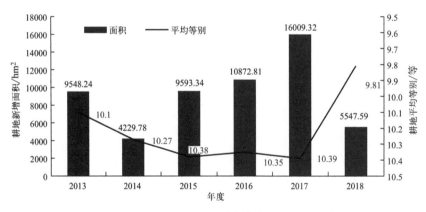

图 4-16　云南省 2013~2018 年度新增耕地面积及平均等别

2013~2018 年度，云南省新增耕地等别变化规律为：2013~2015 年度新增耕地平均等别逐年呈上升，2015~2018 年度新增耕地面积呈"上升-下降-上升"的规律变化。其中 2018 年度新增耕地平均等别最高，为 9.81 等；2017 新增耕地平均等别最低，为 10.39 等。但全省 2013~2018 年度新增耕地平均等别总体呈下降趋势，各年度新增耕地平均等别均低于各年度全省耕地平均等别。2013~2018 年度新增耕地主要为中等地（9~12 等），优、低等地新增较少。详见表 4-7 和图 4-16。

4.1.3.2　新增水田总体变化趋势分析

2013~2018 年度，云南省新增水田呈"下降-上升"交替变化的规律。其中 2017 年度新增水田面积最多，为 2896.25hm²；2014 年度新增水田面积最少，为 179.81hm²。详见图 4-17。

2014~2018年度，云南省新增水田等别变化规律为：2014~2016年度新增水田平均等别逐年呈上升，2017~2018年度新增水田等别呈"下降-上升"的规律。其中2018年度新增水田平均等别最高，为8.02等；2014年度新增水田平均等别最低，为9.97等。但全省2013~2018年度新增水田平均等别总体呈上升趋势，各年度新增水田平均等别除2018年度外均低于各年度全省水田平均等别。2013~2018年度新增水田主要为高等地（5~8等）、中等地（9~12等），优、低等水田新增较少。详见图4-17。

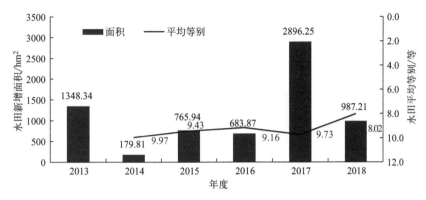

图 4-17 云南省 2013~2018 年度新增水田面积及平均等别

4.1.3.3 新增水浇地总体变化趋势分析

2013~2014年度，云南省新增水浇地面积逐年下降，2014~2017年度新增水浇地面积逐年上升；2018年度对比2017年新增水浇地面积下降。其中2017年度新增水浇地面积最多，为10666.91hm²，2014年度新增水浇地面积最少，为3083.06hm²。详见图4-18。

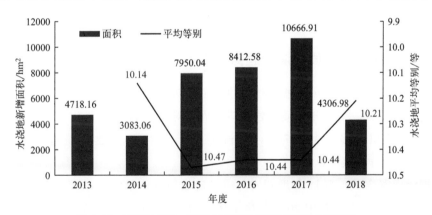

图 4-18 云南省 2013~2018 年度新增水浇地面积及平均等别

2014~2018年度，云南省新增水浇地等别变化规律为：2014~2015年度新增水浇地平均等别逐年下降，2015~2018年度新增水浇地等别逐年上升。其中2018年度新增水浇地平均等别最高，为10.21等；2015年度新增水浇地平均等别最低，为10.47等，各年度新增水浇地平均等别均高于各年度全省水浇地平均等别。2013~2018年度新增水浇地主要为中等地（9~12等），优、高、低等水浇地新增较少。详见图4-18。

4.1.3.4 新增旱地总体变化趋势分析

2013~2015年度，云南省新增旱地面积逐年下降，2015~2017年度新增旱地面积逐年上升，2018年度对比2017年新增旱地面积下降。其中2013年度新增旱地面积最多，为3481.76hm²；2018年度新增旱地面积最少，为252.91hm²。详见图4-19。

图4-19 云南省2013~2018年度新增旱地面积及平均等别

2014~2018年度，云南省新增旱地等别变化规律为：2014~2016年度新增旱地平均等别逐年上升，2016~2018年度新增旱地平均等别呈"上升-下降-上升"的变化规律。其中2018年度新增旱地平均等别最高，为9.92等；2014年度新增旱地平均等别最低，为10.71等，各年度新增旱地平均等别均高于各年度全省旱地平均等别。2013~2018年度新增旱地主要为中等地（9~12等），优、高、低等旱地新增较少。详见图4-19。

4.1.4 质量建设耕地质量演变趋势分析

2013~2015年度，云南省质量建设耕地面积逐年减少，2015~2017年度质量建设耕地面积逐年增加，2018年度质量建设耕地面积对比2017年度面积减少。2017年度质量建设耕地面积最多，为127379.74hm²；2015年度质量建设耕地面积最少，为33438.45hm²。详见表4-8和图4-20。

根据云南省2013~2018年度新增与质量建设项目清单统计，云南省一共实施各类土地整治项目1445个，其中2013年度最多，为331个；其次为2017年度，为303个，2018年度实施各类土地整治项目最少，为125个。详见表4-8和图4-21。

云南省2013~2018年度质量建设耕地等别总体均呈上升趋势。其中2014年度质量建设耕地前后平均等别提升最高，为0.54等；其次为2015年度，质量建设耕地前后平均等别提升0.53等；2017年度质量建设耕地前后平均等别提升0.23等。详见表4-8和图4-22。

表 4-8　云南省 2013~2018 年度质量建设耕地等别面积统计表

单位：hm²

等别	2013 年度 建设前	2013 年度 建设后	2014 年度 建设前	2014 年度 建设后	2015 年度 建设前	2015 年度 建设后	2016 年度 建设前	2016 年度 建设后	2017 年度 建设前	2017 年度 建设后	2018 年度 建设前	2018 年度 建设后
3 等	266.13	1436.94							474.38	476.19	161.49	187.57
4 等	1505.09	975.31	17.51	32.66					704.21	786.1	26.09	100.36
5 等	1558.04	1974.64	26.6	19.49			187.17	552.26	1846.5	1826.75	823.9	730.03
6 等	2664.19	3142.6	697.82	904	1341.09	1488.87	5268	5719.76	2615.34	3146.5	1577.64	1828.29
7 等	2628.76	3173.26	1554.72	1553.97	316.28	326.18	1374.34	1908	2809.99	3674.25	3445.23	6216.1
8 等	7851.31	9364.79	1438.83	2068.23	2782.34	3928.97	4502.11	4646.84	5612.79	6000.98	4450.73	3988.01
9 等	12246.14	18835.7	3948.5	7096.26	3802.33	6997.93	3638.66	5819.31	16006.57	22188.7	7181.64	6954.58
10 等	18531.79	28065.2	8993.59	15762.59	7534.29	9524.55	11440.32	16381.07	29468.4	36443.25	6746.73	9007.81
11 等	24776.77	17483.06	14386.76	8808.44	11400.13	9791.27	16823.56	14077.81	39350.04	27639.37	9968.88	7954.68
12 等	18311.72	6138.14	8257.14	3221.88	6261.99	1380.68	8897.71	3737.56	28236.7	25038.45	10044.26	7459.15
13 等	249.69		305.06	159.01			710.74		254.82	159.2		
合计	90589.63	90589.64	39626.53	39626.53	33438.45	33438.45	52842.61	52842.61	127379.74	127379.74	44426.59	44426.58
平均等	9.97	9.72	10.44	9.90	10.25	9.72	9.96	9.53	10.26	10.03	9.82	9.47
提升幅度	+0.25		+0.54		+0.53		+0.43		+0.23		+0.35	
更新项目个数	331		238		203		245		303		125	

注：2013 年度质量建设耕地面积包含 2012 年度、2013 年度质量建设耕地面积。

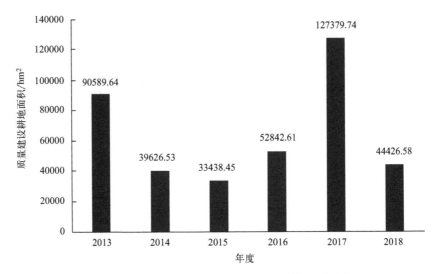

图 4-20 云南省 2013~2018 年度质量建设耕地面积统计图

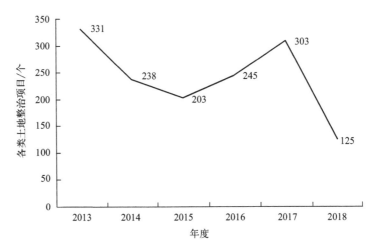

图 4-21 云南省 2013~2018 年度实施各类土地整治项目统计

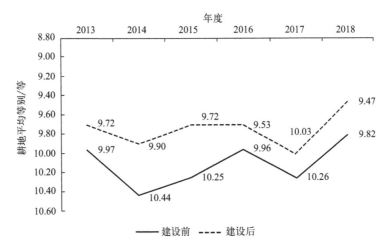

图 4-22 云南省 2013~2018 年度质量建设前后耕地平均等别变化

4.2 耕地质量等别演变潜在问题

2013~2018年度间云南省耕地总面积呈减少趋势。对比2013年度，2018年度云南省耕地平均等别虽提升了0.01等，但建设占用耕地等别总体高于全省耕地质量等别，补充耕地等别总体低于全省耕地质量等别，质量建设耕地等别提升不明显，耕地数量减少、耕地后备资源不足、部分耕地质量下降。

4.2.1 耕地数量减少

云南省2013~2018年度减少耕地面积总体呈下降趋势。其中2013年度耕地面积减少21343.60hm^2，2014年度耕地面积减少14278.53hm^2，2015年度耕地面积减少6784.11hm^2，2016年度耕地面积减少10075.42hm^2，2017年度耕地面积减少10387.74hm^2，2018年度耕地面积减少7053.39hm^2（其中2014~2017年数据见表4-9）。耕地减少的原因有减少建设占用、灾害损毁、农业结构调整、耕地净面积减少、生态退耕等。

表4-9 云南省2014~2017年度减少耕地面积分类型统计表　　　　单位：hm^2

年度	减少耕地类型						合计
	建设占用	灾害损毁	农业结构调整	生态退耕	耕地净面积减少	其他	
2014	12320.35	825.81	712.46	0.84	20.42	398.65	14278.53
2015	6104.79	121.19	530.79		21.48	5.86	6784.11
2016	9342.51	1.66	624.9		79.37	26.98	10075.42
2017	9603.3		576.41		208.03		10387.74

云南省耕地减少的主要原因为建设占用，其中2014年度建设占用耕地为面积12320.35hm^2，占比86.29%；2015年度建设占用耕地为面积6104.79hm^2，占比89.99%；2016年度建设占用耕地为面积9342.51hm^2，占比92.73%；2017年度建设占用耕地为面积9603.3hm^2，占比92.45%。其次为农业结构调整，因灾害损毁、耕地净面积减少、生态退耕或其他原因减少的耕地较少。详见表4-9和图4-23。

从各年国土变更调查和督察执法情况看，一些地方违规占用耕地植树造绿、挖湖造景，占用永久基本农田发展林果业和挖塘养鱼，一些工商资本大规模流转耕地、改变用途，造成耕作层破坏，违法违规建设占用耕地等问题依然十分突出，严重冲击耕地保护红线。

4.2.2 耕地后备资源不足

耕地后备资源调查评价结果显示，云南省16个州（市）均有耕地后备资源分布，

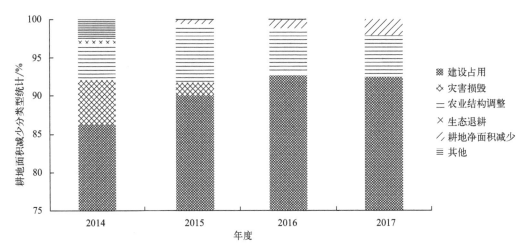

图4-23 云南省2014~2017年度减少耕地面积分类型统计图

但分布极不均匀。云南省可开垦土地资源为338738.30hm², 占全国的6.56%; 可复垦土地2063.11hm², 占全国的1.09%。

根据《自然资源部办公厅关于开展全国耕地后备资源调查评价工作的通知》(自然资办发〔2021〕47号),云南省部署开展全省耕地后备资源调查评价,以第三次全国国土调查和2020年度国土变更调查成果为基础,以其他草地、盐碱地、沙地、裸土地为重点评价对象,结合工矿废弃地、内陆滩涂、种植园用地(工程恢复)的调查评价,从生态、气候、土壤、区位等方面构建耕地后备资源分类评价指标体系,逐地块开展调查评价,形成集面积、类型和分布于一体的全省耕地后备资源潜力数据,并与国土调查数据库实现集成,为科学合理开发耕地后备资源、规范耕地占补平衡管理提供支撑。

4.2.3 部分耕地质量下降

一方面,云南各地区间经济发展不均衡,农业从业人员文化程度参差不齐,加之耕地保护宣传力度不够,农民耕地保护意识薄弱,由于种粮效益低下,受经济利益驱动,农民缺乏耕地保护的动力;受限于地形条件的制约,高效农业种植较少,大部分农民外出打工,家庭劳动力不足,未耕种导致撂荒现象问题突出,种植粗放农业,只用不养,致使水土流失、土地石漠化,久之,土壤养分含量降低,耕地退化,质量下降。

另一方面,大量耕地进行农业结构调整,种植非粮食作物,种植经济作物收益高于种粮收益,农民主动将耕地转变为园地或林地,个别地方存在随意在耕地上取土、堆放固体废物等造成耕地层被破坏;不合理施肥、过度使用农药、农用地膜的残留等造成土壤板结和土壤污染;城市化及高速的经济发展,经济发达地区和部分城市周围及交通主干道沿线,污染加剧,工业"三废"、酸雨等造成土壤污染,土壤重金属和有机污染物严重超标;土壤养分含量降低、障碍因素增加,耕地退化,质量下降。

4.3 提升耕地质量等别对策建议

耕地，是人类赖以生存的基本资源和条件，耕地保护关系到国家粮食安全、耕地保护事关我国经济社会可持续发展、耕地保护事关我国社会稳定、耕地保护对生态环境保护具有重要作用。随着云南省人口不断增多和人民生活水平不断提高，耕地面积持续减少，2018年末全省耕地面积621.67万公顷，人均耕地约0.1hm^2（1.5亩）；对比2013年末，耕地面积减少0.31万公顷，且耕地后备资源不足，耕地质量下降、污染等问题日益突出。面对耕地质量等别演变的潜在问题，长期坚持实施耕地占补平衡、全域土地综合整治、耕地进出平衡等举措对耕地保护具有重要意义。

4.3.1 实施耕地占补平衡

为严守耕地保护红线，严格耕地用途管制，遏制耕地"非农化"，国家实施耕地占补平衡政策，对建设占用耕地实施耕地占补平衡。"耕地占补平衡"制度作为实现耕地保护和发展用地保障的有效办法，自实施以来，取得了显著成效，不仅在一定程度上抑制了耕地的减少，还提高了建设用地集约利用效率。

从1997年实施耕地占补平衡政策至今已有二十多年，耕地占补平衡政策目标也经历了几次重大改革和调整，耕地占补平衡经历了从"数量平衡"到"三位一体"，由最初追求的数量平衡演化至数量、质量平衡，再到现在数量、质量与生态"三位一体"；从"省内平衡"到"国家统筹"。

耕地占补平衡的实现方式，从"先占后补"到"补改结合"，从"单个项目"到"算大账"。在耕地占补平衡政策实施之初，要求按照"占多少，垦多少"的原则，由占用耕地的单位负责开垦与所占用耕地的数量和质量相当的耕地。1999年《关于切实做好耕地占补平衡工作的通知》提出，"在土地利用总体规划确定的城市和村庄、集镇建设用地区外单独选址的建设项目占用耕地的，原则上实行先补后占"；而2016年国土资源部印发了《关于补足耕地数量与提升耕地质量相结合落实占补平衡的指导意见》，提出以补充耕地和"提质改造"（提升现有耕地质量、将旱地改造为水田）相结合方式（"补改结合"）落实耕地占补平衡；2017年国土资源部印发《关于改进管理方式切实落实耕地占补平衡的通知》（国土资规〔2017〕13号），提出"建立以数量为基础、产能为核心的占补新机制，通过'算大账'的方式，落实占一补一、占优补优、占水田补水田，促进耕地数量、质量和生态三位一体保护"。

2017年以来，从中央到地方，从自然资源部再到云南省自然资源厅，围绕"占一补一、占优补优、占水田补水田"的思想，占补平衡的各项新政和相应要求陆续出台，如《中共中央国务院关于加强耕地保护和改进占补平衡的意见》（中发〔2017〕4号）、《国土资源部关于改进管理方式切实落实耕地占补平衡的通知》（国土资规〔2017〕13号）、《中共云南省委云南省人民政府关于加强耕地保护和改进占补平衡的实施意见》

（云发〔2018〕11号）、《国土资源部关于严格核定土地整治和高标准农田建设项目新增耕地的通知》（国土资发〔2018〕31号）、《土地整治和高标准农田建设项目新增耕地核定技术要求（试行）》、《云南省自然资源厅关于印发《云南省新增耕地核定实施细则（试行）的通知》（云自然资耕保〔2019〕404号）。

综上所述，为严守耕地保护红线，保障云南省耕地不再减少，必须长期且严格地按照相关要求坚持实施耕地占补平衡。

4.3.2 实施全域土地综合整治

从土地整理到土地整治，再到土地综合整治以及全域土地综合整治，土地整治的内涵和外延不断扩展，2017年党的十九大提出乡村振兴战略，明确了乡村振兴战略的目标任务，在此背景下土地综合整治迈入新阶段，成为保障粮食安全、改善生态环境质量、促进乡村振兴的重要工具和抓手。

为贯彻落实习近平总书记对浙江"千村示范、万村整治"重要批示精神，按照《乡村振兴战略规划（2018—2022年）》相关部署要求，根据《自然资源部关于开展全域土地综合整治试点工作的通知》（自然资发〔2019〕194号），自然资源部组织开展了全域土地综合整治试点工作。云南省自然资源厅根据《自然资源部办公厅关于进一步做好全域土地综合整治试点有关准备工作的通知》（自然资办函〔2020〕1767号）相关要求，经县（市、区）申请、州（市）自然资源主管部门初核上报、省自然资源厅综合评议，对符合条件拟报自然资源部审查备案的2020年25个全域土地综合整治试点项目进行了公示。

开展全域土地综合整治以科学合理规划为前提，以乡镇为基本实施单元（整治区域可以是乡镇全部或部分村庄），整体推进农用地整理、建设用地整理和乡村生态保护修复，优化生产、生活、生态空间格局，促进耕地保护和土地集约节约利用，改善农村人居环境，助推乡村全面振兴。

乡镇人民政府在组织统筹编制村庄规划时，将整治任务、指标和布局要求落实到具体地块，确保整治区域内耕地质量有提升、新增耕地面积不少于原有耕地面积的5%，并做到建设用地总量不增加、生态保护红线不突破。

典型案例：云南省乌蒙山贫困地区国土综合整治重大工程项目

云南省乌蒙山贫困地区国土综合整治重大工程项目于2021年12月30日完成整体验收（见书后彩图5），乌蒙山贫困地区国土综合整治重大工程是云南省继"兴地睦边"农田整治重大工程之后国家再次支持云南省的国土综合整治重大工程项目，是党中央、国务院和国家相关部门对云南省乌蒙山贫困地区脱贫攻坚的重大支持，也是云南省委、省政府落实乌蒙山片区区域发展与扶贫攻坚规划和乡村振兴战略规划重要举措。项目预算总投资14.01亿元（其中中央资金支持9.09亿元），建设规模46.4万亩，工程内容包括土地平整、灌溉与排水、田间道路、农田防护与生态环境保持、村庄整治等工程。

截至 2021 年 11 月底，重大工程计划安排的 52 个子项目已全部竣工验收。共完成建设规模 56.13 万亩，超额完成了立项批复的各项指标，实际完成投资 13.52 亿元。

主要完成以下工作内容：

① 增加耕地数量，提升粮食安全保障能力。建设高标准农田 25.02 万亩，新增耕地 2.64 万亩，项目区贫困人口人均增加耕地 0.3 亩，人均新增高产稳产田 2.8 亩，新增粮食产能 5.13 万吨，对保障粮食安全起到积极的促进作用。

② 改善农业生产条件，助力区域脱贫攻坚。重大工程实施后，项目区田间道路通达率平均达 91.05%，新增和改善机耕地 18.93 万亩，新增和改善农田灌溉 23.593 万亩，有效解决了乌蒙山地区农田和农村基础设施少、差、缺的问题，农业综合生产能力大幅度提高。促进土地流转面积 13.39 万亩，解决 19108 人就业，农民人均年增收额 562.89 元，助推 88469 贫困人口脱贫（其中建档立卡 14567 户 51251 人），贫困人口临时务工收入 6722.92 万元，贫困人口人均年增收 707.36 元。助推了易地搬迁"搬得出、留得住、能致富"目标的实现。

③ 践行生态文明思想，筑牢绿色发展之基。通过实施梯田修筑、挡墙护坡及灌排水源、沟渠河道治理等工程，修复林草地 12.67 万亩，复垦土地 1.08 万亩，治理水土流失 29.85 万亩，治理沟渠河道 92.65km。优化了农田生态系统，加强了农田生态防护和区域水土流失，有利于构筑长江、珠江上游生态屏障建设。

④ 配合实施新农村建设，助推乡村振兴。重大工程结合易地搬迁安置、新农村和美丽家园建设，开展了人畜饮水、村庄道路硬化、村民活动室、垃圾处理收集点等工程，整治村庄 164 个，共 0.85 万亩，硬化村社道路 308km，新（改）建村庄排污沟 91.16km，极大地改善了项目区群众生活条件。

⑤ 促进区域和谐发展，树立政府良好形象。重大工程实施后受益人口 46.55 万人，项目区群众综合满意度达 96.72%。增进各族群众同党和政府的感情，巩固党的执政基础，树立政府良好形象。

云南省乌蒙山贫困地区国土综合整治重大工程的实施，有效地促进了乌蒙山贫困地区经济社会的发展，增加了农民收入，维护了社会稳定，对加强民族团结，助推乡村振兴具有重要的政治意义。

综上所述，实施全域土地综合整治以科学合理规划为前提，既能优化生产、生活、生态空间格局，促进耕地保护和土地集约节约利用，确保整治区域内耕地质量有提升，又能改善农村人居环境，助推乡村全面振兴。

4.3.3 实施耕地进出平衡

4.3.3.1 耕地进出平衡背景

近年来耕地"非粮化"问题日益突出，大量耕地甚至永久基本农田被种植经济作物、苗木林果，甚至挖塘养鱼等，在一定程度上威胁了国家的粮食安全。党中央、国务院高度重视耕地保护工作，连续做出了坚决制止耕地"非农化"、防止耕地"非粮化"的决策部署。为守护18亿亩耕地红线，严格耕地用途管制，落实耕地"进出平衡"，自然资源部、农业农村部、国家林业和草原局发布《关于严格耕地用途管制有关问题的通知》（自然资发〔2021〕166号），进一步加大耕地保护力度，从严落实耕地占补平衡，延伸至农用地内部结构调整及设施农用地落实耕地"进出平衡"。

根据云南省第三次全国国土调查成果，2019年全省现状耕地面积8093万亩，低于2016年国务院下达的2020年末耕地保护目标任务。2020年与2019年相比，全省除普洱市外，其他15个州（市）的耕地均在减少；2021年与2020年相比，虽然全省耕地减少势头基本得到控制，但仍有6个州（市）的耕地面积还在持续减少。耕地减少的原因，除少量非农建设违法违规占用耕地外，主要为部分地方在实施国土绿化、生态环境治理或种植业结构调整过程中，擅自将部分耕地甚至永久基本农田转为了林地、草地、园地以及农业设施建设用地。由于耕地持续减少，部分州（市）的现状耕地面积已低于上级下达的耕地保护目标任务。

依据《中华人民共和国土地管理法》（后简称《土地管理法》）及其实施条例相关规定和《自然资源部 农业农村部 国家林业和草原局关于严格耕地用途管制有关问题的通知》（自然资发〔2021〕166号），云南省自然资源厅、云南省农业农村厅、云南省林业和草原局三部门印发了《云南省自然资源厅 云南省农业农村厅 云南省林业和草原局关于严格耕地用途管制的实施意见》（云自然资〔2022〕1号）、云南省自然资源厅印发了《云南省自然资源厅关于切实推进耕地进出平衡有关工作的通知》（云自然资耕保〔2022〕348号），全省部署开展云南省各县（市、区）耕地进出平衡方案总体编制工作。

4.3.3.2 与耕地占补平衡的区别和联系

耕地"进出平衡"是指对一般耕地转为林地、草地、园地等其他农用地及农业设施建设用地的区域，按照年度耕地"进一出一""先进后出"的方式，通过统筹开展林地、草地、园地等其他农用地及农业设施建设用地整治，补足同等数量、质量的可以长期稳定利用的耕地，实现区域范围内可以长期稳定利用的耕地不减少的活动。

耕地"进出平衡"与"占补平衡"都是耕地用途管制制度的重要内容，都是为严格保护耕地而设立的，但是管控的对象有所差异，前者是对耕地转为林地、草地、园地等其他农用地或者农业设施建设用地等"非粮化"行为实行的严格管控，是农用地内部用途之间的用途转变；而后者是针对建设占用耕地的"非农化"行为实行的严格管控，是农用地与建设用地之间的用途转变。二者在耕地流向以及补充来源方面有着本质区别，以第三次全国国土调查成果为基础。进出平衡的耕地流向主要是耕地转为园地、林地等其他农用地及农业设施建设用地，占补平衡的耕地流向主要是耕地转为建设用地；补充来源方面：进出平衡主要是非耕农用地，占补平衡主要是非耕地（第二次全国国土调查为耕地及可调整地类除外)。此外,由于耕地"进出平衡"和"占补平衡"是并列的两套用途管制制度,指标实行独立管理。因此,虽然即可恢复、工程可恢复地类以外的非耕农用地开发补充为耕地,既可以用于"进出平衡"也可以用于"占补平衡",但二者只能选择一种,不可兼用。

4.3.3.3 实施耕地进出平衡的意义

耕地"进出平衡"是继耕地"占补平衡"制度后,耕地用途管制制度的又一次制度创新,实现了对耕地转为林地、园地等其他农用地及农业设施建设用地的管控。随着乡村振兴、农业农村现代化的深入推进,各地仍然不可避免产生转变农业发展方式、调整产业结构、优化农业农村空间布局等需求,通过耕地"进出平衡"确保耕地保有量不减少、耕地质量不下降显得尤为重要。

4.3.4 加强耕地保护

粮食安全是国家安全的重要基础,耕地是粮食生产的命根子。党的十九届五中全会提出,坚持最严格的耕地保护制度,深入实施藏粮于地、藏粮于技战略。坚持最严格的耕地保护制度,需要不断加强耕地保护的制度供给、强化耕地保护的制度执行、形成耕地保护的制度合力,推动形成保护更加有力、执行更加顺畅、管理更加高效的耕地保护新格局。为加强耕地保护,党中央、国务院连续作出了坚决制止耕地"非农化"、防止耕地"非粮化"和节约集约用地、严守耕地红线的决策部署。

4.3.4.1 加强制度供给

近年来,我国农业结构不断优化,区域布局趋于合理,粮食生产连年丰收,但部分地区还存在耕地"非农化""非粮化"倾向。坚持最严格的耕地保护制度,一个重要方面在于不断加强耕地保护的制度供给,使制度更符合耕地保护的实际需要。山水林田湖草是生命共同体,加强耕地保护制度供给,首先应在国土空间开发保护大局中认识和把握耕地保护问题,统筹兼顾、整体施策、多措并举,处理好耕地保护与生态保护的关系,让耕地保护制度与其他制度有机衔接,切实保护好优质耕地,努力实现对山水林田湖草的统一保护、统一修复。同时要看到,耕地保护具有复杂性、动态性和多样性。加强制度供给,科学合理利用耕地资源,需要明确耕地利用优先序,坚决遏制耕地"非农化"、防止"非粮化",规范耕地占补平衡,集中力量把耕地资源保护好。

4.3.4.2 强化制度执行

习近平总书记强调:"要严防死守18亿亩耕地红线,采取长牙齿的硬措施,落实最严格的耕地保护制度。"守好耕地红线,严保严管是关键,必须像保护大熊猫那样保护耕地。落实最严格的耕地保护制度,需要不断提升制度执行力,强化耕地保护意识,强化土地用途管制,着力加强耕地数量、质量、生态"三位一体"保护,坚决防止耕地占补平衡中补充耕地数量不到位、质量不到位的问题,坚决防止占多补少、占优补劣、占水田补旱地的现象，切实做到已经确定的耕地红线绝不随意突破，已经划定的城市周边永久基本农田绝不随便占用。坚持改革创新，充分发挥市场在资源配置中的决定性作用，更好发挥政府作用，既压实地方政府保护耕地责任，落实最严格的耕地保护制度，又充分发挥经济杠杆的作用，加强土地整治和高标准农田建设，健全耕地保护补偿和利益调节机制，让保护耕地的地方不吃亏，让保护耕地的群众得实惠。

自然资源部、农业农村部、林业和草原局于2021年11月27日印发了《自然资源部 农业农村部 国家林业和草原局关于严格耕地用途管制有关问题的通知》（自然资发〔2021〕166号），云南省自然资源厅、农业农村厅、林业和草原局于2022年1月29日印发了《云南省自然资源厅、云南省农业农村厅、云南省林业和草原局关于严格耕地用途管制的实施意见》（自然资发〔2022〕1号），为贯彻落实党中央、国务院决策部署，切实落实《土地管理法》及其实施条例有关规定，严格耕地用途管制，主要体现在以下几个方面：

① 严格落实永久基本农田特殊保护制度。各地要结合遥感监测和国土变更调查，全面掌握本区域内永久基本农田利用状况。

② 严格管控一般耕地转为其他农用地。永久基本农田以外的耕地为一般耕地。各地要认真执行新修订的《土地管理法实施条例》第十二条关于"严格控制耕地转为林地、草地、园地等其他农用地"的规定。一般耕地主要用于粮食和棉、油、糖、蔬菜等农产品及饲草饲料生产；在不破坏耕地耕作层且不造成耕地地类改变的前提下可以适度种植其他农作物。

③ 严格永久基本农田占用与补划。已划定的永久基本农田，任何单位和个人不得擅自占用或者改变用途。非农业建设不得"未批先建"。能源、交通、水利、军事设施等重大建设项目选址确实难以避让永久基本农田的，经依法批准，应在落实耕地占补平衡基础上按照数量不减、质量不降原则，在可以长期稳定利用的耕地上落实永久基本农田补划任务。

④ 改进和规范建设占用耕地占补平衡。非农业建设占用耕地，必须严格落实先补后占和占一补一、占优补优、占水田补水田，积极拓宽补充耕地途径，补充可以长期稳定利用的耕地。

国家建立统一的补充耕地监管平台，严格补充耕地监管。所有补充耕地项目和跨区域指标交易全部纳入监管平台，实行所有补充耕地项目报部备案并逐项目复核，实施补充耕地立项、验收、管护等全程监管，并主动公开补充耕地信息，接受社会监督。

⑤ 严肃处置违法违规占用耕地问题。各地要按照坚决止住新增、稳妥处置存量的原则，对于2020年9月10日《国务院办公厅关于坚决制止耕地"非农化"行为的通知》（国办发明电〔2020〕24号）和2020年11月4日《国务院办公厅关于防止耕地"非粮化"稳定粮食生产的意见》（国办发〔2020〕44号）印发之前，将耕地转为林地、草地、园地等其他农用地的，应根据实际情况，稳妥审慎处理，不允许"简单化""一刀切"，统一强行简单恢复为耕地。两"通知"印发后，违反"通知"精神，未经批准

改变永久基本农田耕地地类的,应稳妥处置并整改恢复为耕地;未经批准改变一般耕地地类的,原则上整改恢复为耕地,确实难以恢复的,由县级人民政府统一组织落实耕地"进出平衡",省级自然资源主管部门会同有关部门督促检查。对于违法违规占用耕地行为,要依法依规严肃查处,涉嫌犯罪的,及时移送司法机关追究刑事责任。对实质性违法建设行为,要从重从严处理。

2022年6月28日自然资源部办公厅和国家和林业和草原局办公室印发《2021年度耕地流出问题排除整改方案》(自然资办发〔2022〕22号),对耕地流出问题进行全面排查,限时整改,切实落实最严格的耕地保护制度,确保耕地保护"一揽子"政策措施真正落地。

4.3.4.3 形成制度合力

耕地保护是一项系统工程,需要多部门、多领域协调配合,形成制度合力。一方面,着力健全党委领导、政府负责、部门协同、公众参与、上下联动的共同责任机制,抓好重点领域和关键环节改革,统筹谋划、把稳方向、全力攻坚,引导相关部门切实担负起主体责任,采取积极有效措施,严格源头控制,强化过程监管,确保耕地保护责任目标全面落实,坚决守住土地公有制性质不改变、耕地红线不突破、农民利益不受损三条底线。另一方面,建立健全耕地保护统筹协调机制,促进跨部门耕地资源信息共享和协调配合,进一步提升耕地资源治理效能,提高农村土地配置效率。此外,还应充分发挥亿万农民主体作用和首创精神,采取政府和社会资本合作(PPP)模式、以奖代补等方式,充分调动农村集体经济组织、农民和新型农业经营主体保护耕地的积极性,进一步形成耕地保护合力,推动形成层层落实目标、层层压实责任、人人节约用地、人人保护耕地的良好局面。《自然资源部办公厅关于开展2022年卫片执法工作的通知》(自然资办发〔2022〕3号)文件要求,要早发现、早制止、严查处各类自然资源违法行为,维护自然资源管理秩序,坚决遏制新增乱占耕地建房,严格保护耕地和矿产资源,尤其是重点保护永久基本农田、可以长期稳定利用耕地和稀土等战略性矿种。从执法角度评估一个地区的自然资源管理秩序,压实地方党委政府责任,督促整改落实,消除违法状态。检验各地自然资源执法工作成效,推动落实严格规范公正文明执法。以卫片执法工作为抓手构建跨部门执法工作平台,推动落实自然资源执法共同责任机制,形成工作合力。

近年来,各地方党委政府高度重视,迅速行动,地方自然资源主管部门会同有关部门开展调查,依法依规提出处理意见,并积极整改,严格执法、严查案件、严肃追责,牢牢守住耕地保护红线,确保"中国人的饭碗任何时候都要牢牢端在自己手上"。

4.3.4.4 加大宣传力度

(1) 筑牢宣传阵地

充分发挥基层所的前沿哨所作用,将坚决制止"非农化"、防止"非粮化"的耕地保护政策及时传达到镇村干部,并借助镇村力量使政策进村入户,形成人人都是宣传员、人人都是保护员的良好格局。

(2) 精准宣传到人

对违法用地行为较突出的地区,组织对用地单位实地核查,并与镇、村和当事人面对面交流,现场讲解宣传,告知耕地保护的紧迫性和违法用地的危害性,形成不想违法、不敢违法的用地意识。

(3) 创新宣传形式

结合支部结对共建、走帮扶、志愿者进社区等活动将政策带到现场,通过"我来说""大家谈"的形式,提高群众的参与度,形成人人知晓、人人关注的浓厚氛围。

第5章 不同指标区耕地质量等别变化

云南省耕地质量等别根据《规程》和相关要求，按国家自然等、国家利用等、国家经济等3种等别进行划分，3种等别在地域分布上存在密切联系，优劣分布的趋势较为接近。由于云南特殊的高原地形，导致社会经济条件、生产条件、基础设施和发展等差异较大，按照《规程》和相关技术方案的原则和要求，依据云南地形地貌、水文、气候和土地资源分布规律特征，结合云南省农业种植区划，全省共划分为5个不同的指标区，各指标区之间既有差别又紧密相连，不同指标区之间的等别范围分布也因地域趋势有所不同。为掌握全省耕地的数量与质量、空间分布情况级特征，采用面积加权计算不同指标区的平均等，采用统计汇总的方法，分析各指标区在地类、等别的变化情况，从而更全面地掌握云南省耕地数量、质量和空间分布的情况，为合理利用土地提供科学依据。

5.1 南部边缘低山宽谷盆地区

南部边缘低山宽谷盆地区位于云南省西南部，共有18个县（市、区），为我国西南部边境地区，分别是：普洱市的江城县、孟连县、澜沧县、西盟县；临沧市的镇康县、耿马县、沧源县；红河州的金平县、绿春县、河口县；西双版纳州的景洪市、勐海县、勐腊县；德宏州的瑞丽市、芒市、梁河县、盈江县、陇川县。该区是云南省主要的热带、亚热带地区，由于光、热、水、土条件好，海拔低，自然条件在全省各项指标区中最好。但由于该区地处边疆、少数民族聚集众多、交通相对闭塞，农业科技水平相对较低。

5.1.1 分布情况

南部边缘低山宽谷盆地区国家自然等别范围为6~12等，按照国家级农用地分等考核标准,该指标区国家自然等别分布有高等地(6~8等)和中等地(9~12等),最低等为12等,主要分布在澜沧县、金平县、耿马县和西盟县;最高等为6等,仅出现在西双版纳州景洪市。该区国家自然等别分布最多的是11等地,占比最少的是6等地和7等地。南部边缘低山宽谷盆地区国家自然等别面积占比详见图5-1。

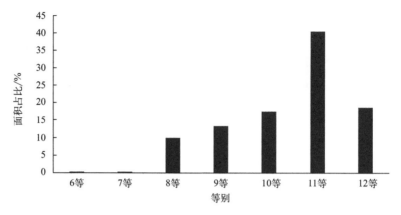

图 5-1 南部边缘低山宽谷盆地区国家自然等别面积占比

南部边缘低山宽谷盆地区国家利用等别范围为1等、3~13等,按照国家级农用地分等考核标准,该指标区国家利用等别分布有优等地(1等、3~4等)、高等地(5~8等)、中等地(9~12等)和低等地(13等),最低等为13等,仅分布在孟连县和西盟县,最高等为1等,仅出现在西双版纳州景洪市。该区国家利用等别分布最多的是12等地,其次是11等地,分布最少的是1等地。南部边缘低山宽谷盆地区国家利用等别面积占比详见图5-2。

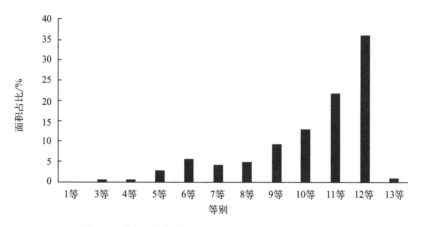

图 5-2 南部边缘低山宽谷盆地区国家利用等别面积占比

南部边缘低山宽谷盆地区国家经济等别范围为2~12等,按照国家级农用地分等考核标准,该指标区国家利用等别分布有优等地(2~4等)、高等地(5~8等)和中等地(9~12等),最低等为12等,主要分布在澜沧县、孟连县和金平县,最高等为2等,仅出现在西双版纳州景洪市。该区国家经济等别分布最多的是11等地和12等地,分布最少的是2等地和3等地。南部边缘低山宽谷盆地区国家经济等别面积占比详见图5-3。

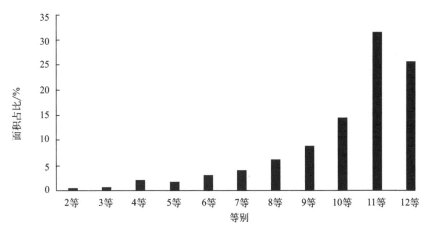

图5-3 南部边缘低山宽谷盆地区国家经济等别面积占比

5.1.2 变化情况

5.1.2.1 等别变化情况

(1) 国家自然等别

南部边缘低山宽谷盆地区,2013年度国家自然等别面积为82.27万公顷,平均国家自然等别为10.5等;2018年度为83.24万公顷,平均国家自然等别为9.3等。从2013年度至2018年度,该区耕地面积共增加0.96万公顷,平均国家自然等别增加1.2等,其中6等、7等、9等、12等耕地在减少,8等、10等、11等耕地增加。总体来说该区国家自然等别增加的比减少的多。该区耕地出现正增长,南部边缘低山宽谷盆地区国家自然等别变化情况,详见表5-1。

表5-1 南部边缘低山宽谷盆地区国家自然等别变化情况表　　单位:万公顷

年度	国家自然等别							合计	平均等别
	6等	7等	8等	9等	10等	11等	12等		
2013	0.05	0.01	7.90	11.11	13.07	33.46	16.67	82.27	10.5
2018	0.04	0.01	8.32	11.07	14.59	33.63	15.56	83.24	9.3
变化	−0.01	0	+0.42	−0.04	+1.52	+0.17	−1.11	+0.97	+1.2

(2) 国家利用等别

南部边缘低山宽谷盆地区,2013年度国家利用等别面积为82.27万公顷,平均国家利用等别为10.2等;2018年度为83.24万公顷,平均国家利用等别为10.2等。从

2013年度至2018年度，该区耕地面积共增加0.97万公顷，平均国家利用等别保持不变，其中优等地和低等地均减少，高等地和中等地有增有减，且增加的比减少的多。总体来说该区耕地增加的比减少的多，呈正增长，南部边缘低山宽谷盆地区国家利用等别变化情况，详见表5-2。

表5-2 南部边缘低山宽谷盆地区国家利用等别变化情况表　　　　单位：万公顷

年度	国家利用等别						
	1等	3等	4等	5等	6等	7等	8等
2013	0.05	0.50	0.47	2.30	4.59	3.23	4.12
2018	0.04	0.50	0.45	2.30	4.62	3.37	4.08
变化	−0.01	0	−0.02	0	+0.03	+0.14	−0.04

年度	国家利用等别					合计	平均等别
	9等	10等	11等	12等	13等		
2013	7.29	10.86	17.33	30.76	0.79	82.27	10.2
2018	7.68	10.94	18.25	30.27	0.72	83.24	10.2
变化	+0.39	+0.08	+0.92	−0.49	−0.07	+0.97	0

(3) 国家经济等别

南部边缘低山宽谷盆地区，2013年度国家经济等别面积为82.27万公顷，平均国家经济等别为10.1等；2018年度为83.24万公顷，平均国家经济等别为10.0等。从2013年度至2018年度，该区耕地面积共增加0.96万公顷，平均国家经济等别提升0.1等，除了3等、5等、7等和12等地有所减少，其余各等别均有不同程度的增加。总体来说该区国民经济等别增加的比减少的多，该区耕地出现正增长，南部边缘低山宽谷盆地区国家经济等别变化情况，详见表5-3。

表5-3 南部边缘低山宽谷盆地区国家经济等别变化情况表　　　　单位：万公顷

年度	国家经济等别						
	2等	3等	4等	5等	6等	7等	8等
2013	0.48	0.57	1.65	1.68	2.71	3.47	5.03
2018	0.48	0.55	1.76	1.55	2.76	3.46	5.27
变化	0	−0.02	+0.11	−0.13	+0.05	−0.01	+0.24

年度	国家经济等别				合计	平均等别
	9等	10等	11等	12等		
2013	7.45	11.90	25.25	22.10	82.27	10.1
2018	7.48	12.27	26.27	21.39	83.24	10.0
变化	+0.03	+0.37	+1.02	−0.71	+0.97	+0.1

5.1.2.2 地类变化情况

(1) 水田

南部边缘低山宽谷盆地区2013年度水田面积为31.62万公顷，平均国家自然等别为 9.4 等，平均国家利用等别为 8.6 等，平均国家经济等别为 8.5 等。2018 年度水田面积为 31.80 万公顷，平均国家自然等别为 9.4 等，平均国家利用等别为 8.6 等，平均国家经济等别为 8.6 等。从 2013 年度至 2018 年度，该区水田面积共增加 0.18 万公顷，平均国家自然等别、利用等别保持不变，平均国家经济等别降低 0.1 等。总体来看该区水田面积增加，质量等别总体保持不变，南部边缘低山宽谷盆地区水田变化情况详见表 5-4～表 5-6。

表 5-4　南部边缘低山宽谷盆地区水田国家自然等别变化情况表　　单位：万公顷

年度	国家自然等别							合计	平均等别
	6 等	7 等	8 等	9 等	10 等	11 等	12 等		
2013	0.05	0.01	7.78	10.20	6.38	6.73	0.46	31.62	9.4
2018	0.04	0.01	8.19	9.84	6.53	6.75	0.43	31.80	9.4
变化	−0.01	0	+0.41	−0.36	+0.15	+0.02	−0.03	+0.18	0

表 5-5　南部边缘低山宽谷盆地区水田国家利用等别变化情况表　　单位：万公顷

年度	国家利用等别						
	1 等	3 等	4 等	5 等	6 等	7 等	8 等
2013	0.05	0.50	0.41	2.26	4.54	3.10	3.49
2018	0.04	0.50	0.40	2.26	4.58	3.22	3.36
变化	−0.01	0	−0.01	0	+0.04	+0.12	−0.13

年度	国家利用等别				合计	平均等别
	9 等	10 等	11 等	12 等		
2013	5.02	3.96	3.29	4.99	31.62	8.6
2018	5.09	3.92	3.40	5.03	31.80	8.6
变化	+0.07	−0.04	+0.11	+0.04	+0.18	0

表 5-6　南部边缘低山宽谷盆地区水田国家经济等别变化情况表　　单位：万公顷

年度	国家经济等别						
	2 等	3 等	4 等	5 等	6 等	7 等	8 等
2013	0.43	0.56	1.63	1.67	2.60	3.15	4.26
2018	0.43	0.54	1.73	1.53	2.64	3.09	4.40
变化	0	−0.02	+0.10	−0.14	+0.04	−0.06	+0.14

年度	国家经济等别				合计	平均等别
	9 等	10 等	11 等	12 等		
2013	4.15	4.16	6.14	2.87	31.62	8.5
2018	4.07	4.19	6.28	2.88	31.80	8.6
变化	−0.08	+0.03	+0.14	+0.01	+0.18	−0.1

（2）水浇地

南部边缘低山宽谷盆地区 2013 年度水浇地面积为 0.47 万公顷，平均国家自然等别为9.3等,平均国家利用等别为8.5等,平均国家经济等别为8.0等。2018年度水浇地面积为2.68万公顷,平均国家自然等别为10.2等,平均国家利用等别为10.6等,平均国家经济等别为10.4等。从2013年度至2018年度,该区水浇地面积共增加2.21万公顷,平均国家自然等别降低0.9等、平均国家利用等别降低2.1等、平均国家经济等别降低2.4等。总体来看该区水浇地面积增加,但质量等别呈降低趋势,南部边缘低山宽谷盆地区水浇地变化情况详见表5-7~表5-9。

表5-7 南部边缘低山宽谷盆地区水浇地国家自然等别变化情况表　单位:万公顷

年度	国家自然等别					合计	平均等别
	8等	9等	10等	11等	12等		
2013	0.12	0.17	0.08	0.09	—	0.47	9.3
2018	0.12	0.37	1.08	1.04	0.07	2.68	10.2
变化	0	+0.20	+1.0	+0.95	+0.07	+2.21	−0.9

表5-8 南部边缘低山宽谷盆地区水浇地国家利用等别变化情况表　单位:万公顷

年度	国家利用等别								合计	平均等别
	4等	5等	6等	7等	8等	9等	10等	11等	12等		
2013	0.06	0.03	0.04	0.04	0.01	0.05	0.10	0.10	0.03	0.47	8.5
2018	0.06	0.03	0.04	0.04	0.01	0.19	0.49	0.94	0.87	2.68	10.6
变化	0	0	0	0	0	+0.14	+0.39	+0.84	+0.84	+2.21	−2.1

表5-9 南部边缘低山宽谷盆地区水浇地国家经济等别变化情况表　单位:万公顷

年度	国家经济等别						
	2等	3等	4等	5等	6等	7等	8等
2013	0.05	0.01	0.02	0.01	0.03	0.04	0.03
2018	0.05	0.01	0.02	0.01	0.03	0.04	0.07
变化	0	0	0	0	0	0	+0.04

年度	国家经济等别				合计	平均等别
	9等	10等	11等	12等		
2013	0.08	0.12	0.05	0.03	0.47	8.0
2018	0.13	0.61	1.17	0.53	2.68	10.4
变化	+0.05	+0.49	+1.12	+0.50	+2.21	2.4

(3) 旱地

南部边缘低山宽谷盆地区2013年度旱地面积为50.18万公顷,平均国家自然等别为11.2等,平均国家利用等别为11.3等,平均国家经济等别为11.0等。2018年度旱地面积为48.77万公顷,平均国家自然等别为11.1等,平均国家利用等别为11.2等,平均国家经济等别为11.0等。从2013年度至2018年度,该区旱地面积共减少1.42万公顷,平均国家自然等别提升0.1等、平均国家利用等别提升0.1等、平均国家经济等别保持不变。总体来看该区旱地面积虽有减少,但耕地质量等别呈上升趋势,南部边缘低山宽谷盆地区旱地变化情况详见表 5-10～表 5-12。

表 5-10 南部边缘低山宽谷盆地区旱地国家自然等别变化情况表　　单位：万公顷

年度	国家自然等别				合计	平均等别
	9 等	10 等	11 等	12 等		
2013	0.74	6.60	26.64	16.20	50.18	11.2
2018	0.87	6.98	25.85	15.07	48.77	11.1
变化	+0.13	+0.38	−0.79	−1.13	−1.41	+0.1

表 5-11 南部边缘低山宽谷盆地区旱地国家利用等别变化情况表　　单位：万公顷

年度	国家利用等别							合计	平均等别
	7 等	8 等	9 等	10 等	11 等	12 等	13 等		
2013	0.09	0.62	2.21	6.79	13.94	25.73	0.79	50.18	11.3
2018	0.10	0.72	2.40	6.53	13.91	24.38	0.72	48.77	11.2
变化	+0.01	+0.10	+0.19	−0.26	−0.03	−1.35	−0.08	−1.42	0.1

表 5-12 南部边缘低山宽谷盆地区旱地国家经济等别变化情况表　　单位：万公顷

年度	国家经济等别							合计	平均等别
	6 等	7 等	8 等	9 等	10 等	11 等	12 等		
2013	0.08	0.28	0.74	3.21	7.61	19.06	19.20	50.18	11.0
2018	0.09	0.33	0.79	3.28	7.47	18.82	17.98	48.77	11.0
变化	+0.01	+0.1	+0.19	−0.26	−0.03	−1.35	−0.07	−1.41	0

5.2 滇中高原盆地区

滇中高原盆地区位于云南省中部，共有 55 个县（市、区），分别是：昆明市的五华区、盘龙区、官渡区、西山区、呈贡区、晋宁区、富民县、宜良县、石林县、嵩明县、禄劝县、寻甸县、安宁市；曲靖市的麒麟区、沾益区、马龙区、陆良县、师宗县、罗平县、富源县；玉溪市的红塔区、江川区、通海县、华宁县、易门县、峨山县、澄江市；保山市的隆阳区、施甸县、龙陵县、腾冲市；丽江市的永胜县、华坪县；楚雄州的楚雄市、双柏县、牟定县、南华县、姚安县、大姚县、永仁县、元谋县、武定县、禄丰市；红河州的泸西县；大理州的大理市、漾濞县、祥云县、宾川县、弥渡县、南涧县、巍山县、永平县、洱源县、云龙、鹤庆县。该区是云南省坝子最集中的区域，是云南省的政治、经济、文化中心，是云南省粮、油、烟、果等主要粮食种植区。光热条件较好，但由于海拔较高，水资源贫乏，自然条件在全省各项指标区中排名第三。

5.2.1 分布情况

滇中高原盆地区国家自然等别范围为 6～13 等，按照国家级农用地分等考核标准，该指标区国家自然等别分布有高等别地（6～8等）、中等地（9～12等）和低等地（13等），最低等为13等，仅分布在楚雄州姚安县，最高等为6等，仅出现在楚雄州元谋县。该区国家自然等别分布最多的是11等地，占比最少的是6等地、7等和11等地。滇中高原盆地区国家自然等别面积占比详见图5-4。

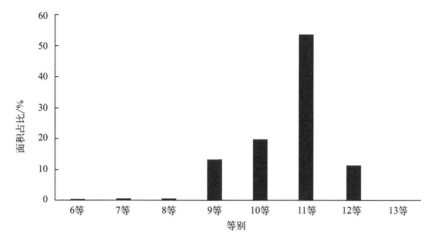

图5-4 滇中高原盆地区国家自然等别面积占比

滇中高原盆地区国家利用等别范围为3～13等，按照国家级农用地分等考核标准。该指标区国家利用等别分布有优等地（3～4等）、高等地（5～8等）、中等地（9～12等）和低等地（13等），最低等为13等，仅分布在楚雄州姚安县；最高等为3等，仅出现在丽江市华坪县和楚雄州元谋县。该区国家利用等别分布最多的是11等地，其次是10等地，分布最少的是13等地。滇中高原盆地区国家利用等别面积占比详见图5-5。

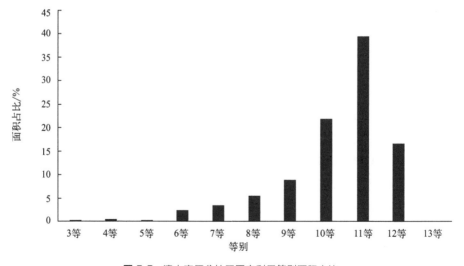

图5-5 滇中高原盆地区国家利用等别面积占比

滇中高原盆地区国家经济等别范围为3～12等，按照国家级农用地分等考核标准。

该指标区国家利用等别分布有优等地（3~4等）、高等地（5~8等）和中等地（9~12等），最低等为12等，主要分布在富源县和隆阳区；最高等为3等，主要出现在宾川县和弥渡县。该区国家经济等别分布最多的是11等地和10等地，分布最少的是3等地和4等地。滇中高原盆地区国家经济等别面积占比详见图5-6。

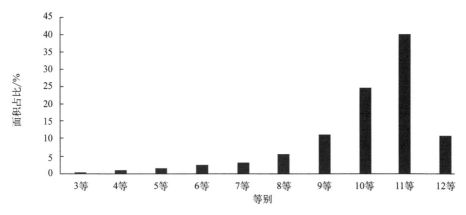

图 5-6 滇中高原盆地区国家经济等别面积占比

5.2.2 变化情况

5.2.2.1 等别变化情况

（1）国家自然等别

滇中高原盆地区，2013年度国家自然等别面积为217.68万公顷，平均国家自然等别为10.8等；2018年度为216.85万公顷，平均国家自然等别为8.6等。从2013年度至2018年度，该区耕地面积共减少0.83万公顷，平均国家自然等别提升2.1等，其中6等、8等、10等耕地增加，其余等别的耕地减少。但总体来说增加的比减少的少，该区耕地出现负增长，滇中高原盆地区国家自然等别变化情况详见表5-13。

表 5-13 滇中高原盆地区国家自然等别变化情况表　　　　单位：万公顷

年度	国家自然等别				
	6 等	7 等	8 等	9 等	10 等
2013	1.14	1.73	1.46	29.06	40.25
2018	1.18	1.70	1.53	28.87	42.58
变化	+0.04	-0.03	+0.07	-0.19	+2.33

年度	国家自然等别			合计	平均等别
	11 等	12 等	13 等		
2013	118.41	25.62	0.01	217.68	10.8
2018	116.42	24.56	0.01	216.85	8.6
变化	-1.99	-1.06	0	-0.83	+2.1

(2) 国家利用等别

滇中高原盆地区，2013 年度国家利用等别面积为 217.68 万公顷，平均国家利用等别为 10.3 等；2018 年度为 216.85 万公顷，平均国家利用等别为 10.3 等。从 2013 年度至 2018 年度，该区耕地面积共减少 0.83 万公顷，平均国家利用等别保持不变，其中优等地中 3 等地增加 4 等地减少，高等地全部减少，中等地中 9 等和 10 等增加、11 等和 12 等减少，低等地全部减少，且减少的比增加的多。总体来说增加的比减少的少，该区耕地出现负增长。滇中高原盆地区国家利用等别变化情况详见表 5-14。

表 5-14 滇中高原盆地区国家利用等别变化情况表　　　　单位：万公顷

年度	国家利用等别						
	3 等	4 等	5 等	6 等	7 等	8 等	9 等
2013	0.81	0.97	0.56	5.65	8.11	12.03	19.13
2018	0.85	0.96	0.53	5.55	7.90	12.02	19.38
变化	+0.04	−0.01	−0.03	−0.1	−0.21	−0.01	+0.25

年度	国家利用等别				合计	平均等别
	10 等	11 等	12 等	13 等		
2013	46.31	86.74	37.37	0.01	217.68	10.3
2018	47.69	85.66	36.33	0.01	216.85	10.3
变化	+1.38	−1.08	−1.04	0	−0.83	0

(3) 国家经济等别

滇中高原盆地区，2013 年度国家经济等别面积为 217.68 万公顷，平均国家经济等别为 10.1 等；2018 年度为 216.85 万公顷，平均国家经济等别为 10.1 等。从 2013 年度至 2018 年度，该区耕地面积共减少 0.83 万公顷，平均国家经济等别不变，除了 3 等、9 等、10 等地有所增加，其余各等别均有不同程度的减少。总体来说国家经济等别面积增加的比减少的少，该区耕地出现负增长。滇中高原盆地区国家经济等别变化情况详见表 5-15。

表 5-15 滇中高原盆地区国家经济等别变化情况表　　　　单位：万公顷

年度	国家经济等别					
	3 等	4 等	5 等	6 等	7 等	8 等
2013	0.94	1.79	3.04	5.42	6.12	12.46
2018	0.96	1.70	2.98	5.28	6.11	12.44
变化	+0.02	−0.09	−0.06	−0.14	−0.01	−0.02

年度	国家经济等别				合计	平均等别
	9 等	10 等	11 等	12 等		
2013	23.40	52.68	88.36	23.47	217.68	10.1
2018	23.85	53.26	87.20	23.07	216.85	10.1
变化	+0.45	+0.58	−1.16	−0.40	−0.83	0

5.2.2.2 地类变化情况

(1) 水田

滇中高原盆地区，2013年度水田面积为59.37万公顷，平均国家自然等别为9.5等，平均国家利用等别为8.7等，平均国家经济等别为8.7等；2018年度水田面积为58.96万公顷，平均国家自然等别为9.5等，平均国家利用等别为8.7等，平均国家经济等别为8.7等。从2013年度至2018年度，该区水田面积共减少0.41万公顷，平均国家自然等别、利用等别、经济等别均保持不变。总体来看该区水田面积减少，但耕地质量总体持平。滇中高原盆地区水田变化情况详见表5-16~表5-18。

表5-16 滇中高原盆地区水田国家自然等别变化情况表　　单位：万公顷

年度	国家自然等别							合计	平均等别
	6等	7等	8等	9等	10等	11等	12等		
2013	1.02	1.71	0.99	26.01	22.72	6.59	0.34	59.37	9.5
2018	1.03	1.69	1.01	25.78	22.78	6.34	0.34	58.96	9.5
变化	+0.01	-0.02	+0.02	-0.23	+0.06	-0.25	0	-0.41	0

表5-17 滇中高原盆地区水田国家利用等别变化情况表　　单位：万公顷

年度	国家利用等别					
	3等	4等	5等	6等	7等	8等
2013	0.71	0.95	0.47	5.03	7.01	10.50
2018	0.72	0.94	0.46	4.94	6.87	10.40
变化	+0.01	-0.01	-0.01	-0.09	-0.14	-0.10

年度	国家利用等别				合计	平均等别
	9等	10等	11等	12等		
2013	12.61	13.93	6.94	1.23	59.37	8.7
2018	12.65	13.94	6.84	1.22	58.96	8.7
变化	+0.04	+0.01	-0.10	-0.01	-0.41	0

表5-18 滇中高原盆地区水田国家经济等别变化情况表　　单位：万公顷

年度	国家经济等别					
	3等	4等	5等	6等	7等	8等
2013	0.80	1.65	2.72	4.66	5.25	8.59
2018	0.85	1.56	2.67	4.56	5.19	8.49
变化	0.05	-0.09	-0.05	-0.10	-0.06	-0.1

年度	国家经济等别				合计	平均等别
	9等	10等	11等	12等		
2013	10.44	14.32	10.17	0.76	59.37	8.7
2018	10.47	14.27	10.13	0.76	58.96	8.7
变化	0.03	-0.05	-0.04	0	-0.41	0

(2) 水浇地

滇中高原盆地区，2013年度水浇地面积为3.28万公顷，平均国家自然等别为9.6等，平均国家利用等别为8.6等；平均国家经济等别为8.4等；2018年度水浇地面积为6.42万公顷，平均国家自然等别为10.0等，平均国家利用等别为9.4等，平均国家经济等别为9.2等。从2013年度至2018年度，该区水浇地面积共增加3.14万公顷，平均国家自然等别降低0.4等、平均国家利用等别降低0.9等、平均国家经济等别降低0.9等。总体来看该区水浇地面积虽有所增加，但耕地质量等别呈下降趋势。滇中高原盆地区水浇地变化情况详见表5-19～表5-21。

表5-19　滇中高原盆地区水浇地国家自然等别变化情况表　　单位：万公顷

年度	国家自然等别							合计	平均等别
	6等	7等	8等	9等	10等	11等	12等		
2013	0.12	0.02	0.01	1.51	1.06	0.46	0.10	3.28	9.6
2018	0.15	0.02	0.02	1.59	2.64	1.82	0.18	6.42	10.0
变化	+0.03	0	+0.01	+0.08	+1.58	+1.36	+0.08	+3.14	−0.4

表5-20　滇中高原盆地区水浇地国家利用等别变化情况表　　单位：万公顷

年度	国家利用等别					
	3等	4等	5等	6等	7等	8等
2013	0.10	0.02	0.09	0.32	0.49	0.44
2018	0.13	0.02	0.06	0.31	0.45	0.55
变化	+0.03	0	−0.03	−0.01	−0.04	+0.11

年度	国家利用等别				合计	平均等别
	9等	10等	11等	12等		
2013	0.51	0.73	0.44	0.13	3.28	8.6
2018	0.80	2.21	1.51	0.37	6.42	9.4
变化	+0.29	+1.48	+1.07	+0.24	+3.14	−0.9

表5-21　滇中高原盆地区水浇地国家经济等别变化情况表　　单位：万公顷

年度	国家经济等别					
	3等	4等	5等	6等	7等	8等
2013	0.13	0.14	0.12	0.30	0.33	0.48
2018	0.11	0.13	0.12	0.27	0.38	0.65
变化	−0.02	−0.01	0	−0.03	+0.05	+0.17

年度	国家经济等别				合计	平均等别
	9等	10等	11等	12等		
2013	0.55	0.60	0.49	0.13	3.28	8.4
2018	1.19	1.80	1.53	0.24	6.42	9.2
变化	+0.64	+1.2	+1.04	+0.11	+3.14	−0.9

(3) 旱地

滇中高原盆地区，2013年度旱地面积为155.03万公顷，平均国家自然等别为11.0等，平均国家利用等别为10.9等，平均国家经济等别为10.6等；2018年度旱地面积为151.46万公顷，平均国家自然等别为11.0等，平均国家利用等别为10.9等，平均国家经济等别为10.6等。从2013年度至2018年度，该区旱地面积共减少3.57万公顷，平均国家自然等别、利用等别、经济等别均保持不变。总体来看该区旱地面积虽有减少，但耕地质量总体保持不变。滇中高原盆地区旱地变化情况详见表5-22～表5-24。

表5-22 滇中高原盆地区旱地国家自然等别变化情况表　　单位：万公顷

年度	国家自然等别						合计	平均等别
	8等	9等	10等	11等	12等	13等		
2013	0.47	1.54	16.46	111.36	25.18	0.01	155.03	11.0
2018	0.49	1.50	17.16	108.27	24.04	0.01	151.46	11.0
变化	+0.02	-0.04	+0.7	-3.09	-1.14	0	-3.57	0

表5-23 滇中高原盆地区旱地国家利用等别变化情况表　　单位：万公顷

年度	国家利用等别				
	6等	7等	8等	9等	10等
2013	0.29	0.61	1.09	6.01	31.65
2018	0.3	0.58	1.07	5.93	31.54
变化	+0.01	-0.03	-0.02	-0.08	-0.11

年度	国家利用等别			合计	平均等别
	11等	12等	13等		
2013	79.36	36.01	0.01	155.03	10.9
2018	77.30	34.73	0.01	151.46	10.9
变化	-2.05	-1.28	0	-3.56	0

表5-24 滇中高原盆地区旱地国家经济等别变化情况表　　单位：万公顷

年度	国家经济等别				
	5等	6等	7等	8等	9等
2013	0.20	0.46	0.54	3.39	12.41
2018	0.19	0.45	0.53	3.30	12.18
变化	-0.01	-0.01	-0.01	-0.09	-0.23

年度	国家经济等别			合计	平均等别
	10等	11等	12等		
2013	37.76	77.7	22.57	155.03	10.6
2018	37.19	75.55	22.06	151.46	10.6
变化	-0.57	-2.15	-0.51	-3.57	0

5.3 滇南中山宽谷区

滇南中山宽谷区地处云南省南部，共有 30 个县（市、区），分别是：玉溪市的新平县、元江县；普洱市的思茅区、宁洱县、墨江县、景东县、景谷县、镇沅县；临沧市的临翔区、凤庆县、云县、永德县、双江县；红河州的个旧市、开远市、蒙自市、弥勒市、屏边县、建水县、石屏县、元阳县、红河县；文山州的文山市、砚山县、西畴县、麻栗坡县、马关县、丘北县、广南县、富宁县。该区为少数民居聚居地，是云南省甘蔗、烤烟等经济作物的主要产区。该区光、热、水、土条件好，海拔较低，自然条件较好，但由于其纬度高于南部边缘低山宽谷盆地区，自然条件在全省各项指标区中排名第二。

5.3.1 分布情况

滇南中山宽谷区国家自然等别范围为 7~12 等。按照国家级农用地分等考核标准，该指标区国家自然等别分布有高等地（7~8 等）和中等地（9~12 等），最低等为 12 等，主要分布在双江县、临翔区和麻栗坡县；最高等为 7 等，仅出现在云县和元江县。该区国家自然等别分布最多的是 10 等和 11 等地，占比最少的是 7 等地。滇南中山宽谷区国家自然等别面积占比详见图 5-7。

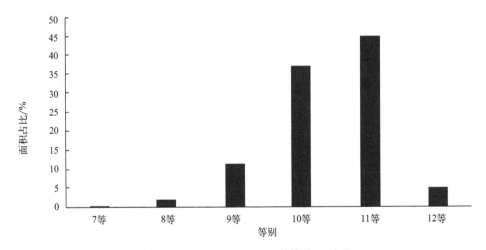

图 5-7 滇南中山宽谷区国家自然等别面积占比

滇南中山宽谷区国家利用等别范围为 4~13 等。按照国家级农用地分等考核标准，该指标区国家利用等别分布有优等地（4 等）、高等地（5~8 等）和中等地（9~12 等），最低等为 12 等，仅分布在镇沅县、墨江县和景谷县；最高等为 4 等，仅出现在临沧市的临翔区。该区国家利用等别分布最多的是 11 等和 10 等地；其次是 12 等和 9 等地，分布最少的是 5 等地。滇南中山宽谷区国家利用等别面积占比详见图 5-8。

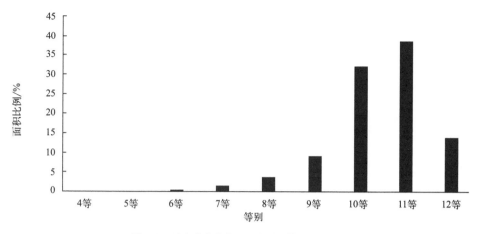

图 5-8 滇南中山宽谷区国家利用等别面积占比

滇南中山宽谷区国家经济等别范围为 2～12 等。按照国家级农用地分等考核标准，该指标区国家利用等别分布有优等地（2～4 等）、高等地（5～8 等）和中等地（9～12 等），最低等为 12 等，主要分布在双江县和永德县；最高等为 2 等，仅出现在玉溪市的元江县。该区国家经济等别分布最多的是 11 等地和 10 等地，分布最少的是 2 等、3 等和 4 等地。滇南中山宽谷区国家经济等别面积占比详见图 5-9。

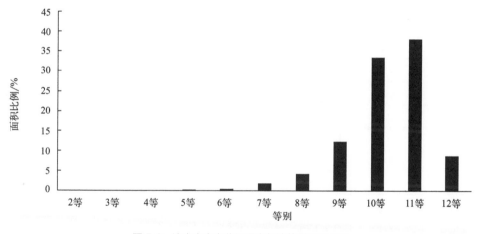

图 5-9 滇南中山宽谷区国家经济等别面积占比

5.3.2 变化情况

5.3.2.1 等别变化情况

（1）国家自然等别

滇南中山宽谷区，2013 年度国家自然等别面积为 197.79 万公顷，平均国家自然等别为 10.4 等；2018 年度为 197.38 万公顷，平均国家自然等别为 10.4 等。从 2013 年度至 2018 年度，该区耕地面积共减少 0.41 万公顷，平均国家自然等别保持不变，其中 9 等、10 等耕地增加，其余等别均为减少。总体来说增加的比减少的少，该区耕地出现负增长。滇南中山宽谷区国家自然等别变化情况详见表 5-25。

表 5-25 滇南中山宽谷区国家自然等别变化情况表　　　单位：万公顷

年度	国家自然等别						合计	平均等别
	7 等	8 等	9 等	10 等	11 等	12 等		
2013	0.54	3.53	22.15	71.80	90.43	9.34	197.79	10.4
2018	0.54	3.52	22.49	72.83	88.84	9.16	197.38	10.4
变化	0	−0.01	+0.34	+1.03	−1.59	−0.19	−0.41	0

（2）国家利用等别

滇南中山宽谷区，2013 年度国家利用等别面积为 197.79 万公顷，平均国家利用等别为 8.8 等；2018 年度为 197.38 万公顷，平均国家利用等别为 8.8 等。从 2013 年度至 2018 年度，该区耕地面积共减少 0.41 万公顷，平均国家利用等别保持不变，其中优等地增加，没有增加，高等地和中等地有增有减少，且减少的比增加的多。总体来说增加的比减少的少，该区耕地出现负增长。滇南中山宽谷区国家利用等别变化情况详见表 5-26。

表 5-26 滇南中山宽谷区国家利用等别变化情况表　　　单位：万公顷

年度	国家利用等别					
	4 等	5 等	6 等	7 等	8 等	9 等
2013	0.27	0.19	0.61	3.02	7.17	18.04
2018	0.29	0.18	0.64	2.96	7.14	18.59
变化	+0.02	−0.01	+0.03	−0.06	−0.03	+0.55

年度	国家利用等别			合计	平均等别
	10 等	11 等	12 等		
2013	63.00	77.61	27.87	197.79	8.8
2018	63.32	76.60	27.67	197.38	8.8
变化	+0.32	−1.01	−0.2	−0.41	0

（3）国家经济等别

滇南中山宽谷区，2013 年度国家经济等别面积为 197.79 万公顷，平均国家经济等别为 10.3 等；2018 年度为 197.38 万公顷，平均国家经济等别为 10.3 等。从 2013 年度至 2018 年度，该区耕地面积共减少 0.41 万公顷，平均国家经济等别保持不变，5 等、8 等和 9 等地增加，其余各等别均有不同程度的减少。总体来说增加的比减少的少，该区耕地出现负增长。滇南中山宽谷区国家经济等别变化情况详见表 5-27。

表 5-27 滇南中山宽谷区国家经济等别变化情况表　　　　单位：万公顷

年度	国家经济等别						
	2 等	3 等	4 等	5 等	6 等	7 等	8 等
2013	0.08	0.06	0.03	0.43	1.18	3.51	8.18
2018	0.08	0.06	0.03	0.46	1.13	3.50	8.38
变化	0	0	0	+0.03	-0.05	-0.01	+0.20

年度	国家经济等别				合计	平均等别
	9 等	10 等	11 等	12 等		
2013	24.35	66.09	76.29	17.58	197.79	10.3
2018	24.53	66.03	75.76	17.42	197.38	10.3
变化	+0.18	-0.06	-0.53	-0.16	-0.41	0

5.3.2.2 地类变化情况

(1) 水田

滇南中山宽谷区，2013 年度水田面积为 43.67 万公顷，平均国家自然等别、平均国家利用等别、平均国家经济等别均为 9.4 等；2018 年度水田面积为 43.38 万公顷，平均国家自然等别、平均国家利用等别、平均国家经济等别均为 9.4 等。从 2013 年度至 2018 年度，该区水田面积共减少 0.29 万公顷，平均国家自然等别、平均国家利用等别、平均国家经济等别保持不变。总体来看该区水田面积虽略有减少，但耕地质量等别总体保持不变。滇南中山宽谷区水田变化情况详见表 5-28～表 5-30。

表 5-28 滇南中山宽谷区水田国家自然等别变化情况表　　　　单位：万公顷

年度	国家自然等别						合计	平均等别
	7 等	8 等	9 等	10 等	11 等	12 等		
2013	0.54	3.44	20.64	14.24	4.73	0.09	43.67	9.4
2018	0.54	3.41	20.63	14.05	4.66	0.09	43.38	9.4
变化	0	-0.03	-0.01	-0.19	-0.07	0	-0.29	0

表 5-29 滇南中山宽谷区水田国家利用等别变化情况表　　　　单位：万公顷

年度	国家利用等别									合计	平均等别
	4 等	5 等	6 等	7 等	8 等	9 等	10 等	11 等	12 等		
2013	0.27	0.19	0.59	2.40	6.09	11.64	12.69	7.88	1.91	43.67	9.4
2018	0.29	0.17	0.6	2.36	6.03	11.71	12.50	7.84	1.88	43.38	9.4
变化	0.02	-0.02	0.01	-0.04	-0.06	0.07	-0.19	-0.04	-0.03	-0.29	0

表 5-30 滇南中山宽谷区水田国家经济等别变化情况表　　　　单位：万公顷

年度	国家经济等别						
	2 等	3 等	4 等	5 等	6 等	7 等	8 等
2013	0.08	0.06	0.03	0.41	0.83	3.00	5.74
2018	0.08	0.06	0.03	0.41	0.82	2.99	5.66

续表

年度	国家经济等别						
	2 等	3 等	4 等	5 等	6 等	7 等	8 等
变化	0	0	0	0	−0.01	−0.01	−0.08

年度	国家经济等别				合计	平均等别
	9 等	10 等	11 等	12 等		
2013	10.55	11.54	10.65	0.78	43.67	9.4
2018	10.61	11.44	10.52	0.77	43.38	9.4
变化	0.06	−0.1	−0.13	−0.01	−0.29	0

（2）水浇地

滇南中山宽谷区，2013 年度水浇地面积为 1.26 万公顷，平均国家自然等别为 9.1 等，平均国家利用等别为 8.9 等，平均国家经济等别为 8.9 等；2018 年度水浇地面积为 2.37 万公顷，平均国家自然等别为 9.8 等，平均国家利用等别为 9.6 等，平均国家经济等别为 9.5 等。从 2013 年度至 2018 年度，该区水浇地面积共增加 1.11 万公顷，平均国家自然等别、平均国家利用等别均降低 0.7 等、平均国家经济等别降低 0.6 等。总体来看该区水浇地耕地面积增加，但耕地质量等别总体呈下降趋势。滇南中山宽谷区水浇地变化情况详见表 5-31～表 5-33。

表 5-31　滇南中山宽谷区水浇地国家自然等别变化情况表　　　单位：万公顷

年度	国家自然等别							合计	平均等别
	6 等	7 等	8 等	9 等	10 等	11 等	12 等		
2013	0.01	0.14	0.29	0.31	0.31	0.16	0.03	1.26	9.1
2018	0	0	0.09	0.89	0.90	0.42	0.07	2.37	9.8
变化	−0.01	−0.14	−0.2	+0.58	+0.59	+0.26	+0.04	+1.11	−0.7

表 5-32　滇南中山宽谷区水浇地国家利用等别变化情况表　　　单位：万公顷

年度	国家利用等别								合计	平均等别
	5 等	6 等	7 等	8 等	9 等	10 等	11 等	12 等		
2013	0	0.10	0.16	0.19	0.27	0.36	0.14	0.03	1.26	8.9
2018	0.01	0.01	0.14	0.33	0.52	0.75	0.44	0.17	2.37	9.6
变化	0.01	−0.09	−0.02	0.14	0.25	0.39	0.30	0.14	1.11	−0.7

表 5-33　滇南中山宽谷区水浇地国家经济等别变化情况表　　　单位：万公顷

年度	国家经济等别								合计	平均等别
	5 等	6 等	7 等	8 等	9 等	10 等	11 等	12 等		
2013	0	0.10	0.16	0.19	0.27	0.36	0.14	0.03	1.26	8.9
2018	0.01	0.10	0.16	0.29	0.51	0.65	0.54	0.11	2.37	9.5
变化	+0.01	0	0	+0.10	+0.24	+0.29	+0.40	+0.08	+1.11	−0.6

（3）旱地

滇南中山宽谷区，2013 年度旱地面积为 152.86 万公顷，平均国家自然等别为 10.7

等，平均国家利用等别为10.7等，平均国家经济等别为10.5等；2018年度旱地面积为151.63万公顷，平均国家自然等别为10.7等，平均国家利用等别为10.7等，平均国家经济等别为10.5等。从2013年度至2018年度，该区旱地面积共减少1.23万公顷，平均国家自然等别、平均国家利用等别、平均国家经济等别均保持不变。总体来看该区旱地耕地面积有所减少，但耕地质量等别总体保持不变。滇南中山宽谷区旱地变化情况详见表5-34~表5-36。

表5-34 滇南中山宽谷区旱地国家自然等别变化情况表　　单位：万公顷

年度	国家自然等别					合计	平均等别
	8等	9等	10等	11等	12等		
2013	0.02	0.89	57.18	85.51	9.26	152.86	10.7
2018	0.01	0.97	57.88	83.77	9.00	151.63	10.7
变化	0	+0.07	+0.70	−1.75	−0.25	−1.23	0

表5-35 滇南中山宽谷区旱地国家利用等别变化情况表　　单位：万公顷

年度	国家利用等别							合计	平均等别
	6等	7等	8等	9等	10等	11等	12等		
2013	0.01	0.48	0.79	6.09	49.99	69.57	25.93	152.86	10.7
2018	0.02	0.45	0.79	6.35	50.07	68.32	25.62	151.63	10.7
变化	+0.02	−0.02	−0.01	+0.26	+0.08	−1.25	−0.31	−1.23	0

表5-36 滇南中山宽谷区旱地国家经济等别变化情况表　　单位：万公顷

年度	国家经济等别								合计	平均等别
	5等	6等	7等	8等	9等	10等	11等	12等		
2013	0.01	0.24	0.35	2.25	13.53	54.19	65.50	16.78	152.86	10.5
2018	0.05	0.21	0.35	2.43	13.41	53.94	64.70	16.54	151.63	10.5
变化	0.04	−0.03	0	0.18	−0.12	−0.25	−0.80	−0.24	−1.23	0

5.4　滇东北山原区

滇东北山原区位于云南省东北部，是云贵高原的组成部分，共有14个县（市、区），分别是：昆明市的东川区；昭通市的昭阳区、鲁甸县、巧家县、盐津县、大关县、永善县、绥江县、镇雄县、彝良县、威信县、水富市；曲靖市的会泽县、宣威市。该区人多地少，土地利用率较高，是云南省烤烟、油菜的主要产区之一，但是由于该区开垦过度，自然灾害频繁，导致粮食生产量不高。

5.4.1　分布情况

滇东北山原区国家自然等别范围为6~13等。按照国家级农用地分等考核标准，该指标区国家自然等别分布有高等地（6～8 等）、中等地（9～12 等）和低等地（13 等），最低等为 13 等，仅出现在昆明市的东川区；最高等为 6 等，仅出现在昭通市的巧家县。该区国家自然等别分布最多的是 11 等地，占比最少的是 6 等地和 7 等地。滇东北山原区国家自然等别面积占比详见图 5-10。

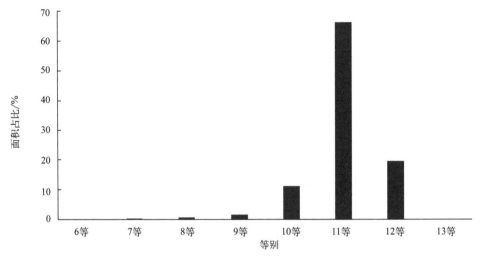

图 5-10 滇东北山原区国家自然等别面积占比

滇东北山原区国家利用等别范围为 6～13 等。按照国家级农用地分等考核标准，该指标区国家利用等别分布有高等地（5～8 等）、中等地（9～12 等）和低等地（13 等），最低等地为 13 等，仅分布在昆明市的东川区和昭通市的昭阳区；最高等地为 6 等，仅出现在昆明市的东川区和昭通市的巧家县。该区国家利用等别分布最多的是 10 等地，其次是 11 等地和 10 等地，分布最少的是 6 等地。滇东北山原区国家利用等别面积占比详见图 5-11。

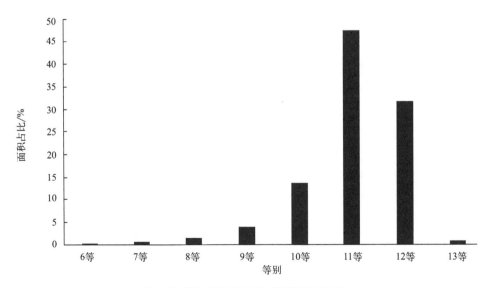

图 5-11 滇东北山原区国家利用等别面积占比

滇东北山原区国家经济等别范围为 4~12 等。按照国家级农用地分等考核标准，该指标区国家利用等别分布有优等地（4等）、高等地（5~8 等）和中等地（9~12 等），最低等地为 12 等，主要分布在昭阳区、会泽县、永善县和鲁甸县；最高等地为 4 等，仅出现在昆明市的东川区。该区国家经济等别分布最多的是 11 等地，其次是 10 等地和 12 等地，分布最少的是 4 等地。滇东北山原区国家经济等别面积占比详见图 5-12。

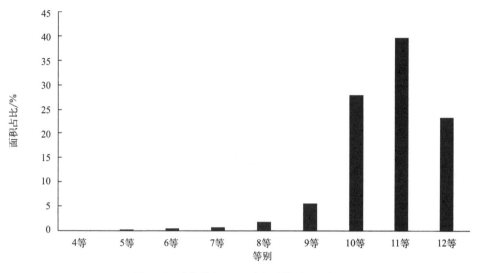

图 5-12 滇东北山原区国家经济等别面积占比

5.4.2 变化情况

5.4.2.1 等别变化情况

（1）国家自然等别

滇东北山原区，2013 年度国家自然等别面积为 97.18 万公顷，平均国家自然等别为 11.0 等；2018 年度为 97.23 万公顷，平均国家自然等别为 11.0 等。从 2013 年度至 2018 年度，该区耕地面积共增加 0.05 万公顷，平均国家自然等别保持不变，其中 8~10 等耕地增加，其余等别的耕地减少。总体来说增加的比减少的多，该区耕地出现正增长。滇东北山原区国家自然等别变化情况详见表 5-37。

表 5-37 滇东北山原区国家自然等别变化情况表　　　　　　　　　单位：万公顷

年度	国家自然等别								合计	平均等别
	6 等	7 等	8 等	9 等	10 等	11 等	12 等	13 等		
2013	0.18	0.50	0.55	1.45	9.58	65.58	19.24	0.1	97.18	11.0
2018	0.18	0.50	0.61	1.65	10.98	64.17	19.05	0.1	97.23	11.0
变化	0	0	+0.06	+0.20	+1.40	-1.41	-0.19	0	+0.05	0

(2) 国家利用等别

滇东北山原区，2013年度国家利用等别面积为97.18万公顷，平均国家利用等别为11.1等；2018年度为97.23万公顷，平均国家利用等别为11.0等。从2013年度至2018年度，该区耕地面积共增加0.05万公顷，平均国家利用等别提升0.1等，其中7等、9等和10等地增加，其余等别的耕地均减少，但总体来说增加的比减少的多，该区耕地出现正增长。滇东北山原区国家利用等别变化情况详见表5-38。

表5-38 滇东北山原区国家利用等别变化情况表　　　　单位：万公顷

年度	国家利用等别				
	6等	7等	8等	9等	10等
2013	0.23	0.48	1.38	3.58	12.46
2018	0.22	0.76	1.36	3.79	13.16
变化	−0.01	+0.28	−0.02	+0.21	+0.70

年度	国家利用等别			合计	平均等别
	11等	12等	13等		
2013	46.85	31.38	0.82	97.18	11.1
2018	46.25	30.89	0.80	97.23	11.0
变化	−0.6	−0.49	−0.02	+0.05	0.10

(3) 国家经济等别

滇东北山原区，2013年度国家经济等别面积为97.18万公顷，平均国家经济等别为10.7等；2018年度为97.23万公顷，平均国家经济等别为10.7等。从2013年度至2018年度，该区耕地面积共增加0.05万公顷，平均国家经济等别保持不变，除了4等地、10~12等地有所减少，其余各等别地均有不同程度的增加。总体来说增加的比减少的多，该区耕地出现正增长。滇东北山原区国家经济等别变化情况详见表5-39。

表5-39 滇东北山原区国家经济等别变化情况表　　　　单位：万公顷

年度	国家经济等别					
	4等	5等	6等	7等	8等	9等
2013	0.03	0.13	0.41	0.72	1.60	5.10
2018	0.03	0.17	0.50	0.79	1.79	5.56
变化	0	+0.04	+0.09	+0.07	+0.19	+0.46

年度	国家经济等别			合计	平均等别
	10等	11等	12等		
2013	27.16	39.09	22.95	97.18	10.7
2018	27.08	38.79	22.54	97.23	10.7
变化	−0.08	−0.3	−0.41	+0.05	0

5.4.2.2 地类变化情况

(1) 水田

滇东北山原区，2013年度水田面积为4.87万公顷，平均国家自然等别为10.1等，平均国家利用等别为10.2等，平均国家经济等别为9.9等；2018年度水田面积为4.87万公顷，平均国家自然等别为10.1等，平均国家利用等别为10.2等，平均国家经济等别为9.9等。从2013年度至2018年度，该区水田面积保持不变，平均国家自然等别、平均国家利用等别、平均国家经济等别均保持不变。总体来看该区水田面积和耕地质量等别均持平。滇东北山原区水田变化情况详见表5-40~表5-42。

表5-40 滇东北山原区水田国家自然等别变化情况表　　　　单位：万公顷

年度	国家自然等别							合计	平均等别
	6等	7等	8等	9等	10等	11等	12等		
2013	0.18	0.40	0.01	0.08	2.25	1.36	0.59	4.87	10.1
2018	0.18	0.39	0.01	0.09	2.22	1.41	0.58	4.87	10.1
变化	0	−0.01	0	+0.01	−0.03	+0.05	−0.01	0	0

表5-41 滇东北山原区水田国家利用等别变化情况表　　　　单位：万公顷

年度	国家利用等别							合计	平均等别
	6等	7等	8等	9等	10等	11等	12等		
2013	0.22	0.10	0.56	0.53	1.05	1.20	1.21	4.87	10.2
2018	0.21	0.10	0.54	0.55	1.02	1.25	1.18	4.87	10.2
变化	−0.01	0	−0.02	+0.02	−0.03	+0.05	−0.03	0	0

表5-42 滇东北山原区水田国家经济等别变化情况表　　　　单位：万公顷

年度	国家经济等别									合计	平均等别
	4等	5等	6等	7等	8等	9等	10等	11等	12等		
2013	0.03	0.11	0.05	0.24	0.46	0.84	0.80	1.59	0.75	4.87	9.9
2018	0.03	0.11	0.05	0.23	0.47	0.84	0.81	1.63	0.70	4.87	9.9
变化	0	0	0	−0.01	+0.01	0	+0.01	+0.04	−0.05	0	0

(2) 水浇地

滇东北山原区，2013年度水浇地面积为0.17万公顷，平均国家自然等别为10.5等，平均国家利用等别为10.7等，平均国家经济等别为10.5等；2018年度水浇地面积为2.46万公顷，平均国家自然等别为10.2等，平均国家利用等别为10.0等，平均国家经济等别为9.5等。从2013年度至2018年度，该区水浇地面积共增加2.29万公顷，平均国家自然等别提升0.3等、平均国家利用等别提升0.7等、平均国家经济等别提升1等。总体来看该区水浇地面积和耕地质量等别总体呈增长趋势。滇东北山原区水浇地变化情况详见表5-43~表5-45。

表 5-43 滇东北山原区水浇地国家自然等别变化情况表　　　　　单位：万公顷

年度	国家自然等别						合计	平均等别
	7 等	8 等	9 等	10 等	11 等	12 等		
2013	0.01			0.06	0.10		0.17	10.5
2018	0.02	0.08	0.25	1.30	0.80	0.02	2.46	10.2
变化	+0.01	+0.08	+0.25	+1.24	+0.7	+0.02	+2.29	+0.3

表 5-44 滇东北山原区水浇地国家利用等别变化情况表　　　　　单位：万公顷

年度	国家利用等别						合计	平均等别
	7 等	8 等	9 等	10 等	11 等	12 等		
2013	0.01		0.02	0.01	0.09	0.04	0.17	10.7
2018	0.27	0.08	0.30	0.80	0.70	0.31	2.46	10.0
变化	+0.26	+0.08	+0.28	+0.79	+0.61	+0.27	+2.29	+0.7

表 5-45 滇东北山原区水浇地国家经济等别变化情况表　　　　　单位：万公顷

年度	国家经济等别								合计	平均等别
	5 等	6 等	7 等	8 等	9 等	10 等	11 等	12 等		
2013				0.01	0.02	0.04	0.06	0.04	0.17	10.5
2018	0.04	0.14	0.11	0.27	0.45	0.67	0.63	0.16	2.46	9.5
变化	+0.04	+0.14	+0.11	+0.26	+0.43	+0.63	+0.57	+0.12	+2.29	+1.0

(3) 旱地

滇东北山原区，2013 年度旱地面积为 92.15 万公顷，平均国家自然等别为 11.1 等，平均国家利用等别为 11.1 等，平均国家经济等别为 10.8 等；2018 年度旱地面积为 89.90 万公顷，平均国家自然等别为 11.1 等，平均国家利用等别为 11.1 等，平均国家经济等别为 10.8 等。从 2013 年度至 2018 年度，该区旱地面积共减少 2.25 万公顷，平均国家自然等别、平均国家利用等别、平均国家经济等别保持不变。总体来看该区旱地面积有所减少，耕地质量等别总体保持不变。滇东北山原区旱地变化情况详见表 5-46～表 5-48。

表 5-46 滇东北山原区旱地国家自然等别变化情况表　　　　　单位：万公顷

年度	国家自然等别							合计	平均等别
	7 等	8 等	9 等	10 等	11 等	12 等	13 等		
2013	0.09	0.55	1.37	7.28	64.12	18.65	0.10	92.15	11.1
2018	0.09	0.52	1.32	7.46	61.96	18.45	0.10	89.90	11.1
变化	0	−0.03	−0.05	+0.18	−2.16	−0.2	0	−2.25	0

表 5-47 滇东北山原区旱地国家利用等别变化情况表　　　　　单位：万公顷

年度	国家利用等别							合计	平均等别
	7 等	8 等	9 等	10 等	11 等	12 等	13 等		
2013	0.38	0.83	3.03	11.40	45.56	30.13	0.82	92.15	11.1

续表

年度	国家利用等别							合计	平均等别
	7等	8等	9等	10等	11等	12等	13等		
2018	0.39	0.74	2.94	11.34	44.29	29.40	0.80	89.90	11.1
变化	+0.01	−0.09	−0.09	−0.06	−1.27	−0.73	−0.02	−2.25	0

表 5-48 滇东北山原区旱地国家经济等别变化情况表　　单位：万公顷

年度	国家经济等别								合计	平均等别
	5等	6等	7等	8等	9等	10等	11等	12等		
2013	0.01	0.36	0.48	1.13	4.24	26.32	37.44	22.17	92.15	10.8
2018	0.01	0.31	0.45	1.05	4.28	25.59	36.53	21.68	89.90	10.8
变化	0	−0.05	−0.03	−0.08	0.04	−0.73	−0.91	−0.49	−2.25	0

5.5 滇西北高山峡谷区

滇西北高山峡谷区位于云南省西北部，为典型的高山峡谷区，共有 11 个县（市、区），分别是：丽江市的古城区、玉龙县、宁蒗县；大理州的剑川县；怒江州的泸水市、福贡县、贡山县、兰坪县；迪庆州的香格里拉市、德钦县、维西县。该区地势变化较大，地形崎岖，生产薄弱，但是植被覆盖率高，生态环境优良，是云南省受人为因素干扰最小的区域。

5.5.1 分布情况

滇西北高山峡谷区国家自然等别范围为 9～13 等。按照国家级农用地分等考核标准，该指标区国家自然等别分布有中等地（9～12 等）和低等地（13 等），最低等地为 13 等，主要分布在德钦县；最高等地为 9 等，主要出现在泸水市。该区国家自然等别分布最多的是 12 等地，占比最少的是 9 等地和 13 等地。滇西北高山峡谷区国家自然等别面积占比详见图 5-13。

滇西北高山峡谷区国家利用等别范围为 8～13 等。按照国家级农用地分等考核标准，该指标区国家利用等别分布有高等地（5～8 等）、中等地（9～12 等）和低等地（13 等），最低等地为 13 等，主要分布在德钦县；最高等地为 8 等，仅出现在大理州的剑川县。该区国家利用等别分布最多的是 12 等地，其次是 11 等地，分布最少的是 9 等地。滇西北高山峡谷区国家利用等别面积占比详见图 5-14。

滇西北高山峡谷区国家经济等别范围为 6～12 等。按照国家级农用地分等考核标准，该指标区国家利用等别分布有高等地（5～8 等）和中等地（9～12 等），最低等地为 12 等，主要分布在宁蒗县和玉龙县；最高等地为 6 等，仅出现在大理州的剑川县。

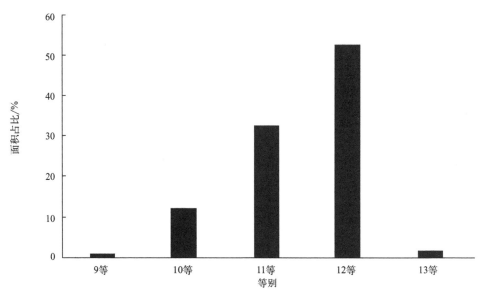

图 5-13 滇西北高山峡谷区国家自然等别面积占比

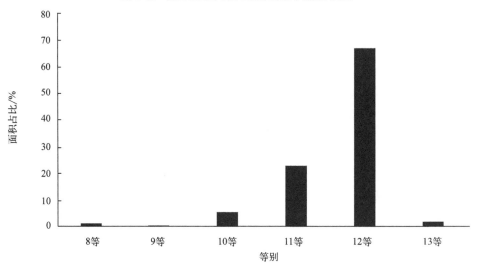

图 5-14 滇西北高山峡谷区国家利用等别面积占比

该区国家经济等别分布最多的是 12 等地，分布最少的是 6 等地。滇西北高山峡谷区国家经济等别面积占比详见图 5-15。

5.5.2 变化情况

5.5.2.1 等别变化情况

（1）国家自然等别

滇西北高山峡谷区，2013 年度国家自然等别面积为 27.05 万公顷，平均国家自然等别为 11.4 等；2018 年度为 26.98 万公顷，平均国家自然等别为 11.4 等。从 2013 年

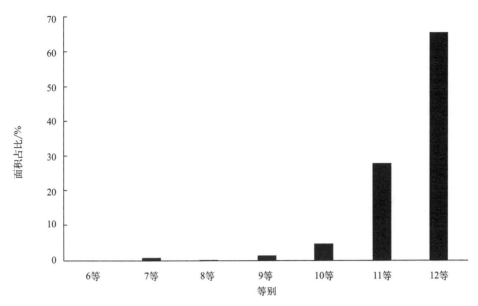

图 5-15 滇西北高山峡谷区国家经济等别面积占比

度至 2018 年度，该区耕地面积共减少 0.07 万公顷，平均国家自然等别保持不变，其中 9 等、10 等耕地增加，11~13 等耕地减少。总体来说增加的比减少的少，该区耕地出现负增长。滇西北高山峡谷区国家自然等别变化情况详见表 5-49。

表 5-49　滇西北高山峡谷区国家自然等别变化情况表　　单位：万公顷

年度	国家自然等别					合计	平均等别
	9 等	10 等	11 等	12 等	13 等		
2013	0.21	3.27	8.83	14.33	0.41	27.05	11.4
2018	0.24	3.30	8.78	14.25	0.40	26.98	11.4
变化	+0.03	+0.03	-0.05	-0.08	-0.01	-0.07	0

（2）国家利用等别

滇西北高山峡谷区，2013 年度国家利用等别面积为 27.05 万公顷，平均国家利用等别为 11.5 等；2018 年度为 26.98 万公顷，平均国家利用等别为 11.5 等。从 2013 年度至 2018 年度，该区耕地面积共减少 0.07 万公顷，平均国家利用等别保持不变，其中 8~10 等地增加，11~13 等地减少，且减少的比增加的多。总体来说增加的比减少的少，该区耕地出现负增长。滇西北高山峡谷区国家利用等别变化情况详见表 5-50。

表 5-50　滇西北高山峡谷区国家利用等别变化情况表　　单位：万公顷

年度	国家利用等别						合计	平均等别
	8 等	9 等	10 等	11 等	12 等	13 等		
2013	0.34	0.11	1.54	6.35	18.11	0.59	27.05	11.5
2018	0.34	0.15	1.57	6.26	18.06	0.59	26.98	11.5
变化	0	0.04	0.03	-0.09	-0.05	0	-0.07	0

（3）国家经济等别

滇西北高山峡谷区，2013年度国家经济等别面积为27.05万公顷，平均国家经济等别为11.6等；2018年度为26.98万公顷，平均国家经济等别为11.6等。从2013年度至2018年度，该区耕地面积共减少0.07万公顷，平均国家经济等别保持不变，除了8～10等地增加，其余各等别地均减少。总体来说增加的比减少的少，该区耕地出现负增长。滇西北高山峡谷区国家经济等别变化情况详见表5-51。

表5-51 滇西北高山峡谷区国家经济等别变化情况表　　　　　　单位：万公顷

年度	国家经济等别						合计	平均等别
	7等	8等	9等	10等	11等	12等		
2013	0.19	0.02	0.29	1.25	7.52	17.78	27.05	11.6
2018	0.18	0.02	0.31	1.27	7.51	17.68	26.98	11.6
变化	−0.01	0	+0.02	+0.02	−0.01	−0.1	−0.07	0

5.5.2.2 地类变化情况

（1）水田

滇西北高山峡谷区，2013年度水田面积为3.64万公顷，平均国家自然等别为10.6等，平均国家利用等别为10.7等，平均国家经济等别为10.8等；2018年度水田面积为3.66万公顷，平均国家自然等别为10.6等，平均国家利用等别为10.7等，平均国家经济等别为10.8等。从2013年度至2018年度，该区水田面积共增加0.02万公顷，平均国家自然等别、平均国家利用等别、平均国家经济等别均保持不变。总体来看该区水田面积有所增加，但耕地质量等别保持不变。滇西北高山峡谷区水田变化情况详见表5-52～表5-54。

表5-52 滇西北高山峡谷区水田国家自然等别变化情况表　　　　　　单位：万公顷

年度	国家自然等别				合计	平均等别
	9等	10等	11等	12等		
2013	0.21	1.58	1.39	0.47	3.64	10.6
2018	0.21	1.58	1.40	0.46	3.66	10.6
变化	0	0	+0.01	−0.01	+0.02	0

表5-53 滇西北高山峡谷区水田国家利用等别变化情况表　　　　　　单位：万公顷

年度	国家利用等别					合计	平均等别
	8等	9等	10等	11等	12等		
2013	0.31	0.11	1.06	1.22	0.94	3.64	10.7
2018	0.31	0.10	1.07	1.23	0.94	3.66	10.7
变化	0	−0.01	+0.01	+0.01	0	+0.02	0

表 5-54 滇西北高山峡谷区水田国家经济等别变化情况表　　　单位：万公顷

年度	国家经济等别						合计	平均等
	7 等	8 等	9 等	10 等	11 等	12 等		
2013	0.17	0.02	0.26	0.56	1.71	0.93	3.64	10.8
2018	0.16	0.02	0.25	0.56	1.73	0.92	3.66	10.8
变化	−0.01	0	−0.01	0	+0.02	−0.01	+0.02	0

（2）水浇地

滇西北高山峡谷区，2013 年度水浇地面积为 0.92 万公顷，平均国家自然等别为 10.3 等，平均国家利用等别为 10.7 等，平均国家经济等别为 11.0 等；2018 年度水浇地面积为 1.11 万公顷，平均国家自然等别为 10.3 等，平均国家利用等别为 10.8 等，平均国家经济等别为 11.0 等。从 2013 年度至 2018 年度，该区水浇地面积共增加 0.19 万公顷，平均国家自然等别保持不变、平均国家利用等别降低 0.1 等、平均国家经济等别保持不变。总体来看该区水浇地面积有所增加，但耕地质量总体保持不变。滇西北高山峡谷区水浇地变化情况详见表 5-55～表 5-57。

表 5-55 滇西北高山峡谷区水浇地国家自然等别变化情况表　　　单位：万公顷

年度	国家自然等别				合计	平均等别
	9 等	10 等	11 等	12 等		
2013		0.67	0.20	0.04	0.92	10.3
2018	0.03	0.77	0.26	0.05	1.11	10.3
变化	+0.03	+0.10	+0.06	+0.01	+0.19	0

表 5-56 滇西北高山峡谷区水浇地国家利用等别变化情况表　　　单位：万公顷

年度	国家利用等别						合计	平均等别
	8 等	9 等	10 等	11 等	12 等	13 等		
2013	0.03	0.01	0.30	0.45	0.14	0.00	0.92	10.7
2018	0.03	0.05	0.32	0.51	0.21	0.00	1.11	10.8
变化	0	+0.04	+0.02	+0.06	+0.07	0	+0.19	−0.1

表 5-57 滇西北高山峡谷区水浇地国家经济等别变化情况表　　　单位：万公顷

年度	国家经济等别					合计	平均等别
	7 等	9 等	10 等	11 等	12 等		
2013	0.02	0.02	0.09	0.60	0.20	0.92	11.0
2018	0.02	0.04	0.11	0.70	0.25	1.11	11.0
变化	0	+0.02	+0.02	+0.10	+0.05	+0.19	0

（3）旱地

滇西北高山峡谷区，2013 年度旱地面积为 22.49 万公顷，平均国家自然等别为 11.6 等，平均国家利用等别为 11.8 等，平均国家经济等别为 11.7 等；2018 年度旱地面积为 22.21 万公顷，平均国家自然等别为 11.6 等，平均国家利用等别为 11.8 等，平均国家经济等别为 11.7 等。从 2013 年度至 2018 年度，该区旱地面积共减少 0.28 万公顷，平均国家自然等别、平均国家利用等别、平均国家经济等别保持不变。总体来看该区旱地面积有所减少，但耕地质量总体保持不变。滇西北高山峡谷区旱地变化情况，详见表 5-58～表 5-60。

表 5-58　滇西北高山峡谷区旱地国家自然等别变化情况表　　单位：万公顷

年度	国家自然等别				合计	平均等别
	10 等	11 等	12 等	13 等		
2013	1.02	7.24	13.82	0.41	22.49	11.6
2018	0.95	7.12	13.73	0.40	22.21	11.6
变化	−0.07	−0.12	−0.09	−0.01	−0.28	0

表 5-59　滇西北高山峡谷区旱地国家利用等别变化情况表　　单位：万公顷

年度	国家利用等别				合计	平均等别
	10 等	11 等	12 等	13 等		
2013	0.18	4.68	17.03	0.59	22.49	11.8
2018	0.18	4.53	16.91	0.59	22.21	11.8
变化	0	−0.15	−0.12	0	−0.28	0

表 5-60　滇西北高山峡谷区旱地国家经济等别变化情况表　　单位：万公顷

年度	国家经济等别				合计	平均等别
	9 等	10 等	11 等	12 等		
2013	0.02	0.61	5.22	16.65	22.49	11.7
2018	0.02	0.60	5.08	16.51	22.21	11.7
变化	0.00	0.00	−0.14	−0.14	−0.29	0

第6章 不同地貌区耕地质量等别变化

　　根据地貌特征，云南省划分为3个不同的地貌区，分别为滇东岩溶高原区、滇中红土高原区和滇西横断山地区。由于云南省自然条件复杂，社会经济发展极不平衡，各地貌区耕地等别差异显著。其中滇东岩溶高原区地形条件相对较差，土地利用集约化水平不高，耕地质量等别普遍不高。滇中红土高原区经济较为发达，交通也比较便利，耕地利用程度相对较高，是云南省粮油作物的主要生产地区。滇西横断山地区自然地理条件主要分为滇西北和滇南两个区域，两个区域中由于自然条件的差异，耕地质量状况也存在明显差异，滇西北土地利用水平普遍不高，等别也相对较低；而滇南地区海拔低，自然条件较好，耕地等别也优于滇西北地区。不同地貌区耕地利用水平各不相同，因此各地貌区耕地质量变化情况也存在着较大的差异。

　　本章以云南省耕地国家利用等别为对象，分析云南省不同地貌区耕地质量等别变化情况。分布情况详见书后彩图6。

6.1　滇东岩溶高原区

　　滇东岩溶高原区位于云南省东部地区，包括昭通市、红河州、文山州、曲靖市以及昆明市和玉溪市大部分县市。该地貌区水资源量大，但利用困难，可利用量少，总体利用率低下。区内山高谷深，河流切割强烈。区内气候差异显著，四季分明。区内人多地少，人口密度大，因此该区土地利用水平较高，主要种植烤烟、油菜以及特色经济作物如药材等。但由于过度的土地利用，致使区内生态环境脆弱，自然灾害频发，粮食产量不高且不稳定，耕地质量等别以中等地为主。本节主要根据区内耕地质量分布情况，从耕地国家利用等别的角度分析该地貌区耕地质量等别变化。

6.1.1　分布情况

　　云南省滇东岩溶高原区耕地国家利用等别为6~13等，其中以10~12等分布最多，面积分别为 67.10 万公顷、119.07 万公顷和 48.23 万公顷，分别占耕地总面积的 25.59%、45.41%和 18.39%；其次是 6~9 等，面积合计 27.33 万公顷，合计占比 10.42%；其余为 13 等，面积共 0.49 万公顷，占比仅为 0.19%。云南省滇东岩溶高原区 2018 年度耕地国家利用等平均等别为 10.66 等。按照国家级农用地分等考核标准，在 15 个国家等别序列中，将 1~4 等划分为优等地、5~8 等地划分为高等地、9~12 等地划分为中等地、13~15 等划分为低等地。云南省滇东岩溶高原区国家利用等无优等地，高等地面积 9.77 万公顷，占滇东岩溶高原区耕地总面积的 3.73%，绝大部分是中等地，面积 251.96 万公顷，占滇东岩溶高原区耕地总面积达到 96.08%；低等地有少量分布，面积 0.49 万公顷，仅占滇东岩溶高原区耕地总面积的 0.19%。对比情况详见图 6-1。

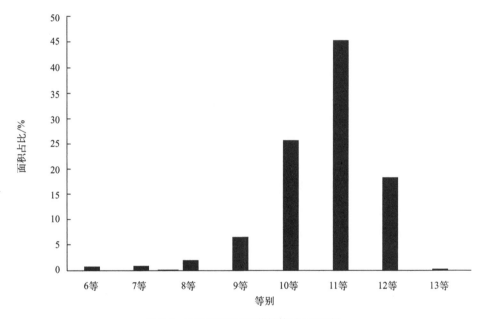

图 6-1 滇东岩溶高原区耕地等别面积比例

6.1.2 变化情况

6.1.2.1 等别变化情况

云南省滇东岩溶高原区 2013 年度与 2018 年度耕地等别范围均为 6~13 等，但各等别之间面积均有变化，其中面积减少的等别有 6 等、11 等、12 等和 13 等，面积分别减少 0.04 万公顷、1.61 万公顷、0.70 万公顷和 0.02 万公顷。面积增加最多的为 10 等和 9 等，面积分别增加 1.09 万公顷和 0.70 万公顷；其次是 7 等和 8 等，面积分别增加 0.17 万公顷和 0.04 万公顷。云南省滇东岩溶高原区 2018 年度耕地面积对比 2013 年度总体减少了 0.37 万公顷。云南省滇东岩溶高原区 2018 年度耕地国家利用等平均等别对比 2013 年度耕地由 10.67 等提升到 10.66 等，提升了 0.01 等。详见图 6-2 和表 6-1。

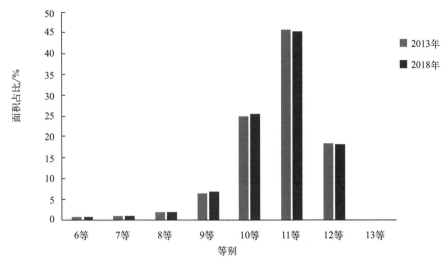

图 6-2 滇东岩溶高原区耕地质量等别变化对比

表 6-1 滇东岩溶高原区耕地质量等别总体变化情况统计表 单位：万公顷

等别	2013 年	2018 年	变化量(±)
6 等	2.14	2.10	−0.04
7 等	2.48	2.66	0.17
8 等	4.98	5.02	0.04
9 等	16.86	17.56	0.70
10 等	66.01	67.10	1.09
11 等	120.68	119.07	−1.61
12 等	48.93	48.23	−0.70
13 等	0.51	0.49	−0.02
合计	262.59	262.23	−0.37
平均等别	10.67	10.66	0.01

6.1.2.2 地类变化情况

云南省滇东岩溶高原区耕地质量地类分布变化来看，2018 年度耕地国家利用等平均等别对比 2013 年度耕地质量平均等别增加的为旱地，平均等别增加 0.01 等，平均等别无变化的为水田，平均等别降低的为水浇地，平均等别降低 0.56 等。水田地类中面积增加的为 9 等和 11 等，面积分别增加 0.05 万公顷和 0.01 万公顷，面积减少的为 6~8 等和 10~12 等，面积分别减少 0.04 万公顷、0.02 万公顷、0.04 万公顷、0.16 万公顷和 0.06 万公顷。水浇地地类中面积增加的为 7~12 等，面积分别增加 0.19 万公顷、0.10 万公顷、0.47 万公顷、1.73 万公顷、1.01 万公顷、0.38 万公顷；面积减少的为 6 等，减少面积 0.001 万公顷。旱地地类中面积增加的为 7 等和 9 等，面积分别增加

0.001万公顷和0.18万公顷；面积减少的为6等、8等和10～13等，面积分别减少0.002万公顷、0.02万公顷、0.48万公顷、2.62万公顷、1.03万公顷和0.02万公顷。详见图6-3和表6-2。

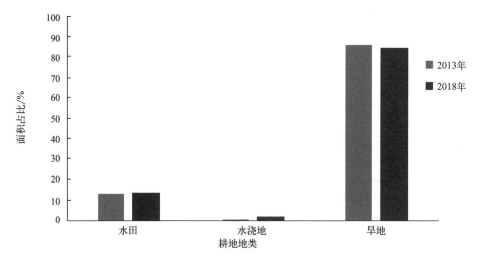

图6-3 滇东岩溶高原区耕地质量地类变化对比

表6-2 滇东岩溶高原区耕地质量地类分布变化情况统计表　　　　单位：万公顷

地类	年度	等别								合计	平均等别
		6等	7等	8等	9等	10等	11等	12等	13等		
水田	2013年	2.01	2.10	4.25	8.85	10.64	5.03	2.00		34.87	9.35
	2018年	1.97	2.08	4.20	8.89	10.48	5.04	1.94		34.61	9.35
	变化量(±)	−0.04	−0.02	−0.04	0.05	−0.16	0.01	−0.06		−0.26	0
水浇地	2013年	0.11	0.12	0.20	0.34	0.53	0.28	0.08		1.66	9.34
	2018年	0.11	0.31	0.30	0.81	2.26	1.29	0.47		5.54	9.90
	变化量(±)	−0.001	0.19	0.10	0.47	1.73	1.01	0.38		3.89	−0.56
旱地	2013年	0.02	0.26	0.54	7.67	54.84	115.37	46.85	0.51	226.06	10.89
	2018年	0.02	0.26	0.52	7.85	54.36	112.75	45.82	0.49	222.07	10.88
	变化量(±)	−0.002	+0.001	−0.02	0.18	−0.48	−2.62	−1.03	−0.02	−3.99	−0.01
合计	2013年	2.14	2.48	4.99	16.86	66.01	120.68	48.93	0.51	262.60	10.67
	2018年	2.10	2.65	5.02	17.55	67.10	119.08	48.23	0.49	262.22	10.66
	变化量(±)	−0.04	0.17	0.03	0.69	1.09	−1.60	−0.70	−0.02	−0.38	−0.01

6.2 滇中红土高原区

滇中红土高原区位于云南省滇中地区，包括楚雄州、大理州、玉溪市以及昆明市和红河州大部分县市。该地貌区大部分属于中亚热带和北亚热带气候，具有少夏、短冬和长春秋的特点。该区域是云南省经济较为发达地区,交通条件也较为便利。因此,农业经济发展,农业技术水平集中,农业生产力水平也较高。同时土地利用率和生产力都较高。土地集约化生平显著,是云南省粮油作物的主要产区。由于该区独特的地貌特点,耕地质量等别主要以高等地和中等地为主。本节主要根据区内耕地质量分布情况,从耕地国家利用等别的角度分析该地貌区耕地质量等别变化。

6.2.1 分布情况

云南省滇中红土高原区耕地国家利用等别为3~13等,其中以10~12等分布最多,面积分别为25.48万公顷、45.20万公顷和28.71万公顷,分别占滇中红土高原区耕地总面积的18.68%、33.13%和21.04%;其次是3~9等,面积合计36.68万公顷,合计占比26.88%;其余为13等,面积共0.37万公顷,占比仅为0.27%。云南省滇中红土高原区2018年度耕地国家利用等平均等别为10.15等。按照国家级农用地分等考核标准,在15个国家等别序列中,将1~4等地划分为优等地、5~8等地划分为高等地、9~12等地划分为中等地、13~15等地划分为低等地。云南省滇中红土高原区国家利用等仅有少量优等地,面积为1.84万公顷。滇中红土高原区耕地总面积的1.34%,高等地面积21.53万公顷,占滇中红土高原区耕地总面积的15.78%,绝大部分是中等地,面积112.71万公顷,占滇中红土高原区耕地总面积达到82.6%;低等地有少量分布,面积0.37万公顷,仅占滇中红土高原区耕地总面积的0.27%。对比情况详见图6-4。

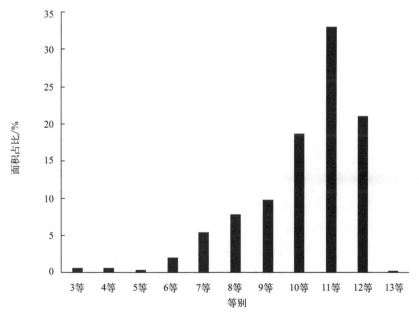

图6-4 滇中红土高原区耕地等别面积比例

6.2.2 变化情况

6.2.2.1 等别变化情况

云南省滇中红土高原区 2013 年度与 2018 年度耕地等别范围均为 3~13 等，但各等别之间面积均有变化，其中面积减少的等别有 4~8 等和 11~13 等，面积分别减少 0.02 万公顷、0.04 万公顷、0.02 万公顷、0.16 万公顷、0.07 万公顷、0.69 万公顷、0.74 万公顷和 0.002 万公顷；面积增加的为 10 等和 9 等，面积分别增加 1.02 万公顷和 0.14 万公顷。云南省滇中红土高原区 2018 年度耕地面积对比 2013 年度总体减少了 0.54 万公顷。云南省滇中红土高原区 2018 年度耕地国家利用等平均等别对比 2013 年度耕地由 10.16 等提升到 10.15 等，提升了 0.01 等。详见表 6-3 和图 6-5。

表 6-3 滇中红土高原区耕地质量总体变化情况统计表　　　　单位：万公顷

等别	2013 年	2018 年	变化量(±)
3 等	0.81	0.85	0.04
4 等	1.01	0.99	−0.02
5 等	0.59	0.55	−0.04
6 等	2.81	2.79	−0.02
7 等	7.63	7.47	−0.16
8 等	10.79	10.72	−0.07
9 等	13.17	13.31	0.14
10 等	24.46	25.48	1.02
11 等	45.89	45.20	−0.69
12 等	29.45	28.71	−0.74
13 等	0.37	0.37	−0.002
合计	136.98	136.44	−0.54
平均等别	10.16	10.15	0.01

6.2.2.2 地类变化情况

云南省滇中红土高原区耕地质量地类分布变化来看，2018 年度耕地国家利用等平均等别对比 2013 年度耕地质量平均等别增加的为旱地，平均等别增加 0.01 等，平均等别无变化的为水田，平均等别降低的为水浇地，平均等别降低 0.6 等。水田地类中面积增加的为 3 等、9 等和 10 等，面积分别增加 0.01 万公顷、0.02 万公顷和 0.09 万公顷；面积减少的为 4~8 等和 11 等和 12 等，面积分别减少 0.02 万公顷、0.01 万公顷、0.03 万公顷、0.13 万公顷、0.07 万公顷、0.08 万公顷和 0.001 万公顷。水浇地地类中面积增加的为 3 等、7~12 等，面积分别增加 0.03 万公顷、0.03 万公顷、0.08 万公

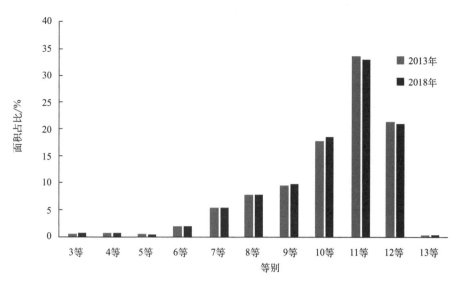

图 6-5 滇中红土高原区耕地质量等别变化对比

顷、0.16 万公顷、0.71 万公顷、0.75 万公顷和 0.25 万公顷；面积减少的为 4～6 等，减少面积分别为 0.002 万公顷、0.02 万公顷和 0.01 万公顷。旱地地类中面积增加的为 4 等、6 等和 10 等，面积分别增加 0.002 万公顷、0.02 万公顷和 0.22 万公顷；面积减少的为 5 等、7～9 等和 11～13 等，面积分别减少 0.002 万公顷、0.06 公顷、0.08 万公顷、0.04 万公顷、1.36 万公顷、0.99 万公顷和 0.002 万公顷。详见图 6-6 和表 6-4。

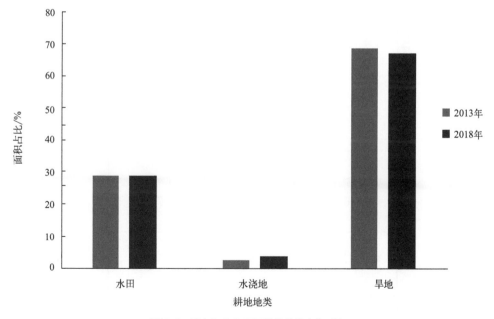

图 6-6 滇中红土高原区耕地地类变化对比

表 6-4 滇中红土高原区耕地质量地类分布变化情况统计表

单位：万公顷

地类	年度	等别											合计	平均等别
		3等	4等	5等	6等	7等	8等	9等	10等	11等	12等	13等		
水田	2013年	0.71	0.99	0.50	2.34	6.09	8.70	8.27	7.83	3.61	0.80		39.83	8.46
	2018年	0.72	0.97	0.49	2.31	5.96	8.63	8.29	7.92	3.53	0.80		39.60	8.46
	变化量(±)	0.01	−0.02	−0.01	−0.03	−0.13	−0.07	0.02	0.09	−0.08	+0.001		−0.23	0
水浇地	2013年	0.10	0.02	0.09	0.19	0.50	0.50	0.44	0.67	0.63	0.18		3.32	8.81
	2018年	0.13	0.02	0.06	0.18	0.53	0.58	0.60	1.38	1.38	0.43		5.29	9.41
	变化量(±)	0.03	−0.002	−0.02	−0.01	0.03	0.08	0.16	0.71	0.75	0.25		1.97	−0.6
旱地	2013年		1.01		0.28	1.04	1.59	4.46	15.95	41.66	28.48	0.37	93.83	10.94
	2018年		0.99		0.31	0.98	1.52	4.42	16.18	40.29	27.49	0.37	91.56	10.93
	变化量(±)		−0.02		0.02	−0.06	−0.08	−0.04	0.22	−1.36	−0.99	−0.002	−2.28	0.01
合计	2013年	0.81	1.01	0.59	2.81	7.63	10.79	13.17	24.45	45.90	29.46	0.37	136.99	10.16
	2018年	0.85	0.99	0.55	2.80	7.47	10.73	13.31	25.48	45.20	28.72	0.37	136.47	10.15
	变化量(±)	0.04	−0.02	−0.04	−0.01	−0.16	−0.06	0.14	1.03	−0.70	−0.74	0	−0.52	0.01

6.3 滇西横断山地区

滇西横断山地区位于云南省滇西北和滇南区域,包括迪庆州、怒江州、保山市、德宏州、临沧市、普洱市、西双版纳州以及大理州和红河州大部分县市。该地貌区主要由滇西北和滇南两部分组成。其中滇西北大部分属于高原气候区且海拔高差相对较大。滇西地区地形崎岖,交通不便,工农业生产薄弱,粮食单产和农民人均纯收入均为全省最低水平,经济基础较差,社会发展水平和农业科技水平相对落后,因此耕地利用水平不高。滇南地区一般土壤酸性较强,土层厚度值较高,因此自然肥力较好,光热条件好,海拔低,自然质量条件也是全省中最好的地区。滇西横断山地区中滇西地区耕地质量等别相对较低,以中等地和低等地为主;滇南部分耕地质量等别较高,以高等地和中等地为主,同时分布少量优等地。本节主要根据区内耕地质量分布情况,从耕地国家利用等别的角度分析该地貌区耕地质量等别变化。

6.3.1 分布情况

云南省滇西横断山地区耕地国家利用等别为1等、3~13等,其中以10~12等分布最多,面积分别为44.11万公顷、68.75万公顷和66.28万公顷,分别占滇西横断山地区耕地总面积的19.78%、30.83%和29.72%;其次是3~9等,面积合计42.57万公顷,合计占比19.09%;其余1等和13等面积共1.29万公顷,占比仅为0.58%。云南省滇西横断山地区2018年度耕地国家利用等平均等别为10.49等。按照国家级农用地分等考核标准,在15个国家等别序列中,将1~4等地划分为优等地、5~8等地划分为高等地、9~12等地划分为中等地、13~15等地划分为低等地。云南省滇西横断山地区国家利用等别仅有少量优等地,面积为1.27公顷;滇西横断山地区耕地总面积的0.60%,高等地面积22.65万公顷,占滇西横断山地区耕地总面积的10.16%;绝大部分是中等地,面积197.85万公顷,占滇西横断山地区耕地总面积达到88.72%;低等地有少量分布,面积1.25万公顷,仅占滇西横断山地区耕地总面积的0.56%。对比情况详见图6-7。

6.3.2 变化情况

6.3.2.1 等别变化情况

云南省滇西横断山地区2013年度与2018年度耕地等别范围均为1等和3~13等,3等、4等面积无变化,面积减少的等别有1等、5等、8等、12等和13等,面积分别减少0.01万公顷、0.01万公顷、0.07万公顷、0.83万公顷和0.08万公顷。面积增加最多的为6等、7等和9~11等,面积分别增加0.02万公顷、0.12万公顷、0.59万公

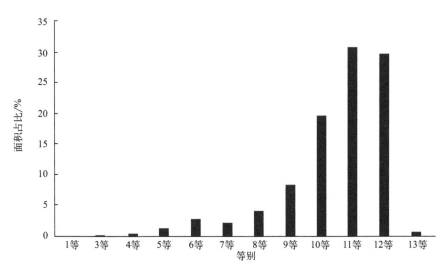

图 6-7 滇西横断山地区耕地等别面积比例图

顷、0.41 万公顷和 0.44 万公顷。云南省滇西横断山地区 2018 年度耕地面积对比 2013 年度总体增加了 0.58 万公顷。云南省滇西横断山地区 2018 年度耕地国家利用等平均等别对比 2013 年度耕地由 10.43 等提升到 10.49 等，降低了 0.06 等。详见图 6-8 和表 6-5。

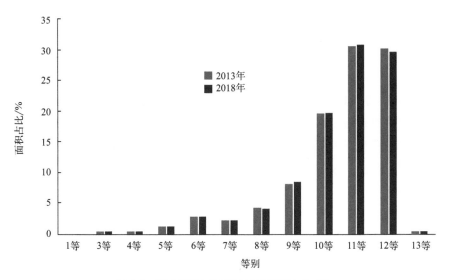

图 6-8 滇西横断山地区耕地质量等别变化对比

表 6-5 滇西横断山地区耕地质量总体变化情况统计表　　　　　单位：万公顷

等别	2013 年	2018 年	变化量（±）
1 等	0.05	0.04	−0.01
3 等	0.50	0.50	0.00
4 等	0.70	0.70	0.00
5 等	2.46	2.45	−0.01
6 等	6.12	6.14	0.02

续表

等别	2013年	2018年	变化量(±)
7等	4.74	4.86	0.12
8等	9.27	9.20	−0.07
9等	18.13	18.72	0.59
10等	43.70	44.11	0.41
11等	68.31	68.75	0.44
12等	67.11	66.28	−0.83
13等	1.33	1.25	−0.08
合计	222.42	223.00	0.58
平均等别	10.43	10.49	−0.06

6.3.2.2 地类变化情况

云南省滇西横断山地区耕地质量地类分布变化来看，2018年度耕地国家利用等平均等别对比2013年度耕地质量平均等别增加的为旱地，平均等别增加0.02等，平均等别无变化的为水田；平均等别降低的为水浇地，平均等别降低1.08等。水田地类中面积增加的为4等、6等、7等、9等、11等和12等，面积分别增加0.01万公顷、0.02万公顷、0.09万公顷、0.13万公顷、0.10万公顷和0.03万公顷；面积减少的为1等、3等、5等、8等和10等，面积分别减少0.003万公顷、0.01万公顷、0.02万公顷、0.19万公顷和0.17万公顷。水浇地地类中面积增加的为5～13等，面积分别增加0.004万公顷、0.002万公顷、0.003万公顷、0.04万公顷、0.33万公顷、0.67万公顷、1.12万公顷、0.92万公顷和0.003万公顷；面积减少的为4等，减少面积0.00006万公顷。旱地地类中面积增加的为5～9等，面积分别增加0.0009万公顷、0.0003万公顷、0.02万公顷、0.09万公顷和0.14万公顷；面积减少的为10～13等，面积分别减少0.09万公顷、0.77万公顷、1.79万公顷和0.08万公顷。详见图6-9和表6-6。

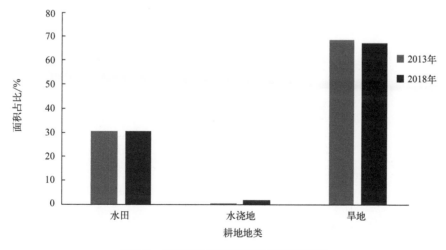

图6-9 滇西横断山地区耕地地类变化对比图

表6-6 滇西横断山地区耕地质量地类分布变化情况统计表

单位：万公顷

地类	年度	1等	3等	4等	5等	6等	7等	8等	9等	10等	11等	12等	13等	合计	平均等别
水田	2013年	0.05	0.50	0.64	2.42	6.03	4.42	8.00	12.80	14.22	11.90	7.48		68.47	9.14
	2018年	0.04	0.50	0.65	2.41	6.05	4.52	7.80	12.93	14.05	12.00	7.51		68.45	9.14
	变化量(±)	−0.003	−0.01	0.01	−0.02	0.02	0.09	−0.19	0.13	−0.17	0.10	0.03		−0.02	0
水浇地	2013年			0.06	0.03	0.08	0.06	0.08	0.11	0.27	0.32	0.11		1.13	9.35
	2018年			0.06	0.04	0.08	0.06	0.12	0.44	0.93	1.44	1.04		4.21	10.43
	变化量(±)			0	0.004	0.002	0.003	0.04	0.33	0.67	1.12	0.92	0.003	3.08	−1.08
旱地	2013年	0.05	0.50	0.70	2.45	6.12	4.74	9.27	18.13	43.70	68.30	67.11	1.33	152.82	11.12
	2018年	0.04	0.50	0.71	2.45	6.14	4.86	9.20	18.72	44.10	68.75	66.28	1.25	150.34	11.1
	变化量(±)	−0.01	0.00	0.01	0.00	0.02	0.12	−0.07	0.59	0.40	0.45	−0.83	−0.08	−2.48	0.02
合计	2013年	0.05	0.50	0.70	2.45	6.12	4.74	9.27	18.13	43.70	68.30	67.11	1.33	222.42	10.5
	2018年	0.04	0.50	0.71	2.45	6.14	4.86	9.20	18.72	44.10	68.75	66.28	1.25	223.00	10.49
	变化量(±)	−0.01	0.00	0.01	0.00	0.02	0.12	−0.07	0.59	0.40	0.45	−0.83	−0.08	0.58	0.01

第7章 不同流域耕地质量等别变化

云南南北走向的山脉地形孕了六大水系流域，即金沙江、南盘江（珠江）、红河（元江）、澜沧江、怒江、伊洛瓦底江（见书后彩图7）。六大流域中，按入海的位置可分为太平洋和印度洋两大水系。除金沙江和南盘江（珠江）外，其余4条均属国际河流。云南是我国国际河流最多的省份。云南省大小河流众多，境内集水面积在100km^{2}以上的河流有908条（含金沙江、南盘江、红河、澜沧江、怒江、独龙江6条干流），其中有47条省际河流和37条国际河流。流域面积在100~500km^{2}之间的河流有720条，其中一级支流176条、二级支流322条、三级支流183条、四级支流29条、五级支流4条、六级支流4条，封闭湖泊2个；流域面积在501~1000km^{2}之间的河流有80条，其中一级支流21条、二级支流39条、三级支流17条、四级支流2条，封闭湖泊1个；流域面积在1001~5000km^{2}之间的河流有83条，其中干流1条（独龙江）一级支流38条、二级支流39条、三级支流4条、五级支流1条；流域面积在5001~10000km^{2}之间的河流有15条，一级支流14条、二级支流1条。

云南省六大流域中，金沙江流域总面积近50万平方公里，其中云南省内流域面积11.09万平方公里，耕地面积169.01万公顷，耕地平均质量等别为10.87等；澜沧江流域总面积近16.7万平方公里，其中云南省内流域面积8.87万平方公里，耕地面积103.90万公顷，耕地平均质量等别为10.69等；红河元江流域总面积近7.9万平方公里，其中云南省内流域面积7.7万平方公里，耕地面积123.65万公顷，耕地平均质量等别为10.34等；南盘江（珠江）流域总面积近35万平方公里，其中云南省内流域面积5.8万平方公里，耕地面积146.97万公顷，耕地平均质量等别为10.20等；怒江流域总面积近32.5万平方公里，其中云南省内流域面积3.35万平方公里，耕地面积50.41万公顷，耕地平均质量等别为10.79等；伊洛瓦底江流域总面积近11.4万平方公里，其中云南省内流域面积1.88万平方公里，耕地面积27.73万公顷，耕地平均质量等别为9.00等。

7.1 金沙江流域

金沙江为长江上游,从青海省玉树市巴塘河口至四川省宜宾岷江口,因盛产金沙而得名。金沙江发源于青藏高原唐古拉山中段,于德钦县东北部流入云南,由北向南流经横断山系切山地峡谷区,于丽江石鼓北转,水落河南转,至金江街再东转,逐渐脱离横断山区,进入滇中高原和滇东北、川西南山地。金沙江由水富市出云南流入四川,自宜宾以下称长江。

金沙江流域是云南省降雨量最少的一个流域。夏、秋受来自印度洋和太平洋的暖湿气流影响,降雨较多;冬、春受来自亚欧大陆中心及蒙古高原干冷气流控制,降水稀少。全流域降雨989.1mm,降水总量1078亿立方米。降雨的一般规律是由北向南递增,龙川江、桑园河流域一带,以及德钦、中甸一带属少雨区,降雨量在500~700mm之间,降雨最多的地区为昭通地区的平安站,多年平均降雨量2232mm。

土壤地域性分布:滇东高原古红土发育的山原红壤区;滇西山地红壤区;滇中以楚雄州为中心的紫色土区;岩溶地貌发育,为石灰(岩)土区;滇东北为黄壤、黄棕壤土区;滇西北为高山土区;金沙江等燥热河谷有燥红土,呈条带状分布。

金沙江流域地层古老,岩性多变,组合复杂,岩石有砂岩、页岩、玄武岩、石灰岩、花岗岩和第四纪松散堆积物,松软的岩层与坚硬岩层相间排列。

金沙江流域在云南行政区划上涉及迪庆、丽江、昆明、曲靖、昭通、大理、楚雄7个州(市)及德钦、南华、祥云、安宁、巧家等47个县(区、市),全长约2308km,云南省内长1560km,流域面积11.09万平方公里,是云南省流域面积最大的河流。云南省流域内耕地面积169.01hm^2,主要分布在镇雄县、会泽县和寻甸县等;金沙江流域耕地质量等别为3~13等,平均为10.87等,其中以11等地和12等地分布最多。

7.1.1 分布情况

7.1.1.1 地类分布情况

金沙江流域内耕地面积169.01万公顷,占全省总耕地的27.19%;其中水田面积27.21万公顷,占流域内总耕地的16.10%;水浇地面积6.24万公顷,占流域内总耕地的3.69%;旱地面积135.56万公顷,占流域内总耕地的80.21%(见图7-1)。

金沙江流域中,镇雄县、会泽县和寻甸县耕地面积最多,耕地面积分别为14.00万公顷、12.91万公顷和10.38万公顷,占流域内耕地面积的8.28%、7.64%和6.14%;其次是彝良县、巧家县、昭阳区、宁蒗县、永胜县、永善县、禄劝县和武定县,占流域内耕地面积的比例在3.00%~4.57%之间;其余县份占流域内耕地面积的比例均小于3%,其中维西县耕地面积最少,仅占流域内耕地面积的0.13%。

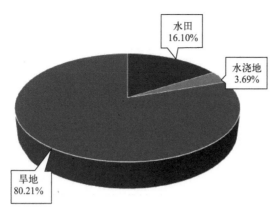

图 7-1 2018 年度金沙江流域分地类占比

金沙江流域中，水田面积 27.24 万公顷，占流域内耕地面积的 16.10%，其中永胜县水田分布最多，水田面积为 1.77 万公顷；其次是寻甸县、元谋县、宾川县、鹤庆县、武定县、嵩明县，水田面积分别为 1.60 万公顷、1.39 万公顷、1.36 万公顷、1.30 万公顷、1.28 万公顷、1.24 万公顷；其余县份水田均小于 1.20 万公顷。

水浇地面积 6.28 万公顷，占流域内耕地面积的 3.69%，其中彝良县、寻甸县水浇地面积最多，面积分别为 0.99 万公顷、0.97 万公顷；其余县份水浇地面积均小于 0.40 万公顷，其中流域内马龙区无水浇地。

旱地面积 135.58 万公顷，占流域内耕地面积的 80.21%，其中镇雄县、会泽县旱地面积最多，面积分别为 13.81 万公顷、12.12 万公顷；其次为寻甸县、巧家县、彝良县、昭阳区、宁蒗县和永善县，旱地面积在 5.18 万～7.81 万公顷之间；其余县份旱地面积均小于 5.00 万公顷，其中维西县面积最少，旱地面积为 0.18 万公顷。详见表 7-1。

表 7-1 金沙江流域各县（市、区）2018 年度耕地分地类面积统计表

单位：万公顷

行政区名称	地类			合计
	水田	水浇地	旱地	
德钦县	0.01	0.03	0.38	0.42
维西县	0.05		0.18	0.23
香格里拉市	0.32	0.01	1.82	2.15
南华县	0.58	0.03	0.76	1.37
楚雄市	0.71		0.40	1.11
禄丰市	0.45	0.01	0.93	1.39
姚安县	1.09	0.06	1.17	2.32
大姚县	1.08	0.13	2.71	3.92
永仁县	0.82	0.17	1.11	2.10
元谋县	1.39	0.36	1.33	3.08
武定县	1.28	0.01	3.77	5.06

续表

行政区名称	地类			合计
	水田	水浇地	旱地	
牟定县	1.13	0.05	1.36	2.54
玉龙县	0.55	0.31	2.58	3.44
古城区	0.22	0.36	0.71	1.29
永胜县	1.77	0.01	4.02	5.80
华坪县	0.59	0.03	1.79	2.41
宁蒗县	0.43	0.03	5.95	6.41
鹤庆县	1.30	0.14	1.73	3.17
宾川县	1.36	0.03	3.10	4.49
祥云县	0.82	0.08	1.29	2.19
安宁市	0.31	0.06	0.46	0.83
晋宁区	1.02	0.18	1.04	2.24
嵩明县	1.24	0.10	2.25	3.59
禄劝县	0.79	0.11	4.75	5.65
寻甸县	1.60	0.97	7.81	10.38
东川区	0.32	0.12	2.80	3.24
富民县	0.38	0.02	1.29	1.69
五华区	0.05	0.01	0.39	0.45
盘龙区	0.01	0.02	0.30	0.33
官渡区	0.04	0.17	0.60	0.81
西山区	0.11	0.04	0.55	0.70
呈贡区		0.37	0.29	0.66
宣威市	0.06	0.06	3.70	3.82
沾益区	0.47	0.11	1.92	2.50
马龙区	0.88		1.84	2.72
会泽县	0.78	0.01	12.12	12.91
昭阳区	0.65	0.31	6.50	7.46
鲁甸县	0.28	0.19	4.40	4.87
巧家县	0.32	0.14	7.16	7.62
盐津县	0.44	0.09	3.84	4.37
大关县	0.15	0.08	3.10	3.33
永善县	0.45	0.03	5.18	5.66
绥江县	0.28	0.03	1.06	1.37
镇雄县	0.07	0.12	13.81	14.00
彝良县	0.17	0.99	6.58	7.74
威信县	0.20	0.07	4.23	4.50

续表

行政区名称	地类			合计
	水田	水浇地	旱地	
水富市	0.22	0.03	0.52	0.77
合计	27.24	6.28	135.58	169.10

7.1.1.2 等别分布情况

金沙江流域 2018 年度耕地质量等别为 3~13 等，其中以 11 等和 12 等分布最多，面积分别为 68.77 万公顷和 59.67 万公顷，分别占流域内耕地总面积的 40.69% 和 35.31%；其次是 7~10 等，面积合计 36.60 万公顷，合计占比 21.65%；其余为 3~6 等、13 等，面积共 3.98 万公顷，合计占比仅为 2.36%。金沙江流域 2018 年度耕地质量平均等别为 10.87 等。

分地类来看，水田质量等别是 3~12 等，以 9~11 等为主，面积分别是 4.24 万公顷、7.31 万公顷和 4.63 万公顷，分别占水田的 15.59%、26.86%、17.02%；其次是 7 等、8 等、12 等，面积合计 8.65 万公顷，占比 31.78%；其余 3~6 等，面积合计 2.38 万公顷，占比 8.76%。水田质量平均等别为 9.05 等。

水浇地质量等别是 3~12 等，以 10 等和 11 等为主，面积分别是 1.81 万公顷、2.08 万公顷，分别占水浇地的 28.99%、33.30%；其次是 7~9 等、12 等，面积合计 2.05 万公顷，占比 32.83%；其余 3~6 等、13 等面积合计 3044.71 万公顷，占比 4.88%。水浇地质量平均等别为 9.90 等。

旱地质量等别是 6~13 等，以 11 等和 12 等为主，面积分别为 62.06 万公顷和 56.93 万公顷，分别占旱地的 45.78%、41.99%；其次是 8~10 等、13 等，面积分别为 1.14 万公顷、1.82 万公顷、11.83 万公顷和 1.12 万公顷，分别占旱地的 0.84%、1.34%、8.73%、0.83%；其余是 4~7 等，面积合计 0.66 万公顷，仅占 0.49%。旱地质量平均等别为 11.28 等，详见表 7-2。

表 7-2 金沙江流域各县（市、区）2018 年度耕地质量等别分地类统计表

单位：万公顷

等别	地类			合计
	水田	水浇地	旱地	
3 等	0.72	0.13		0.85
4 等	0.86	0.02		0.88
5 等	0.29	0.06		0.35
6 等	0.51	0.10	0.17	0.78
7 等	3.19	0.42	0.49	4.10
8 等	3.45	0.29	1.14	4.88
9 等	4.24	0.60	1.82	6.66

续表

等别	地类			合计
	水田	水浇地	旱地	
10 等	7.31	1.81	11.83	20.95
11 等	4.63	2.08	62.06	68.77
12 等	2.01	0.73	56.93	59.67
13 等			1.12	1.12
合计	27.21	6.24	135.56	169.01
平均等别	9.05	9.90	11.28	10.87

从质量等别的空间分布上看，3 等地分布在元谋县、华坪县；4 等地主要分布在元谋县、华坪县、宾川县；5 等地主要分布在元谋县、华坪县、宾川县、官渡区；6 等地主要分布在宾川县、禄劝县、东川区、巧家县等；7 等地主要分布在大姚县、宾川县、巧家县、禄劝县等；8 等地主要分布在武定县、宾川县、禄劝县、宣威市、巧家县、永善县等；9 等地主要分布在武定县、永胜县、宁蒗县、寻甸县、会泽县、巧家县、永善县、彝良县等；10 等地主要分布在寻甸县、会泽县、镇雄县等；11 等地主要分布在寻甸县、会泽县、镇雄县等；12 等地主要分布在寻甸县、会泽县、镇雄县等；13 等地主要分布在宁蒗县、禄劝县、昭阳区等。

7.1.2 变化情况

7.1.2.1 地类变化情况

从耕地总面积变化来看，金沙江流域 2018 年度耕地总面积比 2013 年度耕地总面积 169.31 万公顷净减少 0.30 万公顷。分地类来看，水田净减少 0.11 万公顷；水浇地净增加 3.71 万公顷；旱地净减少 3.90 万公顷。新增耕地主要来源于土地整治等项目开发新增；减少耕地主要是由建设占用以及农业结构调整等引起。通过对 2018 年度与 2013 年度数据对比分析，金沙江流域耕地面积变化情况见表 7-3。

表 7-3 金沙江流域耕地面积变化情况分析表

地类	2013 年		2018 年		面积净增减（＋/－）/万公顷
	面积/万公顷	比例/%	面积/万公顷	比例/%	
水田	27.32	16.14	27.21	16.10	－0.11
水浇地	2.53	1.49	6.24	3.69	＋3.71
旱地	139.46	82.37	135.56	80.21	－3.90
合计	169.31	100	169.01	100	－0.30

金沙江流域 2013～2018 年度耕地总体面积呈下降趋势。金沙江流域耕地面积变化情况详见图 7-2。

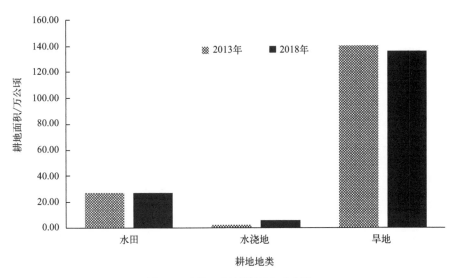

图 7-2　金沙江流域耕地面积变化图

金沙江流域 2018 年度各县（市、区）耕地面积均有增减变化，耕地面积呈净增加的有 11 个县，其中彝良县、巧家县、寻甸县、元谋县和永仁县面积增加最多，分别净增加 0.14 万公顷、0.13 万公顷、0.13 万公顷、0.12 万公顷和 0.11 万公顷，其余耕地面积增加的县（市、区）面积均小于 0.10 万公顷；耕地面积呈净减少的有 24 个县，其中耕地面积净减少最多的是马龙区，净减少 0.23 万公顷，其余耕地面积净减少的县（市、区）面积均小于 0.20 万公顷；耕地面积未发生的有 12 个县。详见表 7-4。

表 7-4　金沙江流域各县（市、区）耕地面积变化情况分析表　　单位：万公顷

行政区名称	2013 年	2018 年	面积净增减（＋/－）
德钦县	0.41	0.41	0
维西县	0.23	0.23	0
香格里拉市	2.17	2.15	－0.02
南华县	1.38	1.36	－0.02
楚雄市	1.14	1.11	－0.03
禄丰市	1.39	1.39	0
姚安县	2.32	2.31	－0.01
大姚县	3.87	3.92	＋0.05
永仁县	1.99	2.10	＋0.11
元谋县	2.96	3.08	＋0.12
武定县	5.08	5.06	－0.02
牟定县	2.54	2.54	0
玉龙县	3.41	3.43	＋0.02
古城区	1.32	1.30	－0.02
永胜县	5.84	5.80	－0.04

续表

行政区名称	2013 年	2018 年	面积净增减(＋/－)
华坪县	2.40	2.40	0
宁蒗县	6.41	6.41	0
鹤庆县	3.19	3.18	－0.01
宾川县	4.51	4.48	－0.03
祥云县	2.21	2.19	－0.02
安宁市	0.85	0.82	－0.03
晋宁区	2.32	2.25	－0.07
嵩明县	3.69	3.58	－0.11
禄劝县	5.65	5.64	－0.01
寻甸县	10.24	10.37	＋0.13
东川区	3.24	3.24	0
富民县	1.70	1.69	－0.01
五华区	0.46	0.45	－0.01
盘龙区	0.33	0.33	0
官渡区	0.91	0.81	－0.10
西山区	0.73	0.70	－0.03
呈贡区	0.73	0.66	－0.07
宣威市	3.82	3.81	－0.01
沾益区	2.50	2.50	0
马龙区	2.95	2.72	－0.23
会泽县	12.99	12.91	－0.08
昭阳区	7.45	7.46	＋0.01
鲁甸县	4.96	4.87	－0.09
巧家县	7.49	7.62	＋0.13
盐津县	4.37	4.37	0
大关县	3.30	3.33	＋0.03
永善县	5.64	5.66	＋0.02
绥江县	1.35	1.36	＋0.01
镇雄县	14.03	13.99	－0.04
彝良县	7.59	7.73	＋0.14
威信县	4.50	4.50	0
水富市	0.77	0.77	0
合计	169.31	169.01	－0.34

7.1.2.2 等别变化情况

与 2013 年度比较，金沙江流域 2018 年度耕地质量等别范围保持不变，仍为 3～13

等，但各等别面积均发生不同程度的变化（见图 7-3）。2018 年度对比 2013 年度金沙江流域耕地质量平均等别下降了 0.01 等。

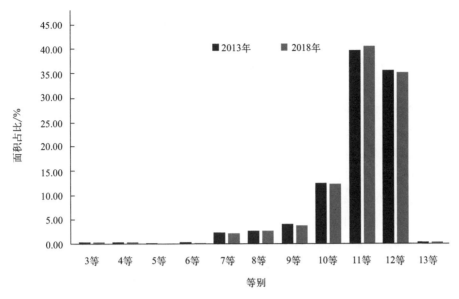

图 7-3 金沙江流域耕地质量等别变化对比图

金沙江流域 2018 年度耕地质量等别面积增加的有 3 等和 11 等，分别增加了 0.04 万公顷和 1.40 万公顷；质量等别面积减少最多的是 9 等和 12 等，分别减少了 0.42 万公顷和 0.66 万公顷，其次是 6 等、10 等，分别减少 0.14 万公顷、0.24 万公顷。等别面积减少的原因是建设占用、农业结构调整等。详见表 7-5。

表 7-5 金沙江流域耕地质量总体变化情况统计表　　　　单位：万公顷

等别	2013 年	2018 年	变化量（±）
3 等	0.81	0.85	+0.04
4 等	0.90	0.88	−0.02
5 等	0.43	0.36	−0.07
6 等	0.91	0.77	−0.14
7 等	4.20	4.09	−0.11
8 等	4.95	4.88	−0.07
9 等	7.08	6.66	−0.42
10 等	21.19	20.95	−0.24
11 等	67.37	68.77	+1.40
12 等	60.33	59.67	−0.66
13 等	1.15	1.12	−0.03
合计	169.32	169.00	−0.32
平均等别	10.86	10.87	−0.01

7.2 澜沧江流域

澜沧江是湄公河上游在中国境内河段的名称。澜沧江在云南省西双版纳傣族自治州勐腊县出境，成为老挝和缅甸的界河，后始称湄公河。湄公河流于越南胡志明市流入中国南海。

澜沧江流域，南北纵跨北纬21°~34°，东西横跨东经94°~102°，地势北高南低。自北向南呈条带状，上、下游较宽阔，中游则狭窄，流域平均宽度约80km。上源北与长江上游通天河相邻；西部与怒江的分水岭为他念翁山及怒山，其间，德钦县境内梅里雪山海拔6740m；东部与金沙江和红河的分水岭为宁静山、云岭及无量山。上游属青藏高原，海拔为4000~4500m，山地可达5500~5000m，区域内除高大险峻的雪峰外，山势平缓，河谷平浅。中游属高山峡谷区，河谷深切于横断山脉之间，山高谷深，两岸高山对峙，山峰高出水面3000多米，河谷深窄，河床坡度大。下游分水岭显著降低，一般在2500m以下，地势趋平缓，河谷相对开阔平缓。

澜沧江流域由北向南纵跨纬度13°，地势高亢，山峦重叠，起伏变化大，导致流域内气候差异很大，气温及降水量一般由北向南递增，海拔越高，气温越低，降水量越少。澜沧江流域路越几个气候带，源头地区（青海南部）属高寒气候，地势高、气温低、降水量少，年平均气温-3~3℃，最热月平均气温6~12℃，年降水量400~800mm。

澜沧江流域土壤具有种类繁多，分布广泛、地域类型变化大等特点，流域分布有云南所有的18个土类，其中主要有红壤、棕壤、赤红壤、砖红壤、石灰岩土、紫色土、棕色针叶林土、高山草甸土、水稻土等土类；北部高山区主要以棕壤、棕色针叶林土及高山草甸土为主；流域中部以红壤、石灰岩土、棕壤为主；南部则以赤红壤、砖红壤等为主。

澜沧江流域在云南行政区划上涉及普洱、西双版纳、临沧、丽江、迪庆、大理、保山7个州（市）及澜沧、勐海、云县、兰坪、德钦等34个县（市、区），全长约2161km，云南省内流域面积8.87万平方公里。云南省流域内耕地面积103.90万公顷，主要分布在澜沧县、勐海县、景谷县和云县等；澜沧江流域耕地质量等别为1等、3~13等，平均为10.69等，其中以11等和12等分布最多。

7.2.1 分布情况

7.2.1.1 地类分布情况

澜沧江流域内耕地面积103.90万公顷，占全省总耕地的16.71%；其中水田面积29.08万公顷，占流域内总耕地的27.99%；水浇地面积2.75万公顷，占流域内总耕地的2.64%；旱地面积72.07万公顷，占流域内总耕地的69.37%（见图7-4）。

澜沧江流域中，澜沧县、勐海县、景谷县和云县耕地面积最多，耕地面积分别为

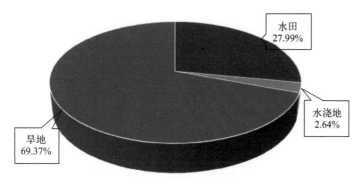

图 7-4 2018 年度澜沧江流域分地类占比

16.62 万公顷、8.21 万公顷、6.78 万公顷和 6.54 万公顷，占流域内耕地面积的 15.9%、7.90%、6.51%和 6.29%；其次是双江县、凤庆县、耿马县、洱源县、孟连县、兰坪县、云龙县和景洪县，占流域内耕地面积的比例在 3.00%～4.00%之间；其余县份占流域内耕地面积的比例均小于 3%，其中鹤庆县耕地面积最少，仅占流域内耕地面积的 0.33%。

澜沧江流域中，水田面积 29.11 万公顷，占流域内耕地面积的 4.68%，勐海县水田面积分布最多，水田面积为 3.69 万公顷；其次是澜沧县、景洪县、景谷县、勐腊县、洱源县、大理市和云县，水田面积分别为 3.57 万公顷、2.46 万公顷、2.39 万公顷、1.67 万公顷、1.41 万公顷、1.32 万公顷和 1.17 万公顷；其余县份水田均小于 1.10 万公顷，其中德钦县水田分布面积最少，仅为 0.01 万公顷。

水浇地面积 2.75 万公顷，占流域内耕地面积的 0.44%，澜沧县水浇地面积最多，面积为 0.74 万公顷；其余县份水浇地面积均小于 0.40 万公顷，其中流域内隆阳区、昌宁县、宾川县、景东县、临翔区无水浇地。

旱地面积 72.05 万公顷，占流域内耕地面积的 11.59%，澜沧县旱地面积最多，面积为 12.31 万公顷；其次为云县、景谷县、勐海县、凤庆县、双江县、耿马县、兰坪县，旱地面积在 3.09 万～5.29 万公顷之间；其余县份旱地面积均小于 3.00 万公顷，其中鹤庆县面积最少，旱地面积为 0.13 万公顷。详见表 7-6。

表 7-6 澜沧江流域各县（市、区）2018 年度耕地分地类面积统计表

单位：万公顷

行政区名称	地类			合计
	水田	水浇地	旱地	
澜沧县	3.57	0.74	12.31	16.62
勐海县	3.69	0.26	4.26	8.21
景谷县	2.39	0.04	4.35	6.78
云县	1.17	0.08	5.29	6.54
双江县	0.90	0.01	3.44	4.35
凤庆县	0.62	0.05	3.50	4.17

续表

行政区名称	地类			合计
	水田	水浇地	旱地	
耿马县	0.75	0.04	3.26	4.05
洱源县	1.41	0.06	2.22	3.69
孟连县	0.77	0.21	2.63	3.61
兰坪县	0.34	0.12	3.09	3.55
云龙县	0.51	0.05	2.94	3.50
景洪市	2.46	0.07	0.59	3.12
镇沅县	0.76	0.03	2.06	2.85
勐腊县	1.67	0.11	0.89	2.67
剑川县	1.00	0.10	1.29	2.39
维西县	0.23	0.01	2.04	2.28
大理市	1.32	0.04	0.90	2.26
临翔区	0.82		1.38	2.20
永平县	0.59	0.02	1.48	2.09
西盟县	0.57	0.14	1.29	2.00
思茅区	0.68	0.05	1.26	1.99
漾濞县	0.32	0.02	1.61	1.95
宁洱县	0.60	0.07	1.25	1.92
沧源县	0.32	0.04	1.48	1.84
景东县	0.36		1.40	1.76
巍山县	0.16	0.02	1.31	1.49
昌宁县	0.19		1.01	1.20
玉龙县	0.10	0.03	0.92	1.05
南涧县	0.10	0.00	0.92	1.02
江城县	0.32	0.31	0.35	0.98
宾川县	0.11		0.50	0.61
德钦县	0.01	0.02	0.41	0.44
隆阳区	0.09		0.29	0.38
鹤庆县	0.21	0.01	0.13	0.35
合计	29.11	2.75	72.05	103.91

7.2.1.2 等别分布情况

澜沧江流域2018年度耕地质量等别为1等、3～13等，其中以11等和12等分布最多，面积分别为30.71万公顷和37.70万公顷，分别占流域内耕地总面积的29.56%和36.27%；其次是3～10等，面积合计34.46万公顷，合计占比33.17%；其余为1等、13等，面积共1.02万公顷，合计占比仅为0.98%。澜沧江流域2018年度耕地质量平均等别为10.69等。

分地类来看,水田质量等别是 1 等、3～5 等,以 6～12 等为主,面积分别是 0.04 万公顷、1.40 万公顷和 27.64 万公顷,分别占水田的 0.14%、4.82%、95.02%。水田质量平均等别为 9.34 等。

水浇地质量等别是 4～13 等,以 11 等和 12 等为主,面积分别是 0.91 万公顷、0.85 万公顷,分别占水浇地的 33.12%、30.97%;其次是 9～10 等,面积合计 0.78 万公顷,占比 28.34%;其余 4～8 等、13 等面积合计 2071.24 万公顷,占比 7.54%。水浇地质量平均等别为 10.60 等。

旱地质量等别是 5～13 等,以 11 等和 12 等为主,面积分别为 26.06 万公顷和 31.93 万公顷,分别占旱地的 36.16%、44.3%;其次是 9～10 等、6～8 等,面积分别为 12.30 万公顷、0.80 万公顷,分别占旱地的 17.06%、1.10%;其余是 5 等和 13 等,面积合计 0.98 万公顷,仅占 1.36%。旱地质量平均等别为 11.24 等。详见表 7-7。

表 7-7　澜沧江流域 2018 年度耕地质量等别分地类统计表　　　　单位:万公顷

等别	地类			合计
	水田	水浇地	旱地	
1 等	0.04			0.04
3 等	0.50			0.50
4 等	0.39	0.06		0.45
5 等	0.52	0.02		0.54
6 等	1.44	0.01	0.12	1.57
7 等	1.33	0.02	0.27	1.62
8 等	4.20	0.10	0.40	4.70
9 等	5.91	0.24	1.15	7.30
10 等	6.09	0.54	11.15	17.78
11 等	3.74	0.91	26.06	30.71
12 等	4.92	0.85	31.93	37.70
13 等			0.98	0.98
合计	29.08	2.75	72.06	103.89
平均等别	9.34	10.60	11.24	10.69

从质量等别的空间分布上看,1 等地分布在景洪市;3 等地主要分布在景洪市;4 等地主要分布在宾川县、景洪市;5 等地主要分布在云县、耿马县、宾川县、景洪市等;6 等地主要分布在云县、耿马县、大理市、南涧县、宾川县景洪市等;7 等地主要分布在云县、耿马县、洱源县、永平县、大理市、南涧县、宾川县、江城县、思茅区、孟连县、景洪市等;8 等地主要分布在云县、临翔区、耿马县、洱源县、剑川县、永平县、大理市、漾濞县、巍山县、南涧县、鹤庆县、宾川县、宁洱县、江城县、景谷县、思茅县、孟连县、景洪市、勐海县、勐腊县等;9 等地主要分布在凤庆县、耿马县、双江县、云龙县、大理市、漾濞县、鹤庆县、镇沅县、宁洱县、景谷县、勐海县、勐腊县

等；10等地主要分布在云县、耿马县、景谷县、勐海县等；11等地主要分布在凤庆县、云县、耿马县、云龙县、漾濞县、镇沅县、景谷县、澜沧县、勐海县等；12等地主要分布在维西县、兰坪县、凤庆县、沧源县、双江县、云龙县、洱源县、孟连县、澜沧县等；13等地主要分布在德钦县、剑川县、孟连县、西盟县等。

7.2.2 变化情况

7.2.2.1 地类变化情况

从耕地总面积变化来看，澜沧江流域2018年度耕地总面积比2013年度耕地总面积103.67万公顷净增加0.23万公顷。分地类来看，水田减少0.09万公顷；水浇地增加1.98万公顷；旱地减少1.67万公顷。新增耕地主要来源于土地整治等项目开发新增。通过对2018年度与2013年度数据对比分析，澜沧江流域耕地面积变化情况见表7-8。

表7-8 澜沧江流域耕地面积变化情况分析表

地类	2013年		2018年		面积净增减(+/-)/万公顷
	面积/万公顷	比例/%	面积/万公顷	比例/%	
水田	29.17	28.14	29.08	27.99	-0.09
水浇地	0.76	0.73	2.75	2.64	+1.98
旱地	73.74	71.13	72.07	69.36	-1.67
合计	103.67	100.00	103.90	100	+0.23

澜沧江流域2013~2018年度耕地总体面积呈上升趋势。澜沧江流域耕地面积变化情况详见图7-5。

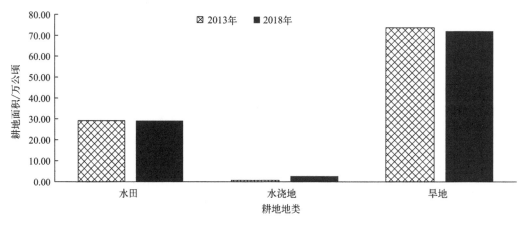

图7-5 澜沧江流域耕地面积变化

从空间分布上来看，澜沧江流域2018年度各县（市、区）耕地面积均有增减变化，耕地面积呈净增加的有12个县，其中勐海县、江城县面积净增加最多，分别增加0.27

万公顷和 0.19 万公顷；耕地面积呈净减少的有 15 个县，其中减少最多的是景谷县、大理市、景洪市，分别净减少 0.12 万公顷、0.08 万公顷、0.05 万公顷；耕地面积未发生变化的有 7 个县。详见表 7-9。

表 7-9 澜沧江流域各县（市、区）耕地面积变化情况分析表　　　　单位：万公顷

行政区名称	2013 年	2018 年	净增减（＋/－）
德钦县	0.44	0.44	0
维西县	2.27	2.28	＋0.01
玉龙县	1.06	1.05	－0.01
兰坪县	3.58	3.55	－0.03
鹤庆县	0.36	0.35	－0.01
隆阳区	0.39	0.39	0
宾川县	0.62	0.61	－0.01
凤庆县	4.17	4.16	－0.01
昌宁县	1.20	1.19	－0.01
云县	6.49	6.54	＋0.05
临翔区	2.22	2.19	－0.03
耿马县	4.05	4.05	0
沧源县	1.84	1.84	0
双江县	4.39	4.35	－0.04
云龙县	3.49	3.50	＋0.01
洱源县	3.71	3.68	－0.03
剑川县	2.41	2.39	－0.02
永平县	2.11	2.09	－0.02
大理市	2.34	2.26	－0.08
漾濞县	1.94	1.95	＋0.01
巍山县	1.47	1.49	＋0.02
南涧县	1.02	1.02	0
景东县	1.76	1.76	0
镇沅县	2.85	2.85	0
宁洱县	1.90	1.91	＋0.01
江城县	0.78	0.97	＋0.19
景谷县	6.89	6.77	－0.12
思茅区	2.02	1.99	－0.03
孟连县	3.54	3.61	＋0.07
澜沧县	16.58	16.62	＋0.04
西盟县	1.96	2.01	＋0.05

续表

行政区名称	2013年	2018年	净增减（＋/－）
景洪市	3.17	3.12	－0.05
勐海县	7.95	8.22	＋0.27
勐腊县	2.67	2.68	＋0.01
合计	103.64	103.88	＋0.24

7.2.2.2 等别变化情况

如图7-6所示，与2013年度比较，澜沧江流域2018年度耕地质量等别范围保持不变，仍为1等、3～13等，但各等别面积均发生不同程度的变化。2018年度对比2013年度澜沧江流域平均质量等别提升0.01等。

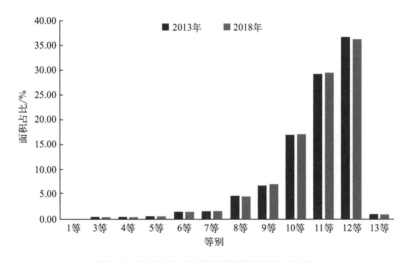

图7-6 澜沧江流域度耕地质量等别变化对比图

澜沧江流域2018年度耕地质量等别面积增加的有6等、9～11等，分别增加了0.01万公顷、0.34万公顷、0.13万公顷和0.37万公顷；质量等别面积减少最多的是12等和13等，分别减少了0.45万公顷和0.08万公顷；其次是7等，减少0.07万公顷，再次是4等、5等、8等，分别减少0.01万公顷、0.01万公顷、0.01万公顷。耕地等别面积减少的原因是建设占用、农业结构调整等。详见表7-10。

表7-10 澜沧江流域耕地质量总体变化情况统计表　　　　　单位：万公顷

等别	2013年	2018年	变化量（±）
1等	0.05	0.04	－0.01
3等	0.50	0.50	0
4等	0.46	0.45	－0.01
5等	0.54	0.53	－0.01
6等	1.56	1.57	＋0.01

续表

等别	2013年	2018年	变化量(±)
7等	1.70	1.63	−0.07
8等	4.72	4.71	−0.01
9等	6.96	7.30	+0.34
10等	17.65	17.78	+0.13
11等	30.34	30.71	+0.37
12等	38.14	37.69	−0.45
13等	1.06	0.98	−0.08
合计	103.68	103.89	+0.21
平均等别	10.70	10.69	+0.01

7.3 红河元江流域

红河元江发源于中国云南省西部哀牢山东麓。上源称礼社江,与左岸支流绿汁江汇合后称元江,流经河口瑶族自治县进入越南后称红河。元江为红河上游主干,位于中国境内,红河主要支流黑水河、明江均发源于中国境内,位于中国境内的河流通称为元江水系。元江流域地处在云南的大理、楚雄、思茅、玉溪、红河、文山和广西的百色等地、市、州共28个县,人口约550万,主要民族有汉、彝、哈尼、傣、白、壮、苗等。

红河元江流域气候分属于中部高原温和区、元江炎热地区和热带季风林区三个气候区:三江口以上及李仙江景东以上,属中部高原温和区,海拔1600～2200m,年平均气温15～18℃,平均年降水量800～1000mm;三江口及景东以下,麻栗坡、马关、屏边、金平一带以上,属元江炎热地区,常年不结冰,年平均气温20～21℃,年平均降雨700～1200mm;麻栗坡、马关、屏边、金平以下至国境属热带季风林区,海拔70～100m,年平均气温21℃以上,年平均降水为1500～2000mm。元江流域年降水深1347mm,年降水量为1027亿立方米,一般从下游向上游呈递减趋势。降水量年内分配:春季占全年降水量10%～20%,夏季占55%左右,秋季20%～25%,冬季占5%左右。降水一般集中在5～10月,占全年降水量的85%;其中7月、8月两月又集中了全年降水量的40%～50%。元江河川径流的形成以降水为主,地下水补给为辅。流域径流丰沛,平均年径流深为634.3mm,干流为459.4mm、李仙江965.4mm、盘龙河668.1mm。径流深的地区分布与降水量的地区分布基本一致,从下游向上游呈递减趋势。

红河元江流域在云南行政区划上涉及楚雄、大理、昆明、普洱、玉溪、红河、文山7个州(市)及南华、祥云、新平、广南、个旧、墨江等36个县(市、区),云南省内流域面积7.7万平方公里,云南省流域内耕地面积123.65万公顷,主要分布在文山市、马关县和墨江县等;红河元江流域耕地质量等别为4～12等,平均为10.34等,其中以

10 等和 11 等分布最多。

7.3.1 分布情况

7.3.1.1 地类分布情况

红河元江流域内耕地面积 123.65 万公顷，占全省总耕地的 19.89%；其中水田面积 33.77 万公顷，占流域内总耕地的 27.31%；水浇地面积 2.21 万公顷，占流域内总耕地的 1.78%；旱地面积 87.67 万公顷，占流域内总耕地的 70.91%（见图 7-7）。

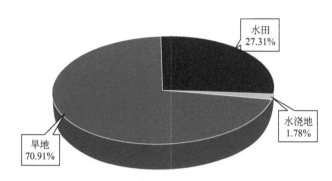

图 7-7 2018 年度红河元江流域分地类占比

红河元江流域中，文山市、马关县和墨江县耕地面积最多，耕地面积分别为 10.14 万公顷、7.86 万公顷和 7.75 万公顷，占流域内耕地面积的 8.20%、6.36% 和 6.26%；其次是金平县、新平县、元阳县、石屏县、红河县、屏边县、元江县、麻栗坡县和绿春县，占流域内耕地面积的比例在 3.00%～4.77% 之间；其余县份占流域内耕地面积的比例均小于 3%。

红河元江流域中，水田面积 33.77 万公顷，占流域内耕地面积的 5.43%，元阳县水田面积分布最多，水田面积为 2.71 万公顷；其次是金平县、墨江县、绿春县、红河县、新平县、石屏县、马关县、元江县、文山市、弥渡县和双柏县，水田面积分别为 2.57 万公顷、1.95 万公顷、1.82 万公顷、1.79 万公顷、1.52 万公顷、1.44 万公顷、1.42 万公顷、1.153 万公顷、1.10 万公顷、1.05 万公顷和 1.01 万公顷；其余县份水田均小于 1.00 万公顷。

水浇地面积 2.20 万公顷，占流域内耕地面积的 0.35%，石屏县、弥渡县、河口县、易门县、双柏县、麻栗坡县、元阳县水浇地面积最多，面积分别为 0.19 万公顷、0.18 万公顷、0.17 万公顷、0.16 万公顷、0.15 万公顷、0.12 万公顷、0.11 万公顷；其余县份水浇地面积均小于 0.10 万公顷。

旱地面积 87.68 万公顷，占流域内耕地面积的 14.1%，文山市、马关县、墨江县、新平县旱地面积最多，面积分别为 8.95 万公顷、6.42 万公顷、5.76 万公顷、4.17 万公顷；其次为屏边县、金平县、麻栗坡县、石屏县、元江县、元阳县、双柏县、西畴县、红河县、绿春县、弥渡县、易门县,旱地面积在 3.48 万～1.63 万公顷之间;其余县份旱地面积均小于 1.00 万公顷,其中牟定县飞地面积最少。详见表 7-11。

表 7-11 红河元江流域各县(市、区)2018 年度耕地分地类面积统计表

单位:万公顷

行政区名称	地类			合计
	水田	水浇地	旱地	
南华县	0.18	0.03	1.82	2.03
楚雄市	1.10		3.06	4.16
禄丰市	1.95	0.02	2.14	4.11
双柏县	1.01	0.15	2.52	3.68
祥云县	0.61	0.05	1.04	1.70
巍山县	0.93	0.02	0.63	1.58
南涧县	0.18	0.02	1.22	1.42
弥渡县	1.05	0.18	1.71	2.94
安宁市	0.36	0.05	0.58	0.99
晋宁区	0.07		0.08	0.15
景东县	0.91		2.86	3.77
镇沅县	0.48	0.03	2.18	2.69
宁洱县	0.31	0.02	0.64	0.97
江城县	0.59	0.22	0.56	1.37
墨江县	1.95	0.04	5.76	7.75
峨山县	0.67	0.07	1.20	1.94
易门县	0.57	0.16	1.63	2.36
新平县	1.52	0.04	4.17	5.73
元江县	1.15	0.04	2.92	4.11
蒙自市	0.18	0.02	1.58	1.78
个旧市	0.14	0.01	2.01	2.16
建水县	0.37	0.04	1.39	1.80
元阳县	2.71	0.11	2.83	5.65
红河县	1.79	0.09	2.42	4.30
金平县	2.57	0.03	3.30	5.90
绿春县	1.82	0.02	1.90	3.74
河口县	0.19	0.17	0.63	0.99
石屏县	1.44	0.19	2.95	4.58
屏边县	0.65	0.02	3.48	4.15
富宁县	0.81	0.03	2.59	3.43
广南县	0.61	0.01	2.67	3.29
砚山县	0.79	0.05	2.33	3.17

续表

行政区名称	地类			合计
	水田	水浇地	旱地	
文山市	1.10	0.08	8.95	10.13
西畴县	0.69	0.04	2.44	3.17
麻栗坡县	0.90	0.12	3.07	4.09
马关县	1.42	0.03	6.42	7.87
合计	33.77	2.20	87.68	123.65

7.3.1.2 耕地等别分布情况

红河元江流域 2018 年度耕地质量等别为 4~12 等，其中以 10 等和 11 等分布最多，面积分别为 33.32 万公顷和 49.72 万公顷，分别占流域内耕地总面积的 26.94% 和 40.20%；其次是 9 等和 12 等，面积合计 30.25 万公顷，合计占比 24.47%；其余为 4~8 等，面积共 10.36 万公顷，合计占比仅为 8.38%。红河元江流域 2018 年度耕地质量平均等别为 10.34 等。

分地类来看，水田质量等别是 4~12 等，以 9~11 等为主，面积分别是 8.62 万公顷、7.57 万公顷和 6.52 万公顷，分别占水田的 25.52%、22.41%、19.32%；其次是 6 等、7 等、8 等、12 等，面积合计 10.61 万公顷，占比 31.41%；其余为 4~5 等，面积合计 0.45 万公顷，占比 1.33%。水田质量平均等别为 9.35 等。

水浇地质量等别是 4~12 等，以 10 等和 11 等为主，面积分别是 0.71 万公顷、0.58 万公顷，分别占水浇地的 32.00%、26.16%；其次是 8 等、9 等、12 等，面积合计 0.77 万公顷，占比 34.82%；其余为 4~7 等，面积合计 0.15 万公顷，占比 7.01%。水浇地质量等别平均等别为 9.85 等。

旱地质量等别是 5~12 等，以 10~12 等为主，面积分别为 25.04 万公顷、42.62 万公顷和 14.31 万公顷，分别占旱地的 28.56%、48.61%、16.33%；其次是 7~9 等，面积合计 5.67 万公顷，占比 6.47%；其余是 5~6 等，面积合计 0.03 万公顷，仅占 0.03%。旱地质量平均等别为 10.73 等。详见表 7-12。

表 7-12 红河元江流域 2018 年度耕地质量等别分地类统计表　　单位：万公顷

等别	地类			合计
	水田	水浇地	旱地	
4 等	0.29			0.29
5 等	0.16	0.01		0.17
6 等	1.39	0.10	0.02	1.51
7 等	2.10	0.05	0.47	2.62
8 等	4.93	0.22	0.62	5.77
9 等	8.62	0.33	4.58	13.53
10 等	7.57	0.71	25.04	33.32

续表

等别	地类			合计
	水田	水浇地	旱地	
11等	6.52	0.58	42.62	49.72
12等	2.19	0.22	14.31	16.72
合计	33.77	2.22	87.66	123.65
平均等别	9.35	9.85	10.73	10.34

从质量等别的空间分布上看，4等地分布在元江县；5等地主要分布在元江县；6等地主要分布在弥渡县、新平县；7等地主要分布在金平县、元江县、新平县等；8等地主要分布在元江县、绿春县、石屏县等；9等地主要分布在墨江县、新平县、元江县、绿春县；10等地主要分布在墨江县、石屏县、文山市、西畴县、马关县等；11等地主要分布在新平县、屏边县、文山市、马关县等；12等地主要分布在元江县、红河县、金平县、文山市、麻栗坡县等。

7.3.2 变化情况

7.3.2.1 地类变化情况

从耕地总面积变化来看，红河元江流域2018年度耕地总面积比2013年度耕地总面积123.39万公顷增加0.26万公顷。分地类来看，水田增加0.12万公顷；水浇地增加1.30万公顷；旱地减少1.16万公顷。新增耕地主要来源于土地整治等项目开发新增；减少耕地主要是由于建设占用以及农业结构调整等引起。通过对2018年度与2013年度数据对比分析，红河元江流域耕地面积变化情况见表7-13。

表7-13 红河元江流域耕地面积变化情况分析表

地类	2013年		2018年		面积净增减(+/-)/万公顷
	面积/万公顷	比例/%	面积/万公顷	比例/%	
水田	33.65	27.27	33.77	27.31	+0.12
水浇地	0.91	0.74	2.21	1.78	+1.30
旱地	88.84	72.00	87.67	70.90	-1.16
合计	123.39	100.00	123.65	100.00	+0.26

红河元江流域2013～2018年度耕地总体面积呈上升趋势。红河元江流域耕地面积变化情况详见图7-8。

从空间分布上来看，红河元江流域2018年度各县（市、区）耕地面积均有增减变化，耕地面积呈净增加的有17个县，其中江城县和河口县增加最多，分别增加0.18万公顷和0.13万公顷；耕地面积呈净减少的有12个县，其中文山市减少最多，减少0.15万公顷；其余耕地面积净减少的县（市、区）面积均小于0.05万公顷；耕地面积未发生变化的有 6 个县。详见表 7-14。

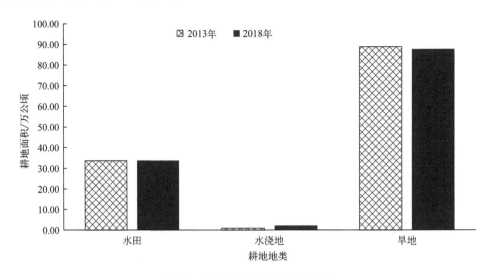

图 7-8 红河元江流域耕地面积变化图

表 7-14 红河元江流域各县（市、区）耕地面积变化情况分析表　　单位：万公顷

行政区名称	2013 年	2018 年	增减（＋/－）
南华县	2.02	2.03	＋0.01
楚雄市	4.17	4.16	－0.01
禄丰市	4.14	4.11	－0.03
双柏县	3.63	3.68	＋0.05
祥云县	1.74	1.70	－0.04
巍山县	1.60	1.58	－0.02
南涧县	1.42	1.42	0
弥渡县	2.95	2.93	－0.02
安宁市	1.00	0.99	－0.01
晋宁	0.16	0.16	0
景东	3.80	3.78	－0.02
镇沅	2.68	2.69	＋0.01
宁洱	0.96	0.97	＋0.01
江城县	1.19	1.37	＋0.18
墨江县	7.74	7.75	＋0.01
峨山县	1.94	1.94	0
易门县	2.30	2.35	＋0.05
新平县	5.76	5.74	－0.02
元江县	4.12	4.12	0
蒙自市	1.77	1.78	＋0.01
个旧市	2.17	2.16	－0.01

续表

行政区名称	2013年	2018年	增减（＋／－）
建水县	1.75	1.80	＋0.05
元阳县	5.62	5.65	＋0.03
红河县	4.27	4.30	＋0.03
金平县	5.88	5.90	＋0.02
绿春县	3.72	3.74	＋0.02
河口县	0.85	0.98	＋0.13
石屏县	4.57	4.58	＋0.01
屏边县	4.15	4.15	0
富宁县	3.43	3.44	＋0.01
广南县	3.34	3.30	－0.04
砚山县	3.19	3.16	－0.03
文山市	10.29	10.14	－0.15
西畴县	3.17	3.17	0
麻栗坡县	4.06	4.09	＋0.03
马关县	7.85	7.86	＋0.01
合计	123.40	123.67	＋0.27

7.3.2.2 等别变化情况

如图7-9所示，与2013年度比较，红河元江流域2018年度耕地质量等别范围保持不变，仍为4～12等，但各等别面积均发生不同程度的变化。2018年度对比2013年度全域质量平均等别提升0.01等。

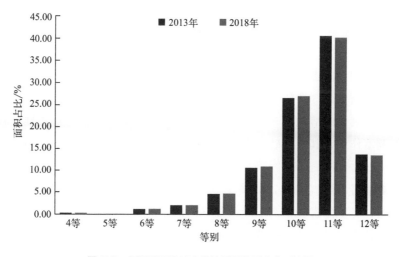

图7-9 红河元江流域度耕地质量等别变化对比图

红河元江流域2018年度耕地质量等别面积增加的有4等、6等和8～10等，分别增加了0.02万公顷、0.03万公顷、0.04万公顷、0.38万公顷和0.55万公顷；质量等别面积减少最多的是11等和12等，分别减少了0.49万公顷和0.25万公顷，其次是7等、5等，分别减少0.02万公顷、0.01万公顷。等别面积减少的原因是建设占用、农业结构调整等。详见表7-15。

表7-15 红河元江流域耕地质量总体变化情况统计表　　单位：万公顷

等别	2013年	2018年	变化量(±)
4等	0.27	0.29	0.02
5等	0.18	0.17	−0.01
6等	1.48	1.51	0.03
7等	2.64	2.62	−0.02
8等	5.73	5.77	0.04
9等	13.15	13.53	0.38
10等	32.77	33.32	0.55
11等	50.21	49.72	−0.49
12等	16.97	16.72	−0.25
合计	123.40	123.65	0.25
平均等别	10.35	10.34	+0.01

7.4 南盘江（珠江）流域

主流西江发源于云南省曲靖市境内的马雄山，在广东省珠海市入注南海。南盘江（珠江）流域位于云贵高原的东南斜坡上，地势呈西北高东南低，流域跨越云南贵州广西三省（区），干流全长936km，流域面积为56177km^2，总落差1854m，平均高程1750m。南盘江（珠江）流域北面有乌蒙山，是南盘江和金沙江北盘江的分水岭，西面和南面有哀牢山和六诏山，为南盘江和红河郁江的分水岭；流域四周除东面出口处外，均为群山环绕。南盘江（珠江）流域内石灰岩分布较广，占1/2以上，是我国典型的喀斯特岩溶地区，其内的溶蚀漏斗、落水洞、地下暗河发育较旺，易形成地下径流，对洪水有一定的调蓄作用；其次为砂页岩，由于其透水性差，在该地区内降雨后易形成地面径流。

流域属亚热带季风气候区，干湿季节变化明显，夏季因受西南季风影响，湿润多雨，且多暴雨；冬季经常受西来干暖大陆气团的影响，出现干季。由于地形地势和大气环流的差异，使得降水在地区的分布也极不均匀，在流域的中西部地区为干旱少雨区，东部则为湿润多雨区。

南盘江（珠江）流域的降水量主要集中在春末至秋初汛期季节的5～10月，受大到暴雨降水天气过程的影响，该时段内的降水量约占全年降水量的84%。冬春降水稀少，尤其是春季,降水更为稀少,春旱严重。

南盘江(珠江)流域在云南行政区划上涉及玉溪、红河、文山、昆明、曲靖7个州(市)及峨山、蒙自、广南、通海等26个县(市、区),全长约936km,云南省内流域面积5.8万平方公里。云南省流域内耕地面积146.97万公顷,主要分布在宣威市、丘北县、富源县和弥勒市等;南盘江(珠江)流域耕地质量等别为5~12等,平均为10、20等,其中以10等和11等分布最多。

7.4.1 分布情况

7.4.1.1 地类分布情况

南盘江(珠江)流域内耕地面积146.95万公顷,占全省耕地面积的23.64%;其中水田面积26.55万公顷,占流域内总耕地面积18.06%;水浇地面积2.94万公顷,占流域内总耕地面积2.01%;旱地面积117.46万公顷,占流域内总耕地面积79.93%(见图7-10)。

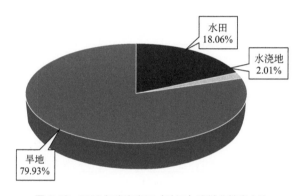

图 7-10 2018年度南盘江(珠江)流域分地类占比

南盘江(珠江)流域中,宣威市、丘北县、富源县和弥勒市耕地面积最多,耕地面积分别为15.61万公顷、12.12万公顷、11.09万公顷和10.34万公顷,占流域内耕地面积的10.62%、8.52%、7.55%和7.04%;个旧市、红塔区、澄江市、通海县、马龙区耕地面积最少,分别占流域内耕地面积的1.08%、1.59%、1.60%、1.82%和1.25%。

南盘江(珠江)流域中,水田面积26.55万公顷,占流域内耕地面积的18.07%,广南县水田面积分布最多,水田面积为2.72万公顷;其次是陆良县,水田面积为2.47万公顷;其余县份水田均小于2.00万公顷,其中峨山县水田分布面积最少,仅为0.16万公顷。

南盘江(珠江)流域中,水浇地面积2.94万公顷,占流域内耕地面积的2.01%,陆良县、宜良县水浇地面积最多,面积分别为0.33万公顷、0.31万公顷;其余县份水浇地面积均小于0.30万公顷。

南盘江（珠江）流域中，旱地面积117.46万公顷，占流域内耕地面积的79.92%，宣威市、丘北县和富源县旱地面积最多，面积分别为14.91万公顷、10.78万公顷和10.60万公顷，其中峨山县旱地面积最少，旱地面积为0.28万公顷。详见表7-16。

表7-16 南盘江（珠江）流域各县（市、区）2018年度耕地分地类面积统计表

单位：万公顷

行政区名称	地类			合计
	水田	水浇地	旱地	
峨山县	0.16		0.28	0.44
蒙自市	0.73	0.04	3.50	4.27
个旧市	0.32	0.05	0.70	1.07
建水县	1.93	0.21	3.97	6.11
弥勒市	1.92	0.27	8.15	10.34
泸西县	1.18	0.09	4.90	6.17
开远市	0.69	0.02	3.21	3.92
富宁县	0.91	0.04	2.59	3.54
广南县	2.72	0.01	6.11	8.84
砚山县	1.24	0.06	6.82	8.12
丘北县	1.20	0.14	10.78	12.12
宜良县	1.49	0.31	3.34	5.14
石林县	0.76	0.28	4.74	5.78
红塔区	0.72	0.14	0.73	1.59
江川区	0.94	0.03	1.11	2.08
澄江市	0.50	0.01	1.09	1.60
通海县	0.91	0.03	0.89	1.83
华宁县	0.55	0.06	2.82	3.43
宣威市	0.48	0.22	14.91	15.61
沾益区	0.90	0.19	3.87	4.96
马龙区	0.32	0.00	0.93	1.25
陆良县	2.47	0.33	4.74	7.54
师宗县	0.88	0.15	6.72	7.75
罗平县	0.76	0.13	6.53	7.42
富源县	0.46	0.03	10.60	11.09
麒麟区	1.41	0.10	3.43	4.94
合计	26.55	2.94	117.46	146.95

7.4.1.2 等别分布情况

南盘江（珠江）流域2018年度耕地质量等别为5～12等，其中以10等和11等分

布最多,面积分别为 48.13 万公顷和 59.47 万公顷,分别占流域内耕地总面积的 32.75% 和 40.46%;其次是 9 等和 12 等,面积合计 26.49 万公顷,合计占比 18.03%;其余为 5~8 等,面积共 12.88 万公顷,合计占比仅为 8.76%。南盘江(珠江)流域 2018 年度耕地质量平均等别为 10.20 等。

分地类来看,水田质量等别是 5~12 等,以 9 等和 10 等为主,面积分别是 6.96 万公顷、5.86 万公顷,分别占水田的 26.21%、22.05%;其次是 7 等和 8 等,面积合计 8.19 万公顷,占比 30.84%;再次是 6 等和 11 等,面积合计 4.99 万公顷,占比 18.80%;其余的为 5 等和 12 等,面积合计 0.56 万公顷,占比仅 2.09%。水田质量平均等别为 8.63 等。

水浇地质量等别是 5~12 等,以 10 等为主,面积为 1.24 万公顷,占水浇地的比例为 42.06%;其次是 7~9 等,面积合计 1.30 万公顷,占比 43.99%;其余 5~6 等、11 等、12 等面积合计 0.41 万公顷,占比 13.95%。水浇地质量平均等别为 9.14 等。

旱地质量等别是 6~12 等,以 10~12 等为主,面积分别为 41.03 万公顷、57.12 万公顷和 10.66 万公顷,分别占旱地的 34.93%、48.62% 和 9.07%;其次是 8~9 等,面积合计为 8.42 万公顷,占旱地的 7.16%;其余是 6~7 等,面积合计 0.23 万公顷,仅占 0.20%。旱地质量平均等别为 10.59 等。详见表 7-17。

表 7-17 南盘江(珠江)流域 2018 年度耕地质量等别分地类统计表 单位:万公顷

等别	地类			合计
	水田	水浇地	旱地	
5 等	0.16			0.16
6 等	2.91	0.12	0.02	3.05
7 等	3.46	0.38	0.21	4.05
8 等	4.73	0.34	0.55	5.62
9 等	6.96	0.58	7.87	15.41
10 等	5.86	1.24	41.03	48.13
11 等	2.08	0.27	57.12	59.47
12 等	0.39	0.02	10.66	11.07
合计	26.55	2.95	117.46	146.96
平均等别	8.63	9.14	10.59	10.20

从质量等别的空间分布上看,5 等地分布在江川区;6 等地主要分布在陆良县和宜良县;7 等地主要分布在丘北县和宜良县;8 等地主要分布在陆良县、麒麟区、弥勒市、丘北县等;9 等地主要分布在陆良县、丘北县、石林县等;10 等地主要分布在陆良县、罗平县、富源县、麒麟区等;11 等地主要分布在师宗县、罗平县、富源县、华宁县等;12 等地主要分布在师宗县、富源县、弥勒市、泸西县等。

7.4.2 变化情况

7.4.2.1 地类变化情况

从耕地总面积变化来看,南盘江(珠江)流域 2018 年度耕地总面积比 2013 年度耕地总面积 147.40 万公顷净减少 0.43 万公顷。分地类来看,水田减少 0.31 万公顷;水浇地增加 1.35 万公顷;旱地减少 1.47 万公顷。新增耕地主要来源于土地整治等项目开发新增。通过对 2018 年度与 2013 年度数据对比分析,南盘江(珠江)流域耕地面积变化情况见表 7-18。

表 7-18 南盘江(珠江)流域耕地面积变化情况分析表

地类	2013 年		2018 年		面积净增减(+/-)/万公顷
	面积/万公顷	比例/%	面积/万公顷	比例/%	
水田	26.86	18.22	26.55	18.06	-0.31
水浇地	1.61	1.09	2.95	2.01	+1.35
旱地	118.93	80.69	117.47	79.93	-1.47
合计	147.40	100.00	146.97	100	-0.43

南盘江(珠江)流域 2013~2018 年度耕地总体面积呈上升趋势。南盘江(珠江)流域耕地面积变化情况详见图 7-11。

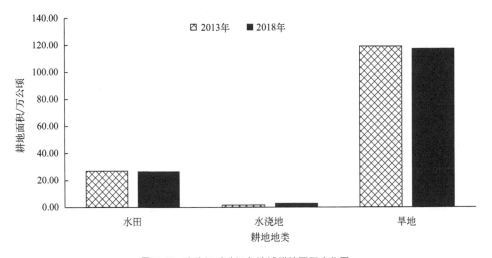

图 7-11 南盘江(珠江)流域耕地面积变化图

从空间分布上来看,南盘江(珠江)流域 2018 年度各县(市、区)、耕地面积均有增减变化,耕地面积净增加的有 7 个县(市、区),其中净增加最多的是马龙区,增加 0.19 万公顷;其余耕地面积净增加的县(市、区)面积均小于 0.04 万公顷,耕地面积净减少的有 17 个县,其中净减少最多的是麒麟区,减少 0.11 万公顷;其余耕地面积净减少的县（市、区）面积均小于 0.09 万公顷；耕地面积未发生变化的有 1 个县。详见表 7-19。

表 7-19 南盘江（珠江）流域各县（市、区）耕地面积变化情况分析表   单位：万公顷

行政区名称	2013 年	2018 年	增减（＋/－）
宣威市	15.69	15.61	−0.08
沾益区	4.98	4.96	−0.02
马龙区	1.06	1.25	＋0.19
陆良县	7.60	7.54	−0.06
师宗县	7.79	7.76	−0.03
罗平县	7.40	7.42	＋0.02
富源县	11.13	11.09	−0.04
麒麟区	5.05	4.94	−0.11
峨山县	0.44	0.44	0
红塔区	1.66	1.59	−0.07
江川区	2.10	2.08	−0.02
通海县	1.84	1.82	−0.02
华宁县	3.44	3.43	−0.01
澄江县	1.63	1.60	−0.03
蒙自市	4.35	4.27	−0.08
个旧市	1.10	1.08	−0.02
建水县	6.11	6.12	＋0.01
弥勒市	10.38	10.34	−0.04
泸西县	6.20	6.16	−0.04
开远市	3.95	3.92	−0.03
富宁县	3.51	3.54	＋0.03
广南县	8.84	8.85	＋0.01
砚山县	8.14	8.12	−0.02
丘北县	12.11	12.12	＋0.01
宜良县	5.12	5.14	＋0.02
石林县	5.75	5.77	＋0.02
合计	147.37	146.96	−0.41

7.4.2.2 等别变化情况

如图 7-12 所示，与 2013 年度比较，南盘江（珠江）流域 2018 年度耕地质量等别范围保持不变，仍为 6～12 等，但各等别面积均发生不同程度的变化。2018 年度对比 2013 年度全省质量平均等别提升 0.01 等。

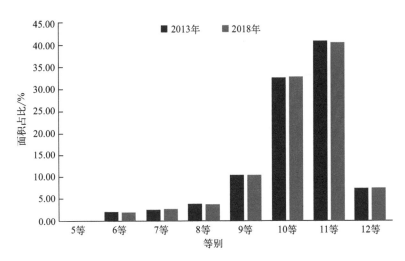

图 7-12 南盘江（珠江）流域度耕地质量等别变化对比

南盘江（珠江）流域 2018 年度耕地质量等别面积增加的有 7 等、9 等、10 等和 12 等，分别增加了 0.14 万公顷、0.08 万公顷、0.19 万公顷和 0.05 万公顷；质量等别面积减少最多的耕地是 11 等，减少了 0.78 万公顷。等别面积减少的原因是建设占用、农业结构调整等。详见表 7-20。

表 7-20 南盘江（珠江）流域耕地质量总体变化情况统计表　　　　单位：万公顷

等别	2013 年	2018 年	变化量(±)
5 等	0.17	0.16	−0.01
6 等	3.10	3.04	−0.06
7 等	3.91	4.05	+0.14
8 等	5.66	5.62	−0.04
9 等	15.33	15.41	+0.08
10 等	47.94	48.13	+0.19
11 等	60.25	59.47	−0.78
12 等	11.03	11.08	+0.05
合计	147.39	146.96	−0.43
平均等别	10.21	10.20	+0.01

7.5　怒江流域

怒江，又称潞江，发源于青藏高原的唐古拉山南麓的吉热拍格。源流称纳金曲，与右岸支流姐曲汇合后称怒江。流入缅甸后改称萨尔温江，最后注入印度洋的安达曼海。

怒江处于横断山脉的核心位置，其中上游流域是全球地形最崎岖险峻的地区之一。

正是由于地理上的封闭性,至今未进行大规模的经济开发,全流域的原生态基本保存完整,是我国仅存的两条至今保留着天然特色的江河(另一条是雅鲁藏布江)之一。

怒江下游 30hm² 野生稻,是目前全国保存最完好的野生稻种群。怒江流域多元一体的文化形态,为当今民族纷争的世界展示出了多元文化和谐共处的典范。三江并流世界自然遗产地,是 2003 年才被联合国教科文组织正式批准的,位于滇西北怒江、澜沧江和金沙江并流区域内,分为高黎贡山、白马-梅里雪山、红山、纳帕海、哈巴雪山、老窝山、老君山和云岭 8 个片区。其核心区在海拔 2500m 以上,缓冲区在 2000m 以上,怒江流域涉及高黎贡山和白马-梅里雪山 2 个片区。

怒江流域气候受地形及大气环流影响,比较复杂,多年平均气温南北相差悬殊,从上游向下游递增。怒江上游属高原气候区,寒冷、干燥、少雨,河源那由地区地外"世界屋脊"青藏高原,为高原湖盆-宽谷地区,河谷海拔高程在 4500m 以上,受冷空气的侵袭,气候严寒,冰雪期长,降水量少。怒江中游由于受南北气流夹击,气候复杂多变,随海拔高度的上升,气温下降,降水量增加,形成"一山分匹季,十里不同天"的立体气候特点。

怒江流域在云南行政区划上涉及怒江、保山、德宏、临沧、大理 5 个州(市)及贡山、施甸、永德、云龙等 16 个县(区、市),云南省内长 650km,流域面积 3.35 万平方公里,云南省流域内耕地面积 50.41 万公顷,主要分布在永德县、镇康县和施甸县等;怒江流域耕地质量等别为 5~12 等,平均为 10.79 等,其中以 10 等、11 等和 12 等分布最多。

7.5.1 分布情况

7.5.1.1 地类分布情况

怒江流域内耕地面积 50.41 万公顷,占全省总耕地的 8.11%;其中水田面积 10.33 万公顷,占流域内总耕地的 20.49%;水浇地面积 0.77 万公顷,占流域内总耕地的 1.52%;旱地面积 39.31 万公顷,占流域内总耕地的 77.99%(见图 7-13)。

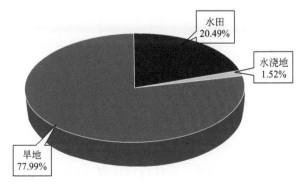

图 7-13 2018 年度怒江流域分地类占比

怒江流域中，永德县、镇康县、施甸县耕地面积最多，耕地面积分别为 8.89 万公顷、5.06 万公顷和 4.64 万公顷，分别占流域内耕地面积的 17.64%、10.02% 和 9.21%。

怒江流域中，水田面积 10.32 万公顷，占流域内耕地面积的 20.49%，永德县水田面积分布最多，水田面积为 1.10 万公顷；其次是施甸县、镇康县，水田面积分别为 0.82 万公顷、0.69 万公顷。

怒江流域中，水浇地面积 0.79 万公顷，占流域内耕地面积的 1.52%，镇康县、施甸县水浇地面积最多，面积分别为 0.18 万公顷、0.17 万公顷；其余县份水浇地面积均小于 0.10 万公顷。

怒江流域中，旱地面积 39.30 万公顷，占流域内耕地面积的 77.99%，永德县、镇康县、施甸县旱地面积最多，面积分别为 7.69 万公顷、4.19 万公顷、3.65 万公顷。详见表 7-21。

表 7-21 怒江流域各县（市、区） 2018 年度耕地分地类面积统计表 单位：万公顷

行政区名称	地类			合计
	水田	水浇地	旱地	
贡山县	0.02	0.02	0.19	0.23
福贡县	0.13	0.02	1.00	1.15
泸水市	0.23	0.06	1.45	1.74
龙陵县	0.92	0.03	2.41	3.36
施甸县	0.82	0.17	3.65	4.64
隆阳区	2.53	0.07	5.80	8.40
昌宁县	1.21	0.01	4.49	5.71
芒市	0.16		0.17	0.33
凤庆县	0.34	0.01	2.11	2.46
永德县	1.10	0.10	7.69	8.89
镇康县	0.69	0.18	4.19	5.06
云县	0.14	0.01	1.52	1.67
临翔区	0.53	0.06	1.38	1.97
耿马县	0.84	0.05	1.89	2.78
沧源县	0.65		1.18	1.83
云龙县	0.01		0.18	0.19
合计	10.32	0.79	39.30	50.41

7.5.1.2 等别分布情况

怒江流域 2018 年度耕地质量等别为 5～12 等，其中以 10 等、11 等和 12 等分布最多，面积分别为 10.44 万公顷、19.66 万公顷和 15.26 万公顷，分别占流域内耕地总面积的 20.72%、39.01% 和 30.28%；其次是 9 等，面积 2.74 万公顷，合计占比 5.42%；其余为 5～8 等，面积共 2.28 万公顷，合计占比仅为 4.55%。怒江流域 2018 年度耕地质量平均等别为 10.79 等。

分地类来看，水田质量等别是 5~12 等，以 9 等、10 等和 11 等为主，面积分别是 2.03 万公顷、2.78 万公顷和 2.79 万公顷，分别占水田地类的 19.63%、26.95% 和 27.05%；其次是 5~8 等和 12 等，面积合计 2.72 万公顷，占比 26.36%。水田质量平均等别为 9.49 等。

水浇地质量等别是 5~12 等，以 10 等和 11 等为主，面积分别是 0.24 万公顷和 0.26 万公顷，占水浇地的 31.65% 和 33.61%；其次是 9 等和 12 等，面积合计 0.20 万公顷，占比 26.14%；其余是 5~8 等，面积合计 0.07 万公顷，占比 8.59%。水浇地质量平均等别为 10.22 等。

旱地质量等别是 6~12 等，以 11 等和 12 等为主，面积为 16.61 万公顷、14.59 万公顷，分别占旱地的 42.26%、37.12%；其次是 9~10 等，面积合计为 8.02 万公顷，占旱地的 20.41%；其余是 6~8 等和 13 等，面积合计 0.08 万公顷，仅占 0.21%。旱地质量平均等别为 11.15 等，详见表 7-22。

表 7-22 怒江流域 2018 年度耕地质量等别分地类统计表　　单位：万公顷

等别	地类			合计
	水田	水浇地	旱地	
5 等	0.48	0.01		0.49
6 等	0.49	0.01		0.50
7 等	0.49	0.01		0.50
8 等	0.69	0.03	0.07	0.79
9 等	2.03	0.10	0.61	2.74
10 等	2.78	0.24	7.42	10.44
11 等	2.79	0.26	16.61	19.66
12 等	0.57	0.10	14.59	15.26
合计	10.32	0.76	39.30	50.38
平均等别	9.49	10.22	11.15	10.79

从质量等别的空间分布上看，5 等地分布在耿马县；6 等地主要分布在陆良县和隆阳区；7 等地主要分布在隆阳区、耿马县；8 等地主要分布在永德县、镇康县、云县等；9 等地主要分布在施甸县、隆阳区等；10 等地主要分布在施甸县、隆阳区、昌宁县、永德县等；11 等地主要分布在施甸县、隆阳区、昌宁县、凤庆县等；12 等地主要分布在福贡县、施甸县、永德县、镇康县等。

7.5.2 变化情况

7.5.2.1 地类变化情况

从耕地总面积变化来看，怒江流域 2018 年度耕地总面积比 2013 年度耕地总面积 50.45 万公顷净减少 0.05 万公顷。分地类来看，水田减少 0.09 万公顷；水浇地增加

0.55万公顷；旱地减少 0.50万公顷。新增耕地主要来源于土地整治等项目开发新增；减少耕地主要是由于建设占用以及农业结构调整等引起。通过对 2018 年度与 2013 年度数据对比分析，怒江流域耕地变化情况见表 7-23。

表 7-23　怒江流域 2013 年度与 2018 年度前后耕地面积变化情况分析表

地类	2013 年		2018 年		面积净增减(＋/－)/万公顷
	面积/万公顷	比例/%	面积/万公顷	比例/%	
水田	10.42	20.66	10.33	20.49	－0.09
水浇地	0.22	0.44	0.77	1.52	＋0.55
旱地	39.81	78.91	39.31	77.99	－0.50
合计	50.45	100.00	50.41	100.00	－0.05

怒江流域 2013～2018 年度耕地总体面积呈下降趋势。2013 年度怒江流域耕地总面积为 50.45 万公顷，2018 年度怒江流域耕地总面积为 50.41 万公顷，耕地总面积减少了 0.05 万公顷，其中水浇地面积有所增加，水田和旱地面积均减少。怒江流域耕地面积变化情况详见图 7-14。

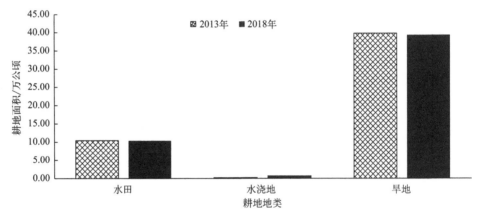

图 7-14　怒江流域耕地面积变化

从空间分布上来看，怒江流域 2018 年度各县（市、区）耕地面积均有增减变化，耕地面积净增加的有 4 个县（市、区），其中耕地面积净增加最多的是镇康县，面积增加 0.05 万公顷，其余耕地面积净增加的（市、区）面积均小于 0.03 万公顷；耕地面积净减少的有 7 个县（市、区），其中耕地面积净减少最多的是隆阳区，净减少 0.07 万公顷，其余耕地面积净减少的县（市、区）面积均小于 0.05 万公顷；耕地面积未发生变化的有 5 个县（市、区）。详见表 7-24。

表 7-24　怒江流域各县（市、区）耕地面积变化情况分析表　　单位：万公顷

行政区名称	2013 年	2018 年	面积净增减(＋/－)
贡山县	0.23	0.23	0
福贡县	1.14	1.15	－0.01

续表

行政区名称	2013年	2018年	面积净增减（＋/−）
泸水市	1.75	1.74	−0.01
龙陵县	3.34	3.36	＋0.02
施甸县	4.67	4.65	−0.02
隆阳区	8.48	8.41	−0.07
昌宁县	5.73	5.71	−0.02
芒市	0.33	0.33	0
凤庆	2.46	2.46	0
永德县	8.91	8.89	−0.02
镇康县	5.00	5.05	＋0.05
云县	1.67	1.66	−0.01
临翔区	1.95	1.97	＋0.02
耿马县	2.78	2.79	＋0.01
沧源县	1.84	1.84	0
云龙县	0.19	0.19	0
合计	50.47	50.43	−0.04

7.5.2.2 等别变化情况

如图7-15所示，与2013年度比较，怒江流域2018年度耕地质量等别范围保持不变，仍为5～13等，但各等别面积均发生不同程度的变化。2018年度对比2013年度全域质量平均等别提升0.01等。

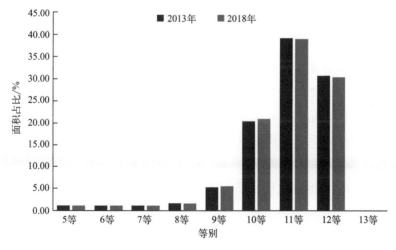

图7-15 怒江流域度耕地质量等别变化对比

怒江流域2018年度耕地质量等别面积增加最多是10等，增加了0.23万公顷；质量等别面积减少最多的是12等，减少了0.22万公顷。等别面积减少的原因是建设占用、农业结构调整等。详见表7-25。

表 7-25 怒江流域耕地质量总体变化情况统计表　　　　　单位：万公顷

等别	2013 年	2018 年	变化量(±)
5 等	0.50	0.49	−0.01
6 等	0.52	0.50	−0.02
7 等	0.54	0.51	−0.03
8 等	0.77	0.79	0.02
9 等	2.64	2.73	0.09
10 等	10.22	10.45	0.23
11 等	19.77	19.66	−0.11
12 等	15.49	15.27	−0.22
13 等	0.01	0.01	0.00
合计	50.46	50.41	−0.05
平均等别	10.80	10.79	+0.01

7.6 伊洛瓦底江流域

伊洛瓦底江河源有东西两支，东源叫恩梅开江，中国云南境内称之为独龙江，西源为迈立开江。独龙江东南流经云南贡山独龙族怒族自治县西境，进入缅甸后称恩梅开江。两江会合后始称伊洛瓦底江。

伊洛瓦底江由恩梅开江与迈立开江汇流形成。两条支流均发源于缅甸北部北纬 28°附近僻远的高山冰川。东面支流恩梅开江发源于朗格拉冰川，水量较大，但由于水流湍急而实际不可通航。流域地势呈北高南低，地貌特征为北部高山峡谷，西部崇山峻岭，东部高原，南部低洼平原。

伊洛瓦底江流域分属亚热带和热带季风气候带，全年分为 3 季：3～5 月为暑季、6～10 月为雨季、11～12 月为凉季。1 月气温最低，平均 20～25℃；4 月最热，平均 25～30℃。流域内降雨量丰富，三角洲和北部降雨量 2000～3000mm；中游平原雨量少，为 500～1000mm。7 月降雨最多，12 月至翌年 3 月为旱季。

伊洛瓦底江实测最大流量为 $64000m^3/s$，最小流量 $1306m^3/s$；各控制站实测的平均含沙量 $0.62kg/m^3$。伊洛瓦底江多年平均径流量为 4860 亿立方米，其中缅甸境内 4550 亿立方米，约占缅甸全国河川径流量的 40%。伊洛瓦底江水能资源十分丰富，尤其是北部高山峡谷，水位落差大；其主要支流钦敦江蕴藏着丰富的水能资源。

伊洛瓦底江流域在云南行政区划上涉及怒江、保山、德宏 3 个州（市）及贡山、瑞丽、腾冲等 9 个县（区、市），全长约 840km，云南省内流域面积 1.88 万平方公里，云南省流域内耕地面积 27.73 万公顷，主要分布在腾冲市、盈江县和陇川县等；伊洛瓦底江流域耕地质量等别为 3～12 等，平均为 9.00 等，其中以 10 等、11 等分布最多。

7.6.1 分布情况

7.6.1.1 地类分布情况

伊洛瓦底江流域内耕地面积27.73万公顷，占全省总耕地的4.46%；其中水田面积15.72万公顷，占流域内总耕地的42.85%；水浇地面积0.13万公顷，占流域内总耕地的0.47%；旱地面积11.88万公顷，占流域内总耕地的56.68%（见图7-16）。

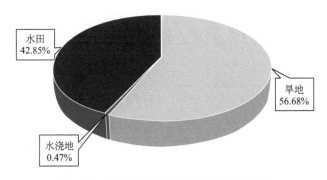

图7-16 2018年度伊洛瓦底江流域分地类占比

伊洛瓦底江流域中，腾冲市、盈江县、陇川县耕地面积最多，耕地面积分别为8.17万公顷、4.71万公顷和4.44万公顷，占流域内耕地面积的29.43%、16.96%和15.99%；其余县份占流域内耕地面积的比例均小于2%。

伊洛瓦底江流域中，水田面积15.72万公顷，占流域内耕地面积的56.68%，腾冲市水田面积分布最多，水田面积为4.87万公顷；其次是盈江县、陇川县、梁河县、瑞丽市，水田面积分别为3.09万公顷、2.23万公顷、1.17万公顷、1.08万公顷；其余县份水田均小于1.00万公顷。

伊洛瓦底江流域中，水浇地面积0.13万公顷，占流域内耕地面积的0.47%，腾冲市、盈江县、陇川县水浇地面积最多，面积分别为0.06万公顷、0.03万公顷、0.02万公顷；其余县份水浇地面积均小于0.01万公顷。

旱地面积11.89万公顷，占流域内耕地面积的42.85%，腾冲市、陇川县、盈江县旱地面积最多，面积分别为3.24万公顷、2.199万公顷、1.59万公顷；其次为梁河县、瑞丽市，旱地面积在0.57万~1.00万公顷之间；其余县份旱地面积均小于0.60万公顷。详见表7-26。

表7-26 伊洛瓦底江流域各县（市、区）2018年度耕地分地类面积统计表

单位：万公顷

行政区名称	地类			合计
	水田	水浇地	旱地	
贡山县			0.02	0.02

续表

行政区名称	地类			合计
	水田	水浇地	旱地	
泸水市	0.04		0.16	0.20
龙陵县	0.65		0.58	1.23
瑞丽市	1.08	0.01	0.57	1.66
梁河县	1.17		1.00	2.17
盈江县	3.09	0.03	1.59	4.71
陇川县	2.23	0.02	2.19	4.44
芒市	2.59	0.01	2.54	5.14
腾冲市	4.87	0.06	3.24	8.17
合计	15.72	0.13	11.89	27.74

7.6.1.2 等别分布情况

伊洛瓦底江流域2018年度耕地质量等别为3～12等，其中以10等、11等分布最多，面积分别为6.08万公顷和4.70万公顷，分别占流域内耕地总面积的21.88%和16.92%；其次是6等、8等、9等，面积合计10.75万公顷，合计占比38.76%；其余是3等、4等、5等、7等和12等，面积共7.88万公顷，合计占比为22.43%。伊洛瓦底江流域2018年度耕地质量平均等别为9.00等。

分地类来看，水田质量等别是3～12等，以6等、8等和10等为主，面积分别是3.60万公顷、2.85万公顷和2.63万公顷，分别占水田的19.63%、26.95%和27.05%；其次是5等、7等和9等，面积合计5.61万公顷，占比26.36%；其余为3等、4等、11等和12等，面积共2.54万公顷。水田质量平均等别为7.86等。

水浇地质量等别是3～12等，以3等、6等和10等为主，面积分别是0.13万公顷、0.03万公顷和0.43万公顷，占水浇地的44.83%、10.34%和13.79%；其次是4等、7等和11等，面积合计0.050万公顷，占比44.33%；其余为5等、8等、9等、12等，面积合计0.03万公顷，占比14.68%。水浇地质量平均等别为8.24等。

旱地质量等别是5～12等，以10等和11等为主，面积为3.19万公顷、3.89万公顷，分别占旱地的26.81%、32.72%；其次是9等和12等，面积分别为1.59万公顷和2.61万公顷，分别占旱地的13.42%和21.98%；其余是4～8等，面积合计0.60万公顷，仅占5.06%。旱地质量平均等别为10.52等。详见表7-27。

表7-27 伊洛瓦底江流域2018年度耕地质量等别分地类统计表　　单位：万公顷

等别	地类			合计
	水田	水浇地	旱地	
3等	0.72	0.13		0.85
4等	0.86	0.02		0.88
5等	1.28	0.01		1.29

续表

等别	地类			合计
	水田	水浇地	旱地	
6等	3.60	0.03		3.63
7等	1.99	0.02	0.07	2.08
8等	2.63	0.01	0.53	3.17
9等	2.35	0.01	1.59	3.95
10等	2.85	0.04	3.19	6.08
11等	0.79	0.02	3.89	4.70
12等	0.17		2.61	2.78
合计	17.24	0.29	11.88	29.41
平均等别	7.86	8.24	10.52	9.00

从质量等别的空间分布上看，5等地分布在瑞丽市、梁河县、陇川县；6等地主要分布在瑞丽市、盈江县、陇川县；7等地主要分布在梁河县、盈江县、陇川县；8等地主要分布在盈江县、陇川县等；9等地主要分布在腾冲市、盈江县等；10等地主要分布在腾冲市、梁河县、陇川县等；11等地主要分布在腾冲市、梁河县、陇川县等；12等地主要分布在腾冲市、陇川县。

7.6.2 变化情况

7.6.2.1 地类变化情况

从耕地总面积变化来看，伊洛瓦底江流域2018年度耕地总面积比2013年度耕地总面积27.76万公顷减少0.03万公顷。分地类来看，水田减少0.03万公顷；水浇地增加0.05万公顷；旱地净减少0.05万公顷。新增耕地主要来源于土地整治等项目开发新增；减少耕地主要是由于建设占用以及农业结构调整等引起。通过对2018年度与2013年度数据对比分析，伊洛瓦底江流域耕地面积变化情况见表7-28。

表7-28 伊洛瓦底江流域耕地面积变化情况分析表

地类	2013年		2018年		面积净增减(＋／－)/万公顷
	面积/万公顷	比例/%	面积/万公顷	比例/%	
水田	15.75	56.74	15.72	56.68	－0.03
水浇地	0.08	0.27	0.13	0.47	＋0.05
旱地	11.93	42.98	11.88	42.85	－0.05
合计	27.76	100.00	27.73	100.00	－0.03

伊洛瓦底江流域2013~2018年度耕地总体面积呈下降趋势。伊洛瓦底江流域耕地面积变化情况详见图7-17。

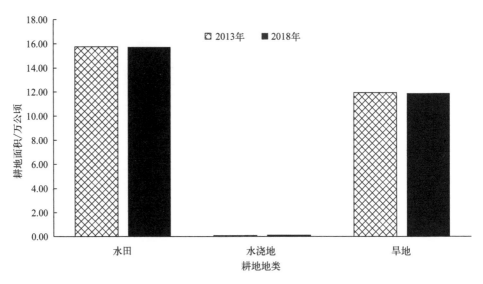

图 7-17 伊洛瓦底江流域耕地面积变化

从空间分布上来看，伊洛瓦底江流域 2018 年度各县（市、区）耕地面积均有增减变化，耕地面积呈增加的为盈江县，净增加 0.06 万公顷；有 5 个县（市、区）耕地面积呈净减少，其中芒市净减少最多，减少 0.04 万公顷；其余耕地面积净减少的县（市、区）面积均小于 0.02 万公顷；有 2 个县（市、区）耕地面积未发生变化。详见表 7-29。

表 7-29 伊洛瓦底江流域各县（市、区）耕地面积变化情况分析表 单位：万公顷

行政区名称	2013 年	2018 年	净增减（＋/－）
贡山县	0.02	0.02	0
泸水市	0.20	0.20	0
腾冲市	8.17	8.16	－0.01
龙陵县	1.24	1.24	0
瑞丽市	1.68	1.66	－0.02
梁河县	2.18	2.17	－0.01
盈江县	4.64	4.70	＋0.06
陇川县	4.45	4.43	－0.02
芒市	5.18	5.14	－0.04
合计	27.76	27.72	－0.04

7.6.2.2 等别变化情况

与 2013 年度比较，伊洛瓦底江流域 2018 年度耕地质量等别范围保持不变，仍为 4~12 等，但各等别面积均发生不同程度的变化（见图 7-18）。2018 年度对比 2013 年度伊洛瓦底江流域质量平均等别提升 0.02 等。

伊洛瓦底江流域 2018 年度耕地质量等别面积增加最多的是 7 等，增加了 0.15 万公顷；质量等别面积减少最多的是 8 等，减少了 0.15 万公顷。等别面积减少的原因是建

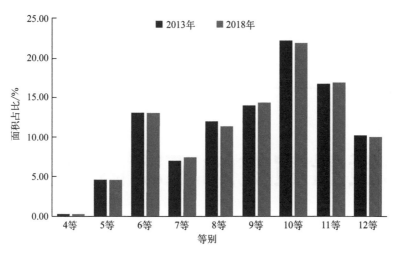

图 7-18 伊洛瓦底江流域耕地质量等别变化对比

设占用、农业结构调整等。详见表 7-30。

表 7-30 伊洛瓦底江流域耕地质量总体变化情况统计表　　　单位：万公顷

等别	2013 年	2018 年	变化量(±)
4 等	0.08	0.08	0
5 等	1.27	1.28	+0.01
6 等	3.62	3.63	+0.01
7 等	1.93	2.08	+0.15
8 等	3.32	3.17	−0.15
9 等	3.90	3.95	+0.05
10 等	6.15	6.07	−0.08
11 等	4.64	4.69	+0.05
12 等	2.85	2.78	−0.07
合计	27.76	27.73	−0.03
平均等别	9.02	9.00	+0.02

第 8 章
耕地质量演变的驱动因子

本章主要从农耕措施驱动、经济建设驱动、农田建设工程驱动三个角度对耕地质量等别的演变进行分析。农耕措施驱动主要从 2011～2020 年云南省农作物播种面积、农业种植结构、肥料施用量、农药使用量以及云南省第二次（二调）和第三次（三调）全国国土调查的耕地面积变化对云南省耕地质量等别变化的影响进行了研究。经济建设驱动以 2012～2018 年云南省城区面积变化及第二次全国土地调查和第三次全国土地调查的数据进行分析，列举了 2018 年全省的城镇化水平图，以昆明市为中心的省会城市发展迅速。农田建设工程驱动主要从 2018～2020 年建设高质量农田情况、2013～2018 年农田建设前后对比情况分析，阐述土地开发与整理对耕地质量存在的影响，通过云南省各州（市）耕地面积类型分析得出土地整治是影响耕地发展的必要方式。通过各项数据图片对比表明农耕措施、经济建设、农田建设工程是影响耕地质量等别演变的重要因素。

8.1 农耕措施驱动

自云南省第二次全国土壤调查以来，云南省的农业发展有了较大的进步，通过在实际生产实践中开展农业结构调整、进行增施有机肥、秸秆还田、绿肥种植、酸化改良等高效适用技术模式，确保高标准农田等重点区域技术措施覆盖面积达到 90% 以上，使得耕地质量等级稳升不降。

根据《云南省第三次全国国土调查主要数据公报》（"三调"）显示，云南省耕地面积为 539.55 万公顷，其中位于 2°以下坡度（含 2°）的耕地占全省耕地的 11.22%；位于 2°～6°坡度（含 6°）的耕地占 11.82%；位于 6°～15°坡度（含 15°）的耕地占 31.10%；位于 15°～25°坡度（含 25°）的耕地占 27.22%；位于 25°以上坡度的耕地占 18.64%。

依据《农用地质量分等规程》（GB/T 28407—2012），原国土资源部组织对土地利用变化及土地整治、土地复垦、高标准农田建设等引起的耕地质量变化进行评价。将全国耕地评定为15个等别，1等耕地质量最好，15等最差。云南省按耕地质量在1~13等均有分布，全省共计9312.81亩，所占面积分别是：1等0.68亩、3等19.59亩、4等25.49亩、5等45.12亩、6等165.15亩、7等220.39亩、8等375.74亩、9等729.9亩、10等2026.57亩、11等3509.33亩、12等2161.9亩、13等32.96亩。耕地质量以10~12等为主，其中10等占耕地面积的21.76%，11等占耕地面积的37.68%，12等占耕地面积的23.12%。

8.1.1 农业种植结构调整的驱动

农业是支撑人类社会存在的基础产业，农业发展需要农民积极性的调动。在自然资源有限的条件下如何安排农业种植结构才能产生最大的农业经济效益，这对农民个体而言是最为重要的。对政府而言，除了保证每个农民的经济收益外，还需要从全局的角度考虑区域总经济效益、社会效益和生态效益。作物种植结构的调整会对耕地质量产生较大的影响。土地利用行为的变化使得耕地质量在空间上形成不同的分布特征。在耕地数量有限、后备资源不足的压力下，耕地数量和质量建设与管理对保障国家粮食安全和维护社会稳定至关重要。因此迫切需要加强对耕地质量的监测，快速及时掌握耕地质量的动态变化及耕地质量等别演变的方向和特征。

8.1.1.1 云南省农业种植结构概况

自2011年以来，云南省农作物播种面积呈现出先增长后下降缓慢增长的趋势，播种总面积在689.08万~714.92万公顷之间，种植业在云南省经济中占有重要地位（图8-1）。据2022年统计，2021年云南省农业产值较2020年增长7.8%，全年粮食总量比上年增加1.8%，油料产量增长1.3%，烤烟增长0.7%，蔬菜产量增长9.6%。其种植

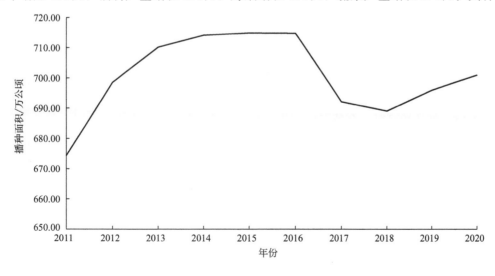

图 8-1 2011~2020年云南省农作物播种面积

结构在此期间也发生了较大的变化（表8-1），2020年与2011年相比，粮食作物与非粮食作物的比例由1.88∶1变为1.47∶1；蔬菜在种植结构比例由10.90%上升为17.16%，增长了57.43%；油料作物由5.08%下降到4.44%，降低了14.4%；糖料作物由4.55%下降到3.36%，降低了35.41%；烤烟由7.06%下降到5.65%，降低了24.96%。农业产量（粮食、油料作物、糖料作物、烤烟、蔬菜）较2011年增加了1.19倍，说明云南省种植结构从粮食作物为主逐步偏向非粮食的适应性调整，并取得初步成效。

表8-1 云南省农业种植结构　　　　　　　　　　　　单位:%

年份	粮食作物	油料作物	糖料作物	烤烟	蔬菜	其他
2011	65.29	5.08	4.55	7.06	10.90	5.32
2012	63.25	4.19	4.69	7.53	12.17	5.35
2013	62.70	5.04	4.82	7.40	12.68	5.22
2014	62.22	5.03	4.76	6.84	13.27	5.14
2015	62.26	4.98	4.36	5.99	14.04	5.40
2016	62.44	4.98	3.95	5.94	14.55	5.42
2017	60.23	4.17	3.47	5.96	15.67	5.58
2018	60.58	4.49	3.77	5.83	16.43	5.66
2019	59.86	4.51	3.54	5.73	16.74	5.75
2020	59.45	4.44	3.36	5.65	17.16	5.46

注：数据来源于云南省统计年鉴。

8.1.1.2 农业种植结构调整目标发展

对农业种植结构优化调整的目标随着社会的发展也在不断发展着，最初的种植结构调整往往单纯以经济效益最大化为目标，根据短期内的市场需求来决定种植结构，这是一段时期内我国的市场经济导向型农业所决定的。例如，李曼等（2015）以农业经济效益为目标对疏勒河流域双塔灌区的农业种植结构进行了调整。但是单纯以经济效益优先为目标的农业发展中，对社会效益和生态效益的忽视带来的后果往往是以水资源缺口加大、生态退化等为特征的农业不可持续发展。随着社会、科技的发展，农业种植结构逐步往生态农业、特色农业、品牌农业等方向发展，对农业种植结构的调整开始因地制宜。区域自然环境禀赋、全球气候变化、水资源供给状况、生态系统稳定性等都成为影响作物种植结构调整的重要因素。因此，优化目标也由单纯的经济效益最大化目标发展成经济效益、社会效益、生态效益等多目标优化模式。李阔等（2017）分析了气候变化影响下的中国农业种植结构调整。王玉宝（2010）从以农业净产值、粮食产量、生态效益和水分效益最大化作为优化目标，对黑河流域的农业种植结构展开了优化调整。

2018年8月，云南省印发了《关于创新体制机制推进农业绿色发展的实施意见》，全面建立以绿色生态为导向的制度体系，基本形成与资源环境承载力相匹配、与生产生活生态相协调的农业发展格局。其实施方式是以种植主体和生产方式转变为重点，以绿色为底蕴，引导农民实施农业种植结构调整，进一步削减农业面源污染，促进绿色农业发展。云南省玉溪市通海县通过种植结构调整，坚持和践行"严管严控"策略，引导农户扩大烤烟、水稻、荷藕等环境友好型和生态保育型作物种植，推广测土配方施肥、绿色防控、有机肥替代化肥等技术，有效减少化肥农药使用量，积极推动绿色有机农业示范区建设，全面促进绿色农业发展。

8.1.1.3 农业种植结构调整对耕地数量的影响

我国主要农产品供应在新中国成立后经过近50年的发展，于20世纪90年代中后期达到"总量基本平衡，丰年有余"。但随着国内消费市场对农产品需求的变化，加之国外农产品竞争加剧，中国随即遭遇了大宗农产品因品质、品种问题及其加工滞后而大量积压、"卖难"问题较为普遍、价格持续下降和农民收入缺乏新的增长点等难题。鉴于此，1998年底党中央在慎重分析后做出了我国农业和农村经济发展进入了新阶段的重要判断，并且提出新阶段中心任务是对农业和农村经济结构进行战略性调整，由此开始了新一轮农业结构调整。由于农业结构调整旨在提高农业整体素质和效益，而土地又是农业生产的最基本要素之一，所以，客观上要求对现有土地资源进行重新组合，按照市场需求合理配置土地与其他生产要素。

许多农业结构调整与耕地有关，既包括将园地、林地、牧草地或水域等调整为耕地，也包括将耕地调整为园地、林地、牧草地或水域等，前者属于农业结构调整增加耕地，后者则属于农业结构调整减少耕地。"二调"与"三调"数据显示（图8-2），在非农建设占用耕地严格落实了占补平衡的情况下，耕地地类减少的主要原因是农业结构调整和国土绿化。"三调"的耕地数量较"二调"减少了84.84万公顷，下降了13.59%；园地增加了91.85万公顷，增加了55.54%；林地增加了189.97万公顷，增加了8.23%；草地减少了170.54万公顷，降低了56.32%。"三调"数据成果全面客观地反映了我国国土利用状况，也反映出耕地保护、生态建设、节约集约用地方面存在的问题，必须采取有针对性的措施加以改进。要坚决遏制耕地"非农化"、严格管控"非粮化"，从严控制

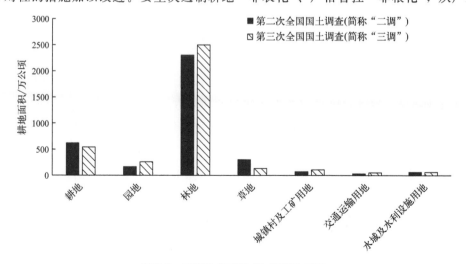

图 8-2 云南省"二调"和"三调"对比

耕地转为其他农用地。规范完善耕地占补平衡，确保完成国家规划确定的耕地保有量和永久基本农田保护目标任务。

8.1.1.4 农业种植结构调整对耕地质量的影响

云南省由于其独特的地理位置和气候条件，拥有丰富的农业资源和植物资源。然而，长期以来，农业生产中存在着种植结构单一、土地退化、水资源短缺等问题，对耕地质量产生了不良影响。为了提高耕地质量和农产品品质，云南省政府在过去几十年中出台了一系列措施和政策，推动农业种植结构的调整和升级。2005~2015年期间，云南省实施了"绿色云南"计划，旨在推广高效节水农业和有机农业，并鼓励农民实行轮作和间作，减少耕地的单一种植。这些措施促进了耕地质量的提高，尤其是土壤肥力和水分利用效率的提高。2016年，云南省政府出台了《云南省农业农村现代化"十三五"规划》，提出了促进农业结构调整、推进农业科技创新、加强农业基础设施建设、提高农产品质量安全等一系列措施，以促进云南省农业现代化和农村经济的发展。其中，调整农业种植结构是其中一个重要的方面，通过推广高效节水农业和有机农业等新技术、新模式，促进农业向生态化、多元化方向转型，以提高耕地质量和农产品的品质。这些政策的出台，对于云南省农业生产的转型和耕地质量的提升具有重要的指导和推动作用。

这些调整和升级措施的实施，对耕地质量产生了积极的影响。首先，通过推广高效节水农业和有机农业等新技术、新模式，促进农业向生态化、多元化方向转型，以提高耕地质量和农产品品质。其次，通过适度减少种植高水耗作物、合理轮作和休耕等措施，调整农业种植结构，提高土壤质量和保持水土流失。此外，政府还加强了耕地的保护和管理，包括划定耕地保护区和加强对耕地的管理和监督，以保障耕地的持续利用和可持续发展。

同时，云南省农业人员也在不断尝试和探索新的种植方式，以适应当地的土壤和气候条件。这些努力的成果逐渐显现，例如云南省的农业生产已经实现了从单一种植到多元化的转型，对耕地质量的保护和提高也取得了一定的成效。总的来说，云南省的农业种植结构调整对耕地质量的提高和保护起到了积极的作用。

具体案例如下。

① 在曲靖市富源县，由于长期单一种植水稻，土地质量严重退化。2017年，政府出台了多项措施，鼓励农民采用轮作和间作的种植方式，并逐步推广多种植，例如玉米、大豆、蚕豆、绿豆等，以改善耕地质量。经过几年的实践，耕地质量得到了明显改善，土壤肥力和水分利用效率得到提高。

② 在楚雄市南华县，由于长期单一种植水稻和玉米，土地质量出现问题。政府鼓励农民实行生态农业，推广种植黄金桂、桑葚、葡萄等水果作物。这些果树对土地有较高的要求，需要精心管理，但是也能增加土地的产值和保持土地的肥力，从而改善耕地质量。

③ 2018年2月，澄江市发布了《抚仙湖径流区土地流转休耕轮作发展生态农业实

施方案》，结合当地为烤烟主产区的实际，采用"生态＋种植标准＋龙头企业＋基地＋农户"，建设2万亩绿色优质烟叶轮作基地，将发展生态烟叶种植作为种植结构调整的主要发展方向。通过科学的轮作种植、养分调控、技术优化等关键核心技术的集成和示范，改良了土壤质量，减少了农药化肥用量，削减了氮、磷等农业面源污染物排放，提高了土地的综合效益。核心示范区内通过技术的集成应用，可减少化肥用量22.5%，氮、磷农业面源污染物排放平均减少17.2%，烤烟病害发生率较其他大面积生产区域明显降低，烟株长势长相良好，群体整齐一致。烟叶亩产量平均提高15.6kg，上等烟比例提高3.2个百分点，均价每千克增加2.23元。

如图8-3所示，根据2019年发布的《云南省耕地质量监测年报》，云南省耕地质量总体呈现稳定的态势，4～6等地的耕地占据了较大比例，高、中、低等地所占比例分别为21%、47%、32%。报告显示，云南省耕地土壤pH值、有机质含量、速效钾和速效磷等主要质量指标均处于较好水平，表明耕地土壤质量总体上保持较好状态。但

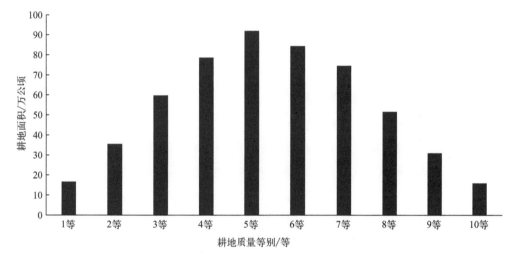

(a) 不同耕地质量等别的面积

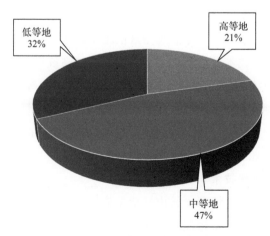

(b) 高、中、低等地所占比例

图8-3 2019年云南省耕地质量状况

是，耕地土地退化和水土流失的问题仍然存在，且近年来受气候变化影响，一些地区出现了极端天气和自然灾害，对耕地质量的影响也逐渐显现。因此，云南省仍需加强耕地保护和管理，继续推进农业种植结构调整和升级，以保障耕地的可持续利用和农业生产的持续发展。

8.1.2 耕作制度与新技术应用驱动

耕作制度亦称"农作制度"，是种植农作物的土地利用方式以及有关技术措施的总称，其主要包括作物种植制度和与种植制度相适应的技术措施。例如，在种植制度中确定作物的结构与布局，耕种与休闲，种植方式（如间作、套作、单作、混作），种植顺序（如轮作、连作）；在技术措施中进行农田基本建设、土壤培肥、水分管理、土壤耕作、防止和消除病虫害和杂草等。

近些年，现代耕作制度与新技术的应用研究不断深入，研究成果不断涌现，为我国发展现代农业、提高耕地质量、增加农民收入做出了巨大贡献，主要体现在以下几个方面。

8.1.2.1 现代耕作制度与耕地质量

(1) 种植模式在广度和深度上的突破

复种和间作套种是我国现代农业种植方式区别于国外的基本特点。特别是20世纪80年代以来，我国种植方式集中体现在复种和间套作的突破性进展。例如，西南丘陵地区的"麦—玉—豆"新三熟高效种植模式，广西地区的木薯与西瓜、花生、大豆等作物间作种植模式，华南地区的"菜—稻—菜"多熟高效种植模式，华北地区的"玉米—小麦"轮作种植模式，东北地区的"林粮（经）"间作复合生态种植模式等，这些种植方式在对粮食和经济作物生产的稳定发展与改善土壤质量等起到了重要作用。

(2) 土壤耕作制度的优化

近些年，各地提出一些适应不同生态类型区的土壤耕作技术。例如，东北平原地区的深松耕作技术、浅旋耕作技术等，有利于蓄水保墒、提高抗旱能力，南方地区的少耕免耕技术、土壤轮作休耕技术、间作套作技术、等高种植技术等，不仅能促进作物增产，减少病虫害，而且能够防止水土流失问题，有效提高耕地质量。云南红壤旱耕地传统上均保持以翻耕为主，实行一年多次的重复翻耕，精耕细作的耕作制度，旱耕地种2~3熟，短期经济作物以轮作为主，秋冬闲田很少。

(3) 多种形式的旱作耕作技术

根据土地的利用年限和施肥情况，云南红壤旱耕地土壤耕性类型分为土酥柔软、土轻松散、土重紧密、沉浆板结、紧密僵硬和顶犁跳等几种。由于土壤耕性种类的不同，决定了其耕作性的不同。耕作性的好坏与土壤对农机具阻力的大小、土壤耕作质量的好坏和土壤宜耕期的长短有关。就云南红壤旱耕地而言，其土壤的耕作阻力较大，耕作性较差，耕作时间要求较严，土壤耕性不良，耕作质量差，适宜耕作的时机较难把握。因地制宜地研究适应山区旱耕地保护性耕作技术体系，采用免耕、少耕、开等高小犁沟蓄水、适时深松、按时浅松、绿肥覆盖等措施，坡度较小的山地选用中小型号的山地农机具与中小型拖拉机配套作业，坡度较大的则只能采用部分机械和部分人畜力配合作业。

(4) 轮作技术向高产高效化方向发展

很多作物都会表现出连作障碍，尤其豆科牧草，对农业生产造成很大的影响。轮作是一种缓解连作障碍的有效措施，能改善土壤健康状况，促进作物生长，增加产量。例如，云南省在前茬作物为玉米、稻谷、小麦、烤烟的前提下，因地制宜推广符合实际的轮作模式。玉米与大豆轮作，发挥大豆根瘤固氮养地作用，提高土壤肥力，增加优质食用大豆供给；玉米与马铃薯等薯类轮作，改变重迎茬，减轻土传病虫害，改善土壤物理和养分结构；玉米与油菜等油料作物轮作，增加食用植物油供给；稻谷与豆类、油菜、薯类等作物的轮作，水旱交替，减轻土传病虫害，改善土壤物理和养分结构；小麦与豆类、绿肥等作物轮作，提高土壤肥力；烟与豆类、油菜等作物轮作，改善土壤物理和养分结构。

8.1.2.2 新技术的应用与耕地质量

制约农作物增产最重要的因素之一就是土壤的质量。据调查，连续多年用小型农机具作业或大型拖拉机带旋耕机作业，耕深只有12～16cm，导致土壤耕作层变浅、板结严重，耕作阻力不断增大，同时犁底层的土壤变得硬脆，厚硬的犁底层也阻碍着土壤上下水气的贯通和天然降水的贮存；小型农机具的连年作业，也导致了土壤中蚯蚓等生物的大量减少，土壤毛细管的破坏，土壤养分输送能力的破坏，难以维持植株正常生长对水、肥、气、热的需求；多年来传统的种植习惯——翻、耙、压，翻动土壤严重，不符合作物生长需求；另外，机车多次进地，土壤压实，降雨径流现象十分突出，土壤蓄水保墒能力明显不足。因此，机械化深松为主导的种植模式是目前现有综合技术条件下农作物增产的最为有效的方法。

1) 改善土壤结构 机械化深松可以有效加深耕作层，打破犁地土层，形成良好的土体结构，有效改善土壤的通气、透水性，促进作物根系发育。

2) 增强土壤排涝降盐能力 机械化深松可有效排出土壤的水涝、盐碱，适合在盐碱地作业。全方位深松后半年可使盐碱地盐碱含量下降12%，在积盐期全方位深松的盐碱含量比未深松的减少13%。

3) 提高土壤蓄水保墒能力 机械深松作业可极大地提高土壤蓄积雨水和雪水能力，在干旱季节又能自心土层提墒，提高耕作层的蓄水量。

8.1.3 肥料投入变化

粮食产量作为耕地现实产能的表现，其产量水平受到施肥、农药和农用薄膜的影响，合理施肥可以培肥土壤，补偿地力不足，然而大量甚至过量施用化肥会使土壤颗粒分散，土壤的水稳性团粒结构被破坏，造成土壤酸化、板结，同时严重影响农作物的产量及质量，进一步对耕地产能产生影响。不同的施肥模式对土壤化学性质存在不同影响，长期施肥和耕作措施对土壤肥力变化和土壤理化性质具有显著性影响，表现为施用有机肥与无机肥对土壤 pH 值、有机质、土壤水分、土壤内营养元素含量等具有不同表现，在一定程度上施肥模式会影响耕地质量及农作物产量，进而影响耕地产能。Mercy Kamau 及 Lenka 等认为过量使用化肥的主要后果是造成耕地重金属污染，进而影响耕地质量，降低耕地产能。

8.1.3.1 化学肥料投入与耕地质量

2015 年 2 月，农业部制定了《到 2020 年化肥使用量零增长行动方案》，云南省自 2015 年以来，全面启动实施化肥农药使用量零增长行动，并出台了《云南省"化肥农药使用量零增长"实施方案》。至 2020 年，云南省在化肥，氮肥、磷肥、钾肥上实现了 5 年的负增长，全省肥料施用量折纯量年均分别减少 2.70%、4.92%、4.93%、3.33%（图 8-4），实现原农业部下达的目标任务；在"化肥使用量零增长"行动中，云南省紧扣提质增效转方式、稳粮增收可持续工作主线，不断创新具有云南特色的化肥减量增效技术模式，其中云南省智能化肥微工厂建设、水肥一体化技术进入全国先进行列。截至目前，全省化肥使用结构比例明显优化，氮磷肥比重降低，施肥总量增速和施肥强度出现双减的良好态势。

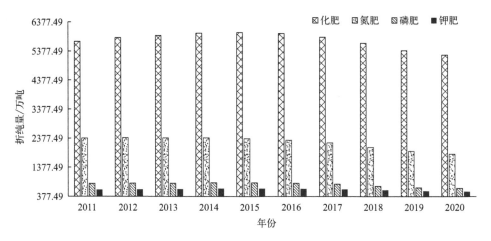

图 8-4 2011~2020 年云南省肥料施用量

合理的施用化肥能够在一定程度上改良土壤，提升耕地质量。

（1）有机肥与化肥配施改良土壤

有机肥与化肥配合对培肥土壤非常重要，它可以提高土壤微生物的数量和活性，可以降低土壤微生物的碳氮比，可以更快地提高土壤中的氮含量并改善磷钾养分的供应。

（2）注重化肥施用的结构与用量改良土壤

施爱枝等提出增施有机肥、稳施氮肥、控施磷肥、增施钾肥、喷施硼钼微肥等措施来平衡土壤养分，提高土壤肥力。洪如水对基础肥力不同的红壤性水稻土培肥研究结果表明，短期以全化肥优于有机-无机肥结合，更优于全有机肥。而有机-无机肥结合具有较高集约性和长、短效益兼顾性，更显著地富化土壤养分容量，提高元素生产效率。黄欠如等研究结果表明，不同施肥结构受气候的年成变化的影响不同，对地力依赖性不同。CK、NK、NPKM处理受气候的年成变化影响不大，而N、NP、NPK处理受影响强烈；对地力依赖性表现出N＞NP＞NK＞NPK＞NPKM的趋势。氮钾肥配施既能减少硝态氮的淋洗和反硝化脱氢作用，又可增强土壤对铵的缓冲能力。

（3）推进配方施肥、平衡施肥

对于常年大量施入复合肥的农田而言，土壤中氮、磷、钾等养分元素只多不少，其面临的主要问题是将被土壤固定的氮、磷、钾等养分释放出来，让作物吸收利用，而不是过多追施化学肥料。推广配方施肥技术可以确定施肥的种类、用量及时期，有利于土壤养分的平衡供应，减少化肥的使用量，节约成本，减轻土壤污染。

8.1.3.2 农药投入与耕地质量

在2015年以来，云南省农药使用量也实现了连续5年的负增长（图8-5），全省农药使用量年平均减少5.15%，实现原农业部《化肥农药使用量零增长行动方案》规定的到2020年实现零增长的目标任务。在"农药使用零增长行动"中，各地围绕此目标进行新模式的应用。例如：陆良县围绕高原特色农业，推行大面积农作物病虫害统防统治与绿色防控融合示范应用，在水稻病虫害统防核心示范区稻飞虱、稻瘟病防效分别达91.2%、87.4%，与农户自防相比减少农药使用2次，每亩可节约农药成本70元。保山市在油菜、蚕豆、麦类、玉米和蔬菜5种主要农作物上示范推广蚜茧蜂，创建了蚜茧蜂保种驯化技术、高密度饲养混合繁育释放技术及在农作物上的推广模式。3年来，保山市累计推广250.6万亩，防效45%~75%；累计减少化学农药使用142.83t，节约防治成本0.79亿元，挽回经济损失2.7亿元。农药的不合理使用会对土壤造成影响，且其对土壤的影响是多方面的。

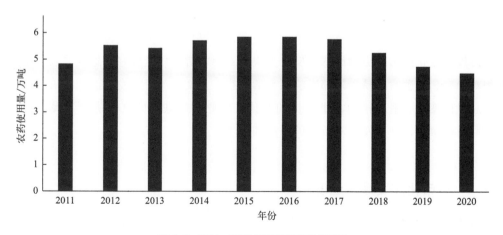

图 8-5　2011~2020年云南省农药使用量

(1) 农药引起土壤结构和功能的改变

过多的外来化学物质会改变土壤的结构和功能，引起土壤理化性状，如 pH 值、Eh、CEC、土壤孔隙度改变。同时，被农药长期污染的土壤将会出现明显的酸化，土壤全量养分也会随污染程度的加重而减少。

(2) 农药对土壤酶的影响

农药作为一种外来物质，对土壤酶活性有着直接和间接的影响，其直接影响是激活或抑制土壤酶的活性，而间接影响主要是通过改变土壤生物及其组成来影响土壤酶的含量和活性。

(3) 农药对土壤微生物的影响

微生物是土壤的重要组成部分，在土壤养分的有效化过程中扮演着重要角色，其群落结构的组成和相关活性对于土壤肥力的保持以及土壤生态系统的物质和能量循环具有重大的意义。农田施用的农药大部分散落在土壤中，对土壤的微生物群落和活性会产生一定的影响，从而对土壤肥力和土壤生态安全造成影响。

8.2 经济建设驱动

从城市扩张的驱动力上看城市空间的扩展是多种因素共同作用的结果，其中城市经济的发展、交通设施的发展、人口的增加和政府政策是城市扩张的主要驱动力。城市扩张占用大量耕地不仅使耕地数量减少还对耕地质量产生深远影响。姜广辉等通过应用 GIS 空间分析与模拟技术发现北京山区耕地质量山区和半山区耕地质量仍然不断增加，平原区耕地质量则出现了降低现象。由于城市占用的耕地多是郊区的菜地和熟耕地，质量上难以由开荒等增加耕地的措施来弥补，基础设施建设项目必将需要大量土地作为承载。而一般新增建设用地的来源，一方面为占用耕地，另一方面还来源于水面和未利用地的开发。城市化的发展还使得弃农经商人口流入城市的现象严重，导致农业投入劳动力数量和质量下降，局部地区出现土地撂荒现象。王晓瑞等研究发现在耕地质量本底水平较差的地区，农田生态系统相对单一、脆弱，使得耕地质量对城镇化、工业化发展以及地形坡度变化的影响更加敏感、反应更快速；而在耕地质量较好的地区，农田生态系统相对稳定、完善，不易受外部影响因素的干扰。彭文甫等研究发现经济发展引起耕地利用总量的变化、造成耕地需求结构的变化，农业科技进步可改良耕地、提高粮食单产，同时缓解经济社会发展对耕地的占用和需求。

8.2.1 城市化改变经济建设

城市化的结果表现为城市数量的增多和城市规模的扩大。城市建设用地外延增长必然占用大量耕地使"吃饭和建设"的矛盾更为尖锐，同时耕地减少又导致大量劳动力剩余给城市带来压力。城市化工业化必然占用一定数量的城郊土地，但许多被占用的土地没有发挥出应有的价值，有的城市在市区潜力还没有完全发挥时就盲目向郊外发展，既浪费土地又浪费资金；许多基础薄弱、辐射能力小的中小城镇为吸引投资竞相压低地价搞成片的开发区，造成大量耕地撂荒。城市化用地扩张变化的驱动力可以归纳为经济驱动因素、人口驱动因素、人民生活水平因素等。从根本上说，城市土地需求取决于经济的发展，经济发展包括经济规模的扩大和产业结构的变化，前者将引起对土地总量的需求，后者则导致土地需求结构的变化。在城市空间扩展过程中，城市用地提供了城市一切社会经济活动的物质基础。合理确定人口规模和用地规模是城市规划的前提。城市规模一般包括人口规模和用地规模，而人口规模又是用地规模的前提。因此，城市人口对空间的需求是城市土地扩张的直接动因。随着第二、第三产业在整个国民经济中的比重增加，从事第二、第三产业的非农业人口也会不断增加，有一部分农业人口就涌入城市转变为城市人口。再加上城市人口的增加必然导致更多的城市居民需要更多的城市用地来满足其对住房、交通和公共设施等方面的需求，从而扩大对城市用地的需求。

耕地质量的驱动过程进行研究中，考虑类活动的剧烈程度，侧重社会经济要素对耕地质量的影响分析，重点突出了在城市化、工业化的快速进程中，大量人类活动对耕地质量的影响过程。图 8-6 为城镇化发展与耕地质量作用机理（苏娇萍，云南省城镇化对耕地生态足迹的影响及对策研究），当土地开发强度最高时，土地开发强度与耕地质量等别呈明显的正相关关系，进一步说明土地开发强度的增加使得耕地质量不断降低。主要是由于在城市化、工业化发展的初期，常常伴随大量优质耕地的占用与破坏，并带来一系列的生态环境问题，从而导致耕地质量降低。另外，乡村农业人口数量与耕地质量等别的相关性明显增强，呈显著正相关，表明在耕地质量较差的地区，乡村人口数量的增加使得耕地质量不断降低。

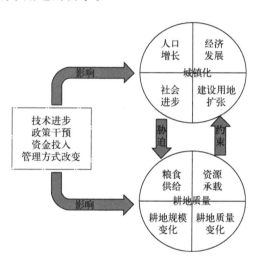

图 8-6 城镇化发展与耕地质量作用机理

城市群将成为云南省城镇化发展主要形态。通过加强集聚效应、提高资源配置效率、提升生产率等持续推进城市化进程和实现中速高质量发展，当土地开发强度最高时土地开发强度与耕地质量等别呈明显的正相关关系，进一步说明土地开发强度的增加使得耕地质量不断降低。主要是由于在城市化、工业化发展的初期，常常伴随大量优质耕地的占用与破坏，并带来一系列的生态环境问题，从而导致耕地质量降低。另外，乡村农业人口数量与耕地质量等别的相关性明显增强，呈显著正相关，表明在耕地质量较差的地区，乡村人口数量的增加使得耕地质量不断降低。依据国家统计局统计信息发现2009～2013年昆明市发展最为迅速，4年间城区面积扩展了115.3km²。由图8-7发现2012～2019年云南省城区面积呈缓慢上升趋势，最为突出的是2013年全省城区面积达到5059.93万平方公里，比2012年提高了28.46%。与图8-8云南省城区人口变化图对比发现，2013年城区人口并无明显变化，反而在2013年之后城区人口呈缓慢上升趋势。说明呈贡新区的设立驱动了昆明城市的快速发展，而2013年以后云南省城市建设速度放缓，土地利用趋于集约化。

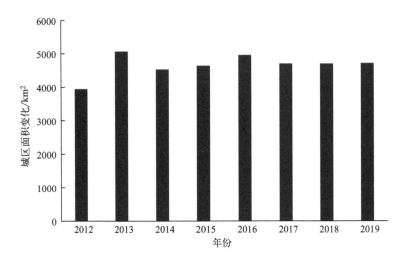

图 8-7 2012～2019年云南省城区面积变化

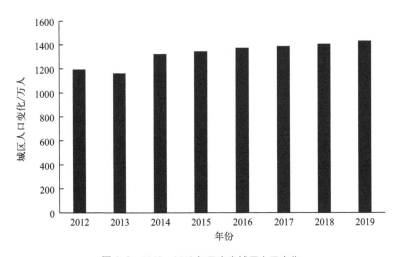

图 8-8 2012～2019年云南省城区人口变化

耕地质量是云南省粮食安全和农产品质量安全的重要基础。从1976年到2016年的40年间，昆明城市面积增加了8倍多，几何中心由20世纪70年代的胜利堂到90年代的得胜桥，再到21世纪初的官渡广场以及现在的菊华立交，轨迹记录了多年来昆明城市的发展方向,伴随着工业化和城镇化进程的不断加快,昆明市耕地数量锐减,耕地质量不断下降,耕地污染加剧等一系列问题。根据统计年鉴的数据显示,2018年云南省城镇化率47.81%,其中昆明市、曲靖市、玉溪市、红河州、西双版纳州的城镇化率高于全国平均水平,云南省社会经济的快速发展,各州市的城镇化率也得到提高,以昆明市为中心的省会城市发展迅速。

根据云南省统计局数据显示,2013~2018年期间昆明市农用地面积减少了3.18万公顷,建设用地增加了5.43万公顷。第二次全国土地调查与第三次全国国土调查显示(图8-9),2013年昆明市耕地按坡度划分,2°以下耕地10.88万公顷,占24.79%;2°~6°耕地6.98万公顷,占15.89%;6°~15°耕地15.69万公顷,占35.73%;15°~25°耕地7.36万公顷,占16.76%;25°以上坡耕地接近3万公顷,占6.83%。2018年全市位于2°以下坡度(含2°)的耕地5.41万公顷,占全市耕地的14.00%;位于2°~6°坡度(含6°)的耕地6.83万公顷,占17.67%;位于6°~15°坡度(含15°)的耕地15.70万公顷,占40.62%;位于15°~25°坡度(含25°)的耕地6.70万公顷,占17.90%;位于25°以上坡度的耕地3.79万公顷,占9.81%。昆明市2°以下耕地减少了5.47万公顷,坡度在25°以上的耕地增加了0.79万公顷。主要是由于昆明市规模扩张对建设用地的需求增大,大量耕地转化为城镇用地。

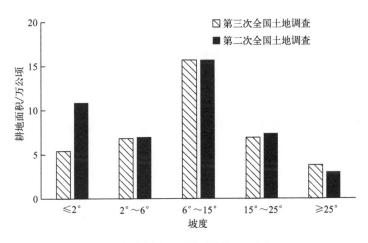

图8-9 昆明市不同坡度耕地面积变化

研究表明,城市发展的GDP和土地整治规模对耕地质量均有影响。GDP与耕地质量等别的相关性明显增强,在耕地质量较差的地区,随着GDP的增加耕地质量不断降低,但超过1500亿元后耕地质量则开始提升。这主要是因为在耕地质量较差的地区,经济发展相对落后,初期GDP的增长大多是以大量占用优质耕地和生态环境破坏为代价的,经济发展模式单一粗放。当经济发展到一定程度时,开始注重耕地资源保护与生态环境问题的修复,经济发展模式不断向节约、集约方向转变,使得耕地质量得到改善和提升。

8.2.2 耕地占用影响经济建设

我国高速公路网规划的主要是为了连通大城市，大部分线路都穿越耕地密集区，高速公路占用耕地比率相当高，同理可推知山区高速公路建设也会占用大量的耕地资源。与此同时，山区高速公路建设为能尽量减少投资规模、降低工程施工难度、确保工程安全，通常选择工程地质条件较好，地形地貌起伏小的地区进行山区高速公路选址，这些地区往往是耕地尤其是基本农田所在地，因此高速公路的建设不可避免地占用了大量耕地。交通运输部科学院承担的《公路建设用地若干关键问题》项目公布的数据显示：2007年我国除湖南、云南及港澳台外，其他28个省（自治区、直辖市）新建、改扩建高速公路项目占用耕地比率高达45.6%，高速公路建设易形成"三角地""边角地"等破碎化耕地，耕地破碎化直接造成无法耕种而荒废的农田面积一般占到高速公路建设总用地面积的2%左右，山岭重丘区甚至达到4%左右。

随着云南省经济的快速发展，将会进行大量的公路、铁路、民航、水利等基础设施的建设，人们必然对其居住空间、公共空间以及城市公共设施等提出更多、更高的要求以满足其经济和社会发展的需要。如图8-10所示，基础设施用地中，水利设施和交通用地相比2013年增长了22.06%和35.39%，有较大幅度的增长。从个体选择的角度出发，提升城市外围区的交通设施的建设，可以增强该区域的可达性，疏散多集中于城市中心区及次中心区的居民出行，以交通流带动片区土地利用的有效性，如表8-2所列，1980～2019年云南省公路运输线路长度的快速增长，加强其他基础配套设施的建设，有效提升片区房地产市场的竞争力，吸引更多的居民流入该片区，使该片区的土地利用更为集约和紧密。依照云南省经济社会发展规划、产业政策与区域战略，加强城市外围区的整体基础设施配套水平，可以为其社会经济发展打下坚实基础，提升其区域竞争力，促进其产业优化升级，增强人口在该片区的流动性，从而提升该片区的城市土地的紧密利用。

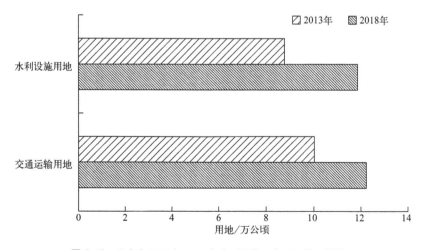

图 8-10 云南省2013与2018年水利设施和交通运输用地情况

表 8-2 1980~2019 年云南省公路运输线路长度　　　　　单位：km

年份	公路通车里程	等级公路	高速	一级	二级	三级	四级	等外公路
1980	44149							
1985	49541							
1988	52534	43911			99	6209	37683	8543
1989	54732	46296			126	6252	39902	8436
1990	56536	48244			195	6484	41524	8292
1991	58123	49917			199	6718	42959	8206
1992	60045	52007			211	6811	44900	8038
1993	63086	55317			587	7056	47633	7769
1994	65578	57992			615	7302	50034	7586
1995	68236	60777			917	7571	52248	7459
1996	70279	62936			1066	7862	53922	7343
1997	73821	66561	45	71	1301	8080	57064	7260
1998	76957	69783	205	61	1311	8420	59786	7174
1999	102405	95354	405	72	1435	8702	84740	7051
2000	109636	102626	517	153	1722	8798	91436	7010
2001	163953	106396	517	164	2106	9787	93822	57557
2002	164853	107617	746	164	2192	9969	94546	57236
2003	166134	109302	1064	230	2677	10057	95274	56832
2004	167050	110876	1291	237	3089	10062	96197	56174
2005	167678	111961	1424	287	3325	9918	97007	55717
2006	198496	99834	1549	279	3696	9513	84797	98662
2007	200333	104771	2507	600	4370	9469	87825	95562
2008	203753	124526	2512	633	4859	9563	106959	79227
2009	206028	138150	2512	628	4973	9518	120519	67878
2010	209230	158119	2630	733	5771	9329	139656	51111
2011	214524	165843	2746	842	9553	8407	144295	48681
2012	219052	171960	2943	974	10299	8372	149371	47092
2013	222940	178371	3200	1003	10307	8354	155508	44568
2014	230398	189481	3255	1068	10596	8409	166153	40917
2015	236007	197071	4006	1152	10860	8286	172768	38936
2016	238052	200898	4134	1196	11752	8618	175198	37154
2017	242546	208526	5022	1354	11941	8937	181272	34020
2018	252929	220555	5184	1443	12222	9715	191991	32374
2019	262409	231741	6003	1546	12770	10265	201158	30668

基础设施建设势必占用到少量基本农田及城中村用地，大量占用优质耕地和生态环境破坏，大大降低了耕地质量。耕地占优补劣十分普遍，根据国土资源部门的资料统

计，我国平均每 10 年通过土地开发、土地整理和土地复垦补充耕地 280 万～490 万公顷，而这些耕地一般多属于低产田。分析全省 2013～2018 年度减少耕地及新增耕地变化规律（图 8-11）。一方面，减少耕地的耕地面积减少呈下降趋势，减少耕地等别面积中，高等别耕地减少比重降低，低等别耕地减少比重增加；另一方面，新增耕地，耕地面积增加呈上升趋势，新增耕地等别面积中，高等别耕地新增比重增加，低等别耕地新增比重减少。

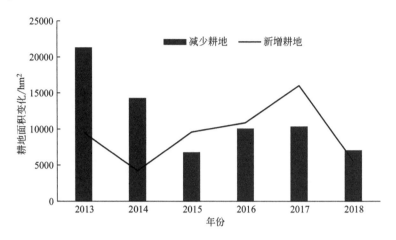

图 8-11 云南省减少耕地及新增耕地变化规律

在经济持续增长、城镇化快速推进的背景下，云南省城市建设用地进入了快速增长的阶段。如图 8-12 所示，云南省 2013～2018 年度建设前和建设后耕地呈下降趋势，尤其是 2013～2015 年期间耕地呈下降趋势；2016 年开始耕地减少趋势减缓，新增耕地增加，主要原因是城市扩张占用的土地多为土壤肥沃的耕地，进一步加剧耕地供需矛盾。合理地预测发展进程中各类用途的土地的需求，科学地安排公共服务设施和基础设施建设的规模，充分把控"规划"作为优化交通基础设施配置的关键阶段；优化土地利用结构，协调各类用地发展，努力改善云南省城市空间功能布局，提高城市的生活质量，充分发挥城市功能。

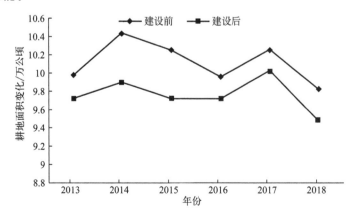

图 8-12 云南省 2013～2018 年度建设前后耕地变化规律

道路交通设施的建设会占用土地;从一个区域来看,对外交通条件的改善会增加区域的可达性,进而改善当地的投资环境,为经济的快速发展奠定基础,从而对建设用地的变化产生影响;城市内部交通方式的进步降低了交通成本,同时扩大了居民和企业的活动空间,导致城市住宅和工业用地向外扩张,建设用地面积增加。图 8-13 为云南省2015～2018 年四年间耕地及建设面积变化图,除去 2017 年新增了 0.55 万公顷耕地,其余在 2015 年、2016 年、2018 年分别减少了 0.13 万公顷、0.07 万公顷和 0.42 万公顷,而建设面积在 2015～2018 年四年间分别增加了 2.12 万公顷、2.21 万公顷、1.78 万公顷和 1.73 万公顷。

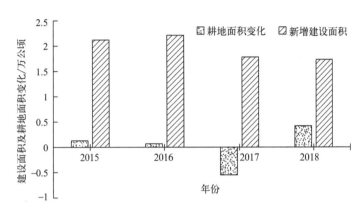

图 8-13 云南省新增建设面积及耕地面积变化情况

基础设施建设过程中占用的耕地,使得耕地面积减少,加上耕地质量退化,粮食产量已很难得到有效保障,我国粮食供求关系趋于紧张,国家粮食安全受到严峻挑战。目前,我国耕地产出的粮食还难以满足人民生活水平的提高和经济日益增长的需要。而且国内的粮食价格也在上涨,其原因是粮食供给减少,而粮食供给减少的原因是耕地减少。由于耕地是一种人工-自然生态复合系统,它不但具有生产功能和生活功能,同时在很大程度上具有绿地所具有的物质循环、能量转化、调节气候、保持水土维护生物多样性和净化环境等生态环境功能。耕地被征以后,其农产品生产、生活功能不但随之不复存在,其作为绿地的生态环境功能也因耕地的不断减少而流失。

经济的发展需要一定的投入作为启动。云南省经济的高速增长是与固定资产投资规模的大幅度增加密不可分的。而交通建设作为国民经济的一大基础设施建设,在此阶段的迅猛发展更清楚地表现了这一点。同时由于云南省的土地占有量与固定资产投资规模成正比,经济增长是耕地减少的主要驱动力。

8.3 农田建设工程驱动

围绕耕地质量建设,不少学者认为高标准农田建设与合理的土地开发整治是达到农田建设效益与耕地质量提升的有效方式。马雪莹等将高标准农田建设前后相比,农地平整状况维度中耕地连片度增加，梯田化率明显提升，间离散度略微增加，有集聚效应，土层厚度明显增加，农田质量明显提升。张正峰等从县域出发，采用投入产出模型分析，预测高标准农田建设是使农村产业发展，增加农民收入与农产品质量具有显著拉动作用。郭洁等认为应将农户引入质量保护法律关系，建立特定化的具体补偿，以求实现土地质量保护与地上设施管护的有效区隔，围绕"地的质量"展开具体研究。

2008年，云南省贯彻党的十七届三中全会精神和《中共中央关于推进农村改革发展若干重大问题的决定》的重大举措，省委省政府做出决定：集全省之力，整合项目资金，到2020年，完成2000万亩中低产田地改造。使农村高产稳产农田达到5000万亩，彻底改变"靠天吃饭"，促进农村、农业持续发展。2008~2011年，全省投入资金75亿元，改造建设中低产田地856万亩，通过土地整形、坡地改梯田、深耕深翻、配套田间地头水沟、池、窖、管等工程措施，显著提高了耕地综合生产能力。改造后的中低产田地抗旱性增加75%，耕地综合生产能力提高15%~30%，粮食综合产能有改造前的亩产200~350kg提高到亩产400kg以上。有学者以土地整治项目为例分析了农村土地整治对国民经济及各行业的拉动作用。我国的土地资源有限，应当充分挖掘土地资源优势，积极应对土地开发整理中的问题，开展有效的工作，确保生态环境可持续发展。

8.3.1 高标准农田建设

民以食为天，食以土为本。高标准农田建设是巩固和提升粮食产能的重要基础；是全面贯彻落实"藏粮于地、藏粮于技"战略，推动农业转型升级和农业高质量发展的有效手段；是实施乡村振兴战略，促进小农户与现代农业有机衔接的重要抓手；是实现农业绿色低碳发展的主要途径。

高标准农田项目是指在划定的基本农田保护区范围内，建成集中连片、设施配套、高产稳产、生态良好、抗灾能力强、与现代农业生产和经营方式相适应的高标准农田。而高标准农田是指土地平整、集中连片、设施完善、土壤肥沃等，与现代农业生产和经营方式相适应的旱涝保收、高产稳产，划定为永久基本农田的耕地。苏蒙等通过ArcGIS绘制、建立了高标准农田建设效益评价模型，高标准农田建设后项目区的社会效益、经济效益和生态效益进行评价。陈美球等提出在建设过程中农户配合不够充分，配套制度建设滞后，存在"九龙治水"局面，工程质量难以保证，导致被迫改变沟渠、田间道路等相关设计，难以满足机械化要求。

根据《云南省"十四五"耕地质量提升规划》，全省耕地按质量等级由高到低依次划分为1~10等，评价为7~10等的低等级耕地占全省耕地总面积的33%（见图8-14），说明云南省高质量耕地面积占比较低，地力相对较差，产量不稳定，还需要继续持续开展农田基础设施建设和提升耕地质量。"高标准农田建设应树立生命共同体理念，将生态系统观落到实处，形成生态良田、田园生态系统的主流意识与政策导向"。发展高标准农田就是对耕地质量进行提升，就是对生态发展、绿色发展以及高产等指标的提升。

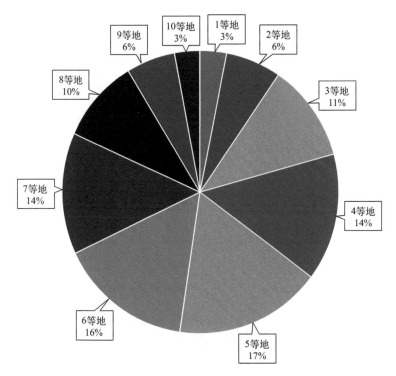

图 8-14 云南省耕地质量占比

2011年以来，云南省紧紧围绕省委、省政府的各项部署，在省发展改革委等部门和各州（市）的共同努力下，通过精心组织、科学规划、规范管理、狠抓落实、探索积累了有效做法，创新创造了鲜活经验，闯出了一条符合云南特点的耕地建设之路，全省高标准农田建设迈出了重大步伐。

2011~2018年，全省共建成高标准农田1767.96万亩。2019~2020年，超额完成农业农村部下达高标准农田建设任务，2019~2020年共下达任务672万亩，实际完成了685万亩。高标准农田数量大幅度增加，到2020年末，云南省高标准农田建成面积2453万亩，占耕地面积的30.31%（见图8-15），人均高标准农田面积达0.52亩，与此同时农田等别也相对得到提升。

8.3.1.1 高标准农田建设意义

推进高标准农田建设的意义就是改善条件、集聚要素，推动产业振兴；节约资源、重塑环境，推动生态振兴；增产增收、长期受益，推动人才振兴；盘活资产、筹集资金，促进产业绿色循环发展。

遵循云南省自然地理条件和经济社会发展水平，围绕提升农田生产能力等，通过田、土、水、路、林、电、技、管的综合配套建设，基本实现农田"地连片、田成方、路相通、渠相连、土肥沃"，切实确实提升农田基础设施配套水平，改善农机作业条件，提高农田生产效率，建设高标准农田。实现经济效益、社会效益、生态效益共赢，推动新农村建设步伐。

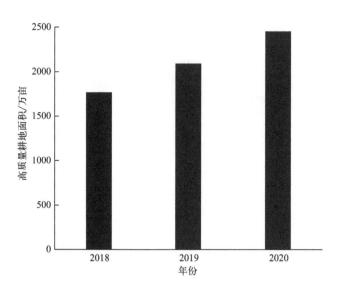

图 8-15　2018~2020 年建成高标准农田情况

自 2013 年开始云南省推进高标准农田建设，新增高标准农田不断增加，建设后高等别农田面积明显高于建设前耕地等别面积（见书后彩图 8）。由此可以说明建设高标准农田有助于耕地等别提升，二者相辅相成。云南省通过实施田间道路、灌溉排水、高效节水等一系列工程建设，统筹规划，同步实施，切实改善农业生产条件，助推农业高效高质发展。

8.3.1.2　高标准农田建设现存问题及改善方法

公众参与机制是高标准农田建设符合当地实际、满足农户生产需求的重要保证。但是在高标准农田建设中各参与方追求的利益目标不同、利益诉求不一致，导致土地抛荒问题日渐严重，高标准农田建设项目的管理也受到各参与者利益冲突的影响。如何处理好高标准农田建设项目中政府、农民、承包户三方参与者引起的系统复杂性问题是高标准农田建设中不可忽视的重要内容。基于此，建议从优化三方主体协调机制、重视农民流转农田得益、提高农田开发科技含量等方面促进高标准农田的可持续发展。

建设效益的研究主要集中于综合效益的评价，其中以制定指标体系居多，缺乏定量研究。由于我国地区间资源禀赋、经济发展水平等的不平衡性，以及农业经营方式、农民收入等方面的差异，不同地区高标准农田建设对农村经济的拉动效应也呈现较大差别，而目前鲜有横向对比两地高标准农田建设效益的研究。各地应通过科学分工、合理规划等措施来增强行业间的关联性，扩大地方投资对经济的乘数效应。保证合理投资的前提下，应更加集中对具有较强经济影响力的行业的投入，以提高其对整体农村经济的拉动作用，应紧跟对农业生产设施的投入，更大限度地提高高标准农田的生产效率。

生态理念缺失。过于追求新增耕地面积。尤其在耕地占补平衡的压力下，各地将新增耕地面积作为重要目标，导致一些地方坑塘被填、树木被砍，损害了区域生物多样性生态格局。应坚持因地制宜，建设高标准生态良田。将生态理念贯穿于始终，重视生物多样性保护重大工程。要把生态需求融入设计、施工和后期管护的每一个环节，给生物留有栖身之地以及逃生通道和避难场所、维持相应的景观异质性，以满足不同生物的栖息环境要求。注重生物多样性保护与工程的融合，实现耕地生产与生态功能的系统整体协调。

8.3.1.3 高标准农田建设发展趋势

安徽农业大学於忠祥教授表示，当前耕地生态补偿机制仍不完善，没有专项、稳定的资金投入，缺乏耕地生态建设规划，耕地抛荒与休耕界定模糊，生态补偿无目标、不精准。对此，他建议以环境友好型耕地生态系统为目标，以不同区域的耕地资源禀赋为依据，规划设计耕地生态系统体系，精准确定补偿对象和标准。同时，要建立耕地生态补偿专项基金，建立"以补代投"的补偿模式。"对产量、质量和生态建设达标者给予补偿，产量越高、质量越优、生态越好的，实行加成补偿。"

随着高标准农田建设工作的有序展开，越来越多的学者注重研究高标准农田建设效益评价。2022年云南省获得中央预算内投资计划11.12亿元，用于支持省内104万亩高标准农田建设。高标准农田建设是保障国家粮食安全的重要基础，是落实好"藏粮于地、藏粮于技"战略的重要举措。如图8-16所示，2021～2030年，云南省规划新建高标准农田2120万亩，到2030年末累计建成4573万亩、累计改造提升1160万亩，其中，2021～2025年新建1500万亩，累计建成3953万亩，改造提升550万亩；2026～2030年新建620万亩，改造提升610万亩。到2030年末，全省将建成高标准农田4573万亩，占云南省耕地面积的56.5%，与全国平均水平的差距进一步缩小。

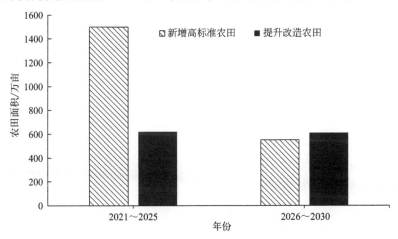

图8-16 2021～2030年计划完成高标准农田

改善云南省农田基础设施条件，提升耕地质量，切实增强农田防灾抗灾减灾能力，提高粮食等重要农产品综合生产能力，筑牢粮食安全底线，实现旱涝保收、高产稳产。"耕地保护是生态文明建设中不可或缺的一部分，有必要明确耕地保护在生态文明建设中的地位。"河南农业大学张全国教授建议加快制定并完善相关法律法规，在生态文明建设的大框架下进一步规范耕地保护,也就是提升耕地质量等别的有效方式。

8.3.2 土地开发与整理

土地资源对我国的发展起着重要作用,合理的资源利用有助于提升耕地质量。政策的实施有助于更加合理地利用土地资源,但在政策的实施过程中也存在一些问题需要改进。因此,为了我国农村经济的可持续发展,需要采取更多有效的举措。在云南省25个边疆县中,耕地数量少、质量差,后备耕地资源匮乏。随着经济的发展,各项建设占用大量耕地,加上土地利用中浪费和破坏现象普遍,致使我国人地矛盾尖锐,危及农业和经济社会的可持续发展。因此,通过土地整理,增加土地供给,缓解经济发展中土地供求矛盾,实现耕地总量动态平衡,就成为我们面临的十分重要而又艰巨的任务。要实现耕地总量动态平衡,促进资源、环境、人口以及经济的协调发展,必须进行土地整理。

土地开发与整理内容如图 8-17 所示。

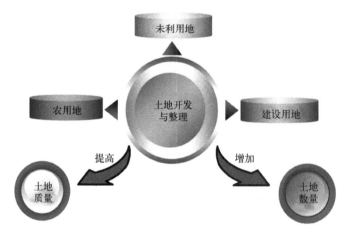

图 8-17 土地开发与整理内容

8.3.2.1 土地整治意义

土地开发整理是国家对土地进行计划补充耕地量和耕地保有量的具体安排,分为土地开发补充耕地指标和土地整理复垦补充耕地指标。

土地开发整理,是指运用财政专项资金,对农村宜农未利用土地、废弃地等进行开垦,对田、水、路、林、村等实行综合整治,以增加有效耕地面积、提高耕地质量的行为。云南省陇川县南苑河西岸土地整理项目治理前后对比见书后彩图 9。

根据国家大力推进土地整理、积极搞好土地复垦、科学适度地开发的原则,首先摸清可用土地现状,其次理清并制定出具体工作思路和做法,以科学发展为基础、以合理规划为指导,强力推进土地开发整理工作向纵深发展。

由图 8-18 可知,云南省各州(市)耕地,可以即可恢复耕地所占面积远小于需要工程恢复耕地，可以利用土地开发工程、土地整理工程、土地复垦工程、土地治理工程、土地改良工程、土地保护工程等对耕地进行改造，把耕地周围的各个要素作为一个整体进行治理，是各个要素之间的关系协调，促进生态平衡，把利用和改造作为一个整体；把农、林、牧、副、渔作为一个整体，实行综合开发，综合利用，综合发展，获得良好的生态效益、社会效益和经济效益，把工程措施和生物措施作为一个整体，实现最佳综合效果。

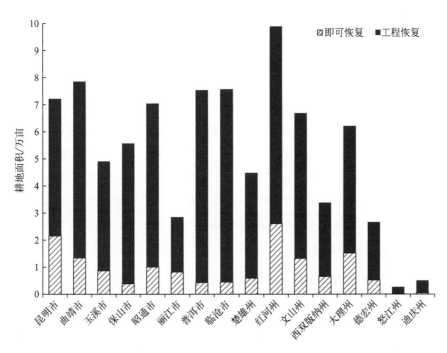

图 8-18 云南省各州（市）耕地面积类型

8.3.2.2 土地整治工作中现存的问题

云南西南山丘区土地存在整治应用技术单一、技术体系不完善、土地资源没有得到合理利用与控制、生态问题边缘化等实际问题。根据耕地主要障碍因素和改良利用方向，结合云南省土地利用现状，初步将该区域土地整治类型划分为质地改良型和坡地整治型两种。

(1) 云南省质地改良型

质地改良分布范围较广，在平原、丘陵、山地均有分布。质地改良型耕地主要是指土壤肥力水平中等偏下，有效土层较薄，土壤母岩、母质以及其他特殊条件导致质地过黏或过沙的耕地。这类耕地旱、瘠、薄、粗，水土流失和石漠化严重，抗旱力弱，养分贫乏，漏水漏肥，土地利用率低。耕作层地力差、田间灌溉无保障是这类土地产能差的主要原因。

(2) 云南省坡地整治型

坡地整治型主要针对坡度在 6°～25°的坡耕地，这类耕地垦殖率较高，在常用耕地中所占比重较大,为西南山丘区的粮食生产安全发挥了重要作用,是非常宝贵的资源,但由于坡度大,农业耕作粗放,水土流失十分严重,山洪、土体滑坡和重力垮塌等自然灾害发生频繁。该类型土地整治的重点是水土保持和水土资源集约利用。

(3) 城市化建设进程中土地的使用需要进行科学合理的规划

基于云南省复杂的自然地理特征,综合分析各区域土地现状及垦殖利用情况、土地整治潜力、经济社会发展等因素,在实际的建设过程中施工者对土地资源的利用存在一些问题。例如,在施工进程中,为了追求建筑面积而大量占用土地,造成土地资源的浪费。同时,部分群众存在离开土地外出务工的情况,造成农村土地的闲置,也会导致土地资源浪费。

(4) 缺乏新的技术支持

在新形势下,土地开发整理过程中往往涉及较为复杂的数学建模、遥感操控信息、地理信息技术等高新技术,尤其近年来这些技术在很多项目中有广泛的交叉应用。但在目前工作中,主要还是依靠传统的方法操作,工作规模较小,开发整理工作效率低,效果差,导致很多设计预测与整体施工的预算不一致,给管理工作带来了众多阻碍。随着项目规模和复杂度的不断提高,如果没有应用高科技手段,很难提升专业水平,使得工程实施的流程标准不统一,工程质量不可预估。

8.3.2.3 提高土地开发与整理工作对策

(1) 国家及各地区加以重视,统筹规划

土地政策是国家的基本国策,开发项目再多也要保护土地,合理开发,这是必须坚持的原则。各地区政府需要以基本国策作为"尚方宝剑",把保护基本农田作为首要任务,以开发利用作为强大的发展基石,储备强大可利用资源。以宣传政策作为手段,使政策入万家,家家知政策,人人知法律,法律人人懂。各乡镇政府应充分利用广播、宣传标语等多种形式,提高农民对开展土地整理的好处及必要性的认识。

(2) 加大投入土地整理力度,合理利用

对于可利用土地少,在这种情况下,土地开发整理,可以通过对山沟及荒地的综合治理,利用科学种田,使得土地亩产增加,使用小型机器化生产,改善农民生产能力;在山区现有的条件下,尽可能提高农民使用耕种工具的先进性、科学性,让农民真正地做到科学种田、机器化种田,实现土地利用向集约型发展的目标。

建水县土地开发整理项目见书后彩图10。根据建水县地势,南边地势平坦,规划设计的标准较高,较有利于将来的机械化耕作。从前后对比图中可以明显看出拓宽的田间道路将非常有利于规模化生产,更有助于实现土地利用向集约型发展的目标。

(3) 强化生态环境保护,建立系统化的耕地保护机制

在土地开发整理工作中应当制定科学的规划,以保证生态环境能够得到保护。科学合理的土地开发整理能够给生态环境保护带来长期发展,促进地区经济和社会生态环境协调发展。农用地作为农民的基本生活保障,急需增加,但根据现有的土地资源,以利行节约、合理开发、保护生态作为出发点，编制出符合发展的土地整理规划，明确以改善生态环境为主、改变农村生活环境为目标的土地开发的指导原则。以长远发展为依据，保证基本农田不受侵占，加大可利用土地资源开发、废弃土地、荒山荒地的复垦和农村村貌的综合整治，加大生态环境建设的工作力度，把土地开发整理工作作为本地区的生存之基。

东川泥石流区域土地整治项目见书后彩图11。从照片可以看出整治前后的效果对比情况。虽然当地由于泥石流产生了巨大的破坏，摧毁耕地，但是通过生态环境保护，建立系统化的耕地保护机制，使得当地生态恢复，并且还增加了可利用的耕地区域。

（4）依托科学的评估机制，引入新型技术勘测

在土地开发整理工作中，应当依据科学技术手段进行科学的论证和预算，并设立相应的评估机制，保障项目实施过程顺利进行。土地整理与开发的主要工作之一就是将各类土地按照土地性质进行分类并统计出各类土地的具体分布情况、面积、占比等信息。随着国土空间规划的不断推进，各地区对第三次土地调查结果的完善与复核工作逐步展开，现阶段的土地调查结果主要以抽样选点的方式进行人工实地复核，这种方式效率较低，受地形地貌及环境条件限制较为严重，不利于土地整理与开发工作有序推进。为此，本书研究如何通过无人机技术实现土地分类识别与整理等工作。针对国土资源管理工作量大、人力成本高等特点，无人机航测技术将带来十分显著的改观，其航测效率高，不受地形地貌的影响，受气候限制相对较小。运用无人机航测设备完成土地性质的分类，并且测算精度可根据实际需要进行调整，为地区规划、建设、发展提供基础保障与技术支持。

第9章
土地整治与耕地质量演变

　　云南省是一个山多地少、民族众多的边疆农业省份。山地高原面积约占全省总面积的94%，全省共有26个民族，其中少数民族人口约占全省总人口的33%；农业人口约占全省总人口的70%，农用地在全省国土资源中具有举足轻重的作用。因此，农用地的数量、质量状况与利用水平直接影响全省经济发展、粮食安全及社会稳定。

　　值得高度重视的是，当前云南省国土资源管理发展水平仍处在全国后列，农用地的整体状况形势较为严峻。主要表现在：第一，省内相对平缓的土地只占全省总面积的6%左右，耕地后备资源严重不足；第二，耕作的农械化程度低，生产力落后，多数地区主要靠手工劳动；第三，农田水利化程度不高，抗御自然风险的能力不强；第四，固有的土地生态环境脆弱，水土流失、土地沙化、土地盐碱化等问题严重，地质自然灾害发生频繁，土地质量严重退化；第五，人口的增长与城市化、工业化、水电工程建设等引起的土地资源消耗使农用地供需矛盾日益突出；第六，不同区域的社会、经济、文化发展水平差异较大，导致农用地的利用水平极不平衡。

　　人多地少、土地资源短缺以及土地退化与污染日趋成为制约社会经济持续发展的重要因素，而土地整治是解决该矛盾的重要途径之一。1999年1月1日颁布的《中华人民共和国土地管理法》将土地开发、整理、复垦提升到了法律层面，拉开了我国开展大规模土地整治实践的序幕。随着二十多年不断地推进、摸索和创新，从"土地开发整理""土地整理复垦开发""土地整治"到"国土综合整治"，不仅是概念上的变更，土地整治的内涵、目标、对象、内容和技术措施等均发生了扩展及变化。当前，我国将生态文明建设提升到国家战略高度，对土地整治工作提出新的要求，土地整治成为保护土地资源、保障粮食安全、建设生态文明的有效手段。

9.1 土地整治政策

　　自1999年《中华人民共和国土地管理法》实施以来，土地整治工作开始步入法制化、规范化的发展轨道，国家与各级地方政府以及各级国土资源行政主管部门、财政部门在实际工作中摸索并制定了土地整治的项目管理、资金管理、权属管理、竣工验收、技术标准、工程后期管护等一系列法律、法规和制度。通过对土地整治活动的科学立法，是依法保障社会稳定发展的基本要求，是保证土地整治过程中的公平、秩序、安全、权利和效益的基本保障。

目前，我国土地整治法制体系主要包括土地整治法律、土地整治法规、土地整治规章、土地整治规范性文件等。

9.1.1 土地整治法律

我国与土地整治直接或间接相关的法律文件主要包括《中华人民共和国宪法》《中华人民共和国宪法修正案》《中华人民共和国民法典》《中华人民共和国刑法》《中华人民共和国土地管理法》《中华人民共和国农村土地承包法》《中华人民共和国耕地占用税法》《中华人民共和国矿产资源法》《中华人民共和国农业法》《中华人民共和国草原法》《中华人民共和国环境保护法》《中华人民共和国水土保持法》《中华人民共和国水法》《中华人民共和国森林法》《中华人民共和国渔业法》《中华人民共和国煤炭法》《中华人民共和国防洪法》《中华人民共和国海洋环境保护法》《中华人民共和国城乡规划法》《中华人民共和国招标投标法》《中华人民共和国行政许可法》等。

9.1.2 土地整治法规

法规一般包括行政法规和地方性法规：行政法规由国务院根据宪法和法律制定并由总理签署国务院令公布；地方性法规由省、自治区、直辖市以及较大的市人民代表大会及其常务委员会根据本行政区域的具体情况和实际需要制定，由大会主席团或常务委员会发布公告予以公布。行政法规的名称一般称"条例"，行政法规的效力高于地方性法规和规章，地方性法规的效力高于本级和下级地方政府规章。

9.1.2.1 行政法规

我国与土地整治相关的行政法规主要包括《中华人民共和国基本农田保护条例》《退耕还林条例》《中华人民共和国矿产资源法实施细则》《中华人民共和国河道管理条例》《村庄和集镇规划建设管理条例》《中华人民共和国水土保持法实施条例》《中华人民共和国标准化法实施条例》《中华人民共和国森林法实施条例》《中华人民共和国耕地占用税暂行条例》《中华人民共和国招标投标法实施条例》《中华人民共和国土地管理法实施条例》《土地复垦条例》等。

9.1.2.2 地方性法规

土地整治地方性法规是根据各地的自然条件和社会经济水平的差异，因地制宜地根据土地整治需要而制定的。当前，与土地整治直接相关的地方性法规较少，仅包括《湖南省土地开发整理条例》《山西省土地整治条例》《浙江省土地整治条例》《山东省土地整治条例》《贵州省土地整治条例》等。

9.1.3 土地整治规章

土地整治规章是由国务院的组成部委及直属机构，省、自治区、直辖市人民政府及省、自治区政府所在地的市和经国务院批准的较大的市和人民政府，在它们的职权范围内，为执行法律、法规，需要制定的事项或属于本行政区域的具体行政管理事项而制定的文件，主要涉及部委规章和地方性规章两大类。

9.1.3.1 部委规章

我国与土地整治相关的规章主要包括《自然资源标准化管理办法》《自然资源统计工作管理办法》《土地复垦条例实施办法》《土地权属争议调查处理办法》《土地调查条例实施办法》《建设用地审查报批管理办法》《划拨用地目录》《农业综合开发土地复垦项目管理暂行办法》《违反土地管理规定行为处分办法》《建设项目用地预审管理办法》《闲置土地处置办法》《中华人民共和国耕地占用税暂行条例实施细则》《行业标准管理办法》《地方标准管理办法》等。

9.1.3.2 地方性规章

为推进地方土地整治工作的顺利开展，与土地整治直接相关的地方性规章相对较多，主要有《云南省土地开发整理项目管理实施细则（修订稿）》《河北省土地整治项目管理办法》《四川省土地整治项目管理办法》《湖北省土地整治管理办法》《湖南省农村土地整治项目管理办法》《山东省土地整治条例》《山西省土地开发整理项目管理办法（试行）》《广东省土地开发整理补充耕地项目管理办法》《贵州省土地整理复垦开发项目管理办法（试行）》《江苏省土地开发整理项目实施管理暂行办法》《青海省土地整治项目管理办法》《辽宁省农村土地综合整治项目管理暂行办法》《广西壮族自治区土地整治办法》《西藏自治区实施土地管理办法》《新疆维吾尔自治区土地整治项目管理暂行办法》《宁夏回族自治区土地整治项目管理办法》等。

9.1.4 土地整治规范性文件

土地整治规范性文件是由各级人民代表大会和政府制定的规范性文件，涉及中共中央及国务院文件、部委文件和地方性文件三大类。

9.1.4.1 中共中央及国务院文件

目前，我国与土地整治相关的中共中央及国务院文件主要包括《中共中央 国务院关于进一步加强土地管理切实保护耕地的通知》《中共中央 国务院关于保持土地承包关系稳定并长久不变的意见》《中共中央 国务院关于加快发展现代农业进一步增强农村发展活力的若干意见》《中共中央 国务院关于加强耕地保护和改进占补平衡的意见》《国务院办公厅关于坚决制止耕地"非农化"行为的通知》《国务院办公厅关于防止耕地"非粮化"稳定粮食生产的意见》《国务院关于将部分土地出让金用于农业土地开发有关问题的通知》《国务院关于坚决制止占用基本农田进行植树等行为的紧急通知》《国务院关于全国高标准农田建设总体规划的批复》《国务院关于国家农业综合开发高标准农田建设规划的批复》《国务院办公厅关于尽快恢复撂荒耕地生产的紧急通知》《国务院办公厅关于深入开展土地市场治理整顿严格土地管理的紧急通知》《国务院办公厅关于妥善解决当前农村土地承包纠纷的紧急通知》《国务院办公厅关于印发〈省级政府耕地保护责任目标考核办法〉的通知》《国务院办公厅关于规范国有土地使用权出让收支管理的通知》《国务院关于加强土地调控有关问题的通知》《国务院办公厅关于严格执行有关农村集体建设用地法律和政策的通知》《国务院关于促进节约集约用地的通知》《国务院关于印发全国国土规划纲要（2016—2030年）的通知》《国务院关于印发〈全国主体功能区规划〉的通知》《国务院关于严格规范城乡建设用地增减挂钩试点切实做好农村土地整治工作的通知》《国务院关于全国土地整治规划（2016—2020年）的批复》等。

9.1.4.2 部委文件

与土地整治直接相关的部委文件主要有《自然资源部、农业农村部关于加强和改进永久基本农田保护工作的通知》《自然资源部关于实施跨省域补充耕地国家统筹有关问题的通知》《自然资源部关于开展全域土地综合整治试点工作的通知》《国土资源部关于改进管理方式切实落实耕地占补平衡的通知》《国土资源部关于切实做好耕地占补平衡工作的通知》《国土资源部关于全面实行永久基本农田特殊保护的通知》《国土资源部关于提升耕地保护水平全面加强耕地质量建设与管理的通知》《国土资源部办公厅关于加强土地整治重大工程和示范建设管理有关问题的通知》《财政部 国土资源部关于印发土地开发整理项目预算定额标准的通知》《国土资源部关于土地开发整理项目及资金管理工作廉政建设规定》《国土资源部关于印发〈全国土地开发整理规划〉的通知》《国土资源部关于印发〈土地开发整理若干意见〉的通知》《国家投资土地开发整理项目入库审查要点》《财政部、国土资源部关于印发〈用于农业土地开发的土地出让金收入管理办法〉的通知》《财政部、国土资源部关于印发〈用于农业土地开发的土地出让金使用管理办法〉的通知》《国土资源部关于加强和改进土地开发整理工作的通知》《财政部、国土资源部关于结合土地开发整理推进小型农田水利建设的通知》《国土资源部关于适应新形势切实搞好土地开发整理有关工作的通知》《国土资源部、发展改革委、财政部、铁道部、交通部、水利部、环保总局关于加强生产建设项目土地复垦管理工作的通知》《国土资源部关于组织土地复垦方案编报和审查有关问题的通知》《关于印发〈基本农田与土地整理标识使用和有关标志牌设立规定〉的通知》《国土资源部关于进一步加强土地整理复垦开发工作的通知》《国土资源部关于土地整理复垦开发项目信息备案有关问题的通知》《国土资源部办公厅关于做好农村土地整治监管系统和耕地占补平衡动态监管系统运行有关工作的通知》《国土资源部办公厅关于土地整理复垦开发项目信息备案有关问题的通知》《国土资源部关于贯彻实施〈土地复垦条例〉的通知》《国土资源部、财政部关于印发〈全国农村土地整治专项清理检查工作方案〉的通知》《财政部、国土资源部关于印发土地开发整理项目预算定额标准的通知》《国土资源部关于发布〈土地复垦方案编制规程第 1 部分：通则〉等 7 项推荐性行业标准的公告》《国土资源部办公厅关于加强土地整治重大工程和示范建设管理有关问题的通知》《国土资源部关于开展工矿废弃地复垦利用试点工作的通知》《国土资源部、财政部关于加快编制和实施土地整治规划大力推进高标准基本农田建设的通知》《国土资源部关于发布〈高标准基本农田建设标准〉行业标准的公告》《国土资源部办公厅关于开展省级土地整治规划审核工作的函》《国土资源部关于发布〈市（地）级土地整治规划编制规程〉等 3 项推荐性行业标准的公告》《国土资源部关于发布〈土地整治重大项目可行性研究报告编制规程〉等 5 项行业标准的公告》《国土资源部关于〈土地整治项目验收规程〉等 4 项行业标准的公告》《关于认真做好农村土地整治监测系统升级运行工作的函》《建设部关于村庄整治工作的指导意见》等。

9.1.4.3 地方性文件

各地根据区域的具体情况和实际需要制定相关的土地整治地方性文件，主要有《广东省自然资源厅关于推进全域土地综合整治试点工作的通知》《山东省自然资源厅关于印发山东省全域土地综合整治试点工作实施办法的通知》《湖南省自然资源厅印发关于推进全域土地综合整治试点工作的通知》《江西省自然资源厅关于进一步规范耕地占补平衡管理工作的通知》《宁夏回族自治区自然资源厅关于印发宁夏回族自治区全域土地综合整治试点实施方案的通知》《湖北省国土资源厅关于进一步规范土地整治项目管理的通知》《云南省国土资源厅关于发布〈云南省土地整治项目技术服务单位备案管理暂行办法〉的公告》《关于印发〈吉林省土地整治项目管理暂行办法〉的通知》《甘肃省土地整治项目从业单位登记备案管理暂行办法》《黑龙江省人民政府关于加强和规范农村土地整治工作的意见》《广西壮族自治区国土资源厅关于印发〈广西壮族自治区土地整治项目参建单位信用登记暂行办法〉的通知》等。

9.2 土地整治项目

我国处于经济社会高速发展的阶段，但人多耕地少，土地整治在实现耕地占补平衡、改善农业生产条件以及农村生活环境等方面起到了积极作用。党的十八大以来，全国累计建成高标准农田 3200 万公顷，新增耕地 160 多万公顷，整治后的耕地质量平均提高 1～2 个等级，农田产出率普遍提高 10%～20%，新增粮食产能约 440 亿公斤。土地的综合生产能力不断提高，为国家建设旱涝保收基本农田，提高粮食综合生产能力提供了有力支撑，取得了显著的综合效益，社会反响较大。为了建设集中连片、设施配套、高产稳产、生态良好、抗灾能力强、与现代农业生产和经营方式相适应的基本农田，夯实农业现代化基础，除坚持数量、质量、生态并重的田、水、路、林、村生态型土地综合整治外，还需明确土地整治的对象及区域，开展土地整治项目前期调查，为土地整治顺利推进打下良好的基础。

9.2.1 土地整治发展阶段

回顾我国现代土地整治的历程，自改革开放以来，大致可以分为发育阶段（土地整理，1987~1999年）、发展壮大阶段（土地整治，2000~2007年）、综合发展阶段（土地综合整治，2008年至今）三个阶段。

9.2.1.1 发育阶段（土地整理）

从1987年在辽宁本溪召开首届全国土地开发经验交流会开始，到1997年中共中央颁布《关于进一步加强土地管理切实保护耕地的通知》，预示着土地整治工作在学者及政府层面开始得到重视。1998年，"国家鼓励土地整理"明确写入新修订的《中华人民共和国土地管理法》（简称《土地管理法》）。这一时期主要借鉴海外经验，在实践中探索土地整理的实施途径。

9.2.1.2 发展壮大阶段（土地整治）

这一时期，国务院下发《关于深化改革严格土地管理的决定》，提出"鼓励农村建设用地整治，城镇建设用地增加要与农村建设用地减少相挂钩"，以及国土资源部部署城乡建设用地增减挂钩试点工作为标志，土地整治步入发展壮大的时期，取得了一系列丰硕成果，全国累计完成总建设规模2.48万平方公里（248万公顷），投资总额450亿元，新增耕地约0.45万平方公里（45万公顷）。本阶段是土地整治全面推进时期，土地整治工作受到各级政府与农民的重视，成为一项"德政工程""民心工程"。

9.2.1.3 综合发展阶段（土地综合整治）

2010年，《国务院关于严格规范城乡建设用地增减挂钩试点切实做好农村土地整治工作的通知》对规范农村土地综合整治示范建设提出明确要求；2011年9月出台了首个《高标准农田建设规范（试行）》。这一时期，土地整治工作强调搞好规划、统筹安排、连片推进的综合整治，标志着土地整理向土地综合整治转变，整治目标则以坚守18亿亩耕地红线、保持耕地总量动态平衡、实现土地资源优化配置、提高土地利用率与改善土地生态环境为主。

9.2.1.4 新阶段，新要求

近年来，随着工业化、城镇化和农业现代化的快速推进，自然资源和生态环境约束日益凸显。在同一空间上，乡村耕地碎片化、空间布局无序化、土地资源利用低效化、

生态质量退化等多维度问题并存，单一要素、单一手段的土地整治模式已经难以完全解决综合问题，需在国土空间规划的引领下进行全域规划、整体设计、综合治理、多措并举，用"内涵综合、目标综合、手段综合、效益综合"的综合性整治手段进行整治。统筹农用地、低效建设用地和生态保护修复，促进耕地保护和土地集约节约利用，解决第一、第二、第三产业融合发展用地，改善农村生态环境，助推乡村振兴。

2019年12月，《自然资源部关于开展全域土地综合整治试点工作的通知》明确为贯彻落实习近平总书记对浙江"千村示范、万村整治"重要批示精神，按照《乡村振兴战略规划（2018—2022年）》相关部署要求，在全国范围内部署开展全域土地综合整治试点工作。以科学合理规划为前提，以乡镇为基本实施单元（整治区域可以是乡镇全部或部分村庄），整体推进农用地整理、建设用地整理和乡村生态保护修复，优化生产、生活、生态空间格局，促进耕地保护和土地集约节约利用，改善农村人居环境，助推乡村全面振兴。

9.2.2 土地整治分类

土地整治是指对低效利用、不合理利用、未利用以及生产建设活动和自然灾害损毁的土地进行整治，提高土地利用效率的活动。土地整治是盘活存量土地、强化节约集约用地、适时补充耕地和提升土地产能的重要手段。在我国，将土地整治与农村发展，特别是与新农村建设相结合，是保障发展、保护耕地、统筹城乡土地配置的重大战略。

土地整治一般分为农用地整理、土地开发、土地复垦、建设用地整治等类型。

9.2.2.1 农用地整理

农用地整理是指采用工程、生物等措施，对低效利用的农用土地进行整理，以达到增加有效耕地面积，提高土地质量和利用效率，改善生产、生活条件和生态环境的活动。

农用地整理的对象是用于农业生产的低效利用土地，农用地整理一般可分为耕地整理、园地整理、林地整理、牧草地整理和其他农用地整理。

9.2.2.2 土地开发

广义上的土地开发指因人类生产建设和生活不断发展的需要，采用一定的现代科学技术的经济手段，扩大对土地的有效利用范围或提高对土地的利用深度所进行的活动，包括对尚未利用的土地进行开垦和利用以扩大土地利用范围，也包括对已利用的土地进行整治以提高土地利用率和集约经营程度。从狭义的角度理解，土地开发主要是对未利用土地的开发利用。未利用土地开发补充耕地是现阶段我国实现耕地总量动态平衡的一种重要途径。按开发后土地用途来划分，土地开发可分为宜农未利用地开发和宜建未利用地开发两种。其中，宜农未利用地开发包括耕地、林地、草地、养殖水面等农用土地的开发；宜建未利用地开发指用于各类建筑物、构筑物用地的开发。

9.2.2.3 土地复垦

土地复垦是指对生产建设活动和自然灾害损毁的土地采取整治措施，使其达到可供利用状态的活动。其广义是指对被破坏或退化土地的再生利用及其生态系统恢复的综合性技术过程，狭义是专指对工矿业用地的再生利用和生态系统的恢复。土地复垦的内容包括生产建设活动损毁土地的复垦和自然灾害损毁土地的复垦。

生产建设活动损毁土地复垦是指对生产建设过程中，因挖损、塌陷、压占等所造成破坏的土地采取整治措施，使其恢复到可供利用状态的活动，可分为采矿破坏土地复垦、交通建设破坏土地复垦和水利工程建设破坏土地复垦等类型。其中，采矿破坏土地复垦又可分为煤矿开采破坏土地复垦、金属矿开采破坏土地复垦、石油开采破坏土地复垦。

自然灾害损毁土地复垦是指对洪涝、风灾、地震、海啸等自然灾害所造成破坏的土地采取整治措施，使其恢复到可供利用状态的活动。自然灾害损毁土地复垦可分为洪涝灾害损毁土地复垦、海啸灾害损毁土地复垦、地质灾害损毁土地复垦、地震灾害损毁土地复垦和风沙灾害损毁土地复垦等。

9.2.2.4 建设用地整治

建设用地整治是指采取一定的技术手段，对旧城镇、旧工矿、城中村、空心村等低效建设用地加以整治，实现土地资源的高效利用，可分为农村建设用地整治和城镇工矿建设用地整治。

① 农村建设用地整治是在保持区域内建设用地总量不增加，耕地面积不减少、质量有提高的前提下，对农村集体建设用地在农村和城镇进行二次分配。整治的主要内容是将空心村、废弃地等农村闲置低效建设用地加以整治，扣除安置房、配套设施和非农产业发展等用地外，将节约出的建设用地按规划调整到城镇使用，最终实现城乡统筹发展、优化城乡土地利用结构、提高土地综合利用效率的目的。

② 城镇工矿建设用地整治主要是指采用一定的技术手段，对旧城镇、旧工矿、城中村等可再开发利用的存量城镇工矿建设用地再开发利用。

9.2.3 土地整治项目分布情况

根据云南省2013～2018年新增耕地与质量建设耕地项目清单数量汇总统计，全省累计实施各类项目1450余个，建设规模53.33万公顷，新增耕地11.00万公顷，新增粮食产能约10亿公斤；通过项目的实施，优化了云南省土地利用布局，节约、集约利用土地资源，最大限度地保有耕地数量和质量，缓解耕地紧张局面，改善农业生产条件，提高农业综合生产力，促进农业增效、农民增收，为缓解人地矛盾、保障国家粮食安全、促进自然资源合理开发利用、提升自然资源对经济社会和国民经济的可持续发展提供重要的用地保障。

从项目实施类型来看，整治类项目最多，占全省实施项目的53%，复垦类项目最少，仅占5%，分布及对比情况详见表9-1和图9-1；各年项目数量变化情况详见表9-2和图9-2，各年项目规模变化情况详见表9-3和图9-3，各年项目新增耕地变化情况详见表9-4和图9-4；从各州市来看，昭通市实施项目数量最多，怒江州、迪庆州最少，分布及对比情况详见表9-5和图9-5。

表 9-1　云南省 2013～2018 年实施项目情况统计表（按项目类型统计）

项目类型	数量/个	项目规模/万公顷	新增耕地/万公顷
整理类	210	8.67	0.60
开发类	110	1.40	0.87
开发整理类	290	7.20	3.53
复垦类	70	0.73	0.27
整治类	770	35.33	5.73
合计	1450	53.33	11.00

注：本表根据云南省 2013～2018 年新增耕地与质量建设耕地项目清单数量汇总统计。

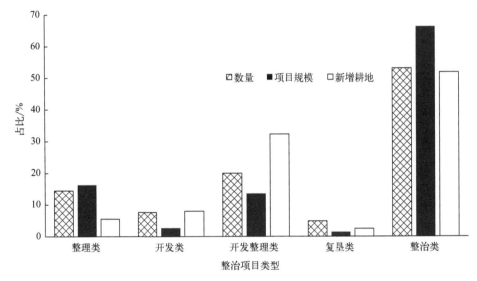

图 9-1　云南省 2013～2018 年实施项目情况对比

表 9-2　云南省 2013～2018 年项目数量变化情况统计表　　单位：个

年度	整理类	开发类	开发整理类	复垦类	整治类	小计
2013	55	59	83	21	96	314
2014	46	14	80	22	74	236
2015	12	7	59	8	118	204
2016	53	13	36	6	140	248
2017	37	14	23	5	230	309
2018	7	3	9	8	112	139
合计	210	110	290	70	770	1450

注：本表根据云南省 2013～2018 年新增耕地与质量建设耕地项目清单数量汇总统计。

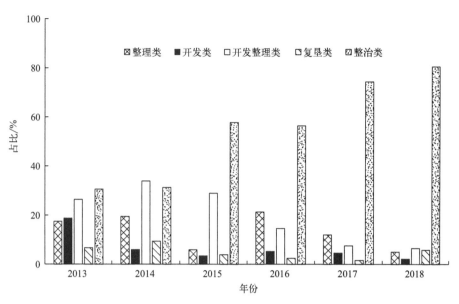

图 9-2 云南省 2013~2018 年项目数量变化情况对比

表 9-3 云南省 2013~2018 年项目规模变化情况统计表　　单位：万公顷

年度	整理类	开发类	开发整理类	复垦类	整治类	小计
2013	3.13	0.87	2.13	0.20	4.73	11.06
2014	2.13	0.13	1.80	0.20	3.00	7.26
2015	0.60	0.07	1.60	0.20	3.20	5.67
2016	0.27	0.13	1.00	0.01	5.07	6.48
2017	1.93	0.20	0.40	0.07	14.00	16.60
2018	0.60	0.03	0.27	0.02	5.33	6.25
合计	8.66	1.43	7.20	0.70	35.33	53.32

注：本表根据云南省 2013~2018 年新增耕地与质量建设耕地项目清单数量汇总统计。

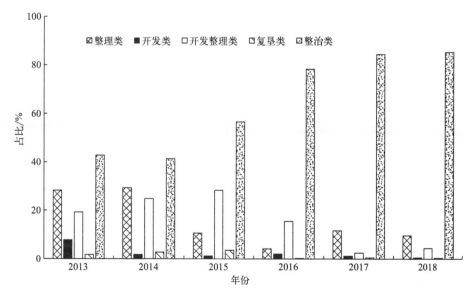

图 9-3 云南省 2013~2018 年项目规模变化情况对比

第 9 章 土地整治与耕地质量演变

表 9-4　云南省 2013~2018 年新增耕地变化情况统计表　　　　单位：万公顷

年度	整理类	开发类	开发整理类	复垦类	整治类	小计
2013	0.13	0.47	1.00	0.07	0.87	2.54
2014	0.13	0.10	0.73	0.07	0.73	1.76
2015	0.07	0.05	1.00	0.09	1.20	2.41
2016	0.03	0.09	0.47	0.01	1.00	1.60
2017	0.17	0.13	0.27	0.03	1.33	1.93
2018	0.07	0.02	0.07	0.01	0.60	0.77
合计	0.60	0.86	3.54	0.28	5.73	11.01

注：本表根据云南省 2013~2018 年新增耕地与质量建设耕地项目清单数量汇总统计。

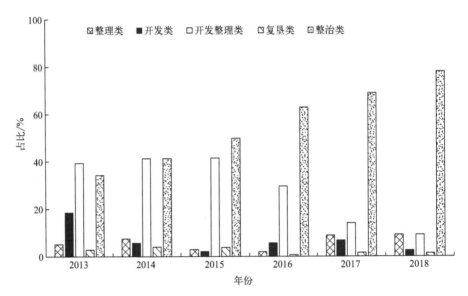

图 9-4　云南省 2013~2018 年新增耕地变化情况对比

表 9-5　云南省 2013~2018 年实施项目情况统计表[按州（市）统计]

州（市）	数量/个	项目规模/万公顷	新增耕地/万公顷
昆明市	131	3.87	1.13
曲靖市	95	3.13	0.80
玉溪市	85	1.53	0.40
保山市	95	3.93	0.67
昭通市	188	5.93	1.00
丽江市	55	2.73	0.20
普洱市	165	7.73	1.60
临沧市	59	2.87	0.53

续表

州(市)	数量/个	项目规模/万公顷	新增耕地/万公顷
楚雄州	115	3.20	1.20
红河州	135	4.40	0.93
文山州	57	3.47	0.40
西双版纳州	68	2.80	0.60
大理州	115	3.80	1.00
德宏州	65	3.47	0.47
怒江州	10	0.33	0.01
迪庆州	12	0.13	0.07
合计	1450	53.32	11.01

注：本表根据云南省2013～2018年新增耕地与质量建设耕地项目清单数量汇总统计。

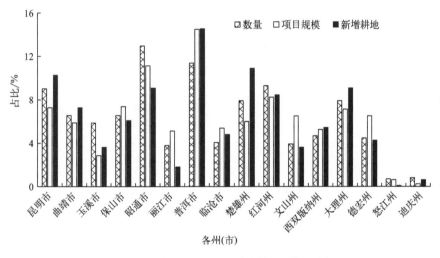

图 9-5 云南省 2013～2018 年实施项目情况对比

9.2.3.1 整理类项目

云南省 2013～2018 年累计实施整理类项目 210 个，建设规模 8.67 万公顷，新增耕地 0.60 万公顷；各州（市）中，昭通市实施项目数量最多，占全省整理类项目的 14%，迪庆州最少，仅占 1%；从项目规模来看，普洱市实施整理类项目规模最大，占全省整理类项目规模总数的 17%，迪庆州最小，仅占 0.2%；从新增耕地来看，普洱市实施整理类项目所新增的耕地最多，占全省整理类项目新增耕地的 15%，迪庆州最少，仅占 0.5%。分布及对比情况详见图 9-6。

9.2.3.2 开发类项目

云南省 2013～2018 年累计实施开发类项目 110 个，建设规模 1.4 万公顷，新增耕

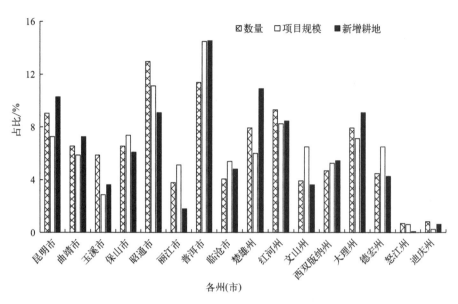

图 9-6 云南省 2013~2018 年实施整理类项目情况对比

地 0.87 万公顷；各州（市）中，昭通市实施开发类项目最多，数量占比为 40%，项目规模占比为 28%，新增耕地占比为 28%，迪庆州最少，数量仅占 1%，项目规模占 0.5%，新增耕地占 1%。分布及对比情况详见图 9-7。

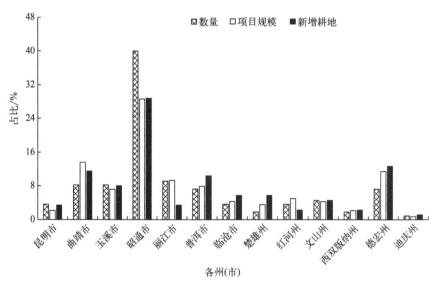

图 9-7 云南省 2013~2018 年实施开发类项目情况对比

9.2.3.3 开发整理类项目

云南省 2013~2018 年累计实施开发整理类项目 290 个，建设规模 7.20 万公顷，新增耕地 3.55 万公顷；各州（市）中，楚雄州实施项目数量最多，德宏州最少，分别占 17% 和 1%；项目规模最大的是普洱市，最小的是德宏州，分别占 19% 和 1%；新增耕地最多的是普洱市，最少的是德宏州，分别占23%和1%。分布及对比情况详见图9-8。

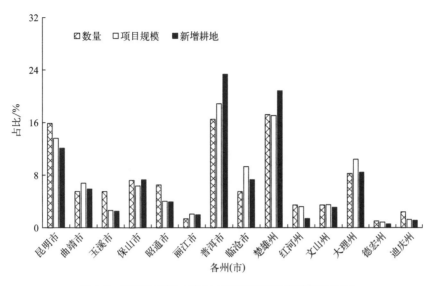

图 9-8 云南省2013~2018年实施开发整理类项目情况对比

9.2.3.4 复垦类项目

云南省2013~2018年累计实施复垦类项目70个，建设规模0.73万公顷，新增耕地0.27万公顷；各州（市）中，实施项目数量最多的是红河州，占全省复垦类总数的34%，最少的是昆明市和临沧市，分别占全省复垦类总数的1%；规模占比最大的是楚雄州，占比最小的是临沧市，分别为38%和1%；新增耕地最多的是楚雄州，最少的是大理州，分别为28%和1%。分布及对比情况详见图9-9。

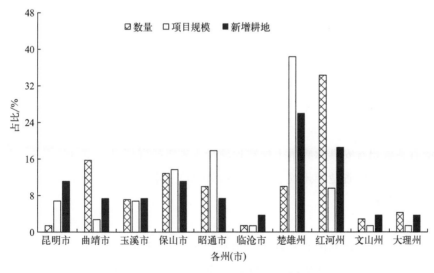

图 9-9 云南省2013~2018年实施复垦类项目情况对比

9.2.3.5 整治类项目

云南省 2013～2018 年累计实施整治类项目 770 个,建设规模 35.33 万公顷,新增耕地 5.73 万公顷;各州(市)中,实施项目数量最多是昭通市,最少的是迪庆州,分别占 11% 和 0.3%;普洱市项目规模最大,占全省整治类项目数量的 14%,最小的是迪庆州,仅占 0.1%;通过项目的实施,红河州新增的耕地最多,怒江州的最少,分别占比为 14% 和 0.2%。分布及对比情况详见图 9-10。

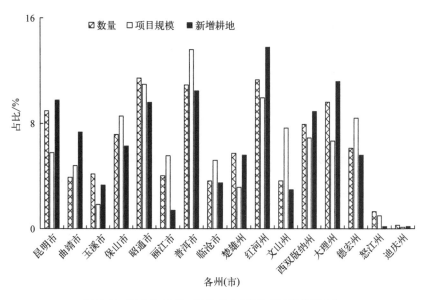

图 9-10 云南省 2013～2018 年实施整治类项目情况对比

9.2.4 案例分析

9.2.4.1 土地整理项目

案例:云南省楚雄州姚安县弥兴镇土地整理项目

(1) 项目简介

云南省楚雄州姚安县弥兴镇土地整理项目为省级投资项目,项目性质为土地整理项目。该项目位于云南省楚雄州姚安县弥兴镇弥兴、上屯、大村、官庄 4 个村委会境内。

(2) 项目区概况

1) 自然条件

项目区位于县境西部的弥兴坝子,地处姚安盆地周边的中低山地区,地貌呈"V"字形,总体上南高北低,四周高、中间低,由此形成山间平坝,微地貌复杂,东西向地面多为波状起伏,构成顺坡面自然沟谷展布的地形特征。地面坡度集中在 2°～10°之间,局部达到 15°;海拔在 1897～1924m 之间,高低悬殊约为 30m,属山间平坝。

总体气候属低纬高原季风气候，平均气温 17.6℃，平均降雨量 832.6mm，平均日照数 2312.4h，日照率 53%，太阳辐射量 135kcal/cm^2（1cal＝4.1840J），全年≥10℃ 积温 6550.5℃。多年平均蒸发量 2158mm，日温差大，年温差小有利于作物生长。

项目区土壤根据母土的属性和来源划分为淹育型水稻土，土属为红壤性，土种为红泥田；土体疏松，质地适中，通透性较好，易耕作，土壤呈酸性反应。土壤耕作层肥力高，pH 值在 5.12～6.54 之间，有机质含量 2.38%，土层厚度一般在 0.30m 以上，适宜水稻、玉米、小麦、蚕豆等传统农作物种植。

2）水资源

项目区内多年平均降雨量 832.6mm 左右。项目区周边水源丰富，弥兴大河从项目区中部流过，区内土地主要依靠弥兴大沟，胡家山沟，中村上、下沟，大村沟，弥兴上、中、下沟，王家山和沙地海放水沟等沟渠引水灌溉，项目区南部和西南部分布有红梅、胡家山 2 座中型水库，西部有梨园小（一）型水库 1 座，东部有沙地海、官庄坝、杨家箐 3 座小（二）型水库及区内小坝塘 10 多座，总库容合计 2884 万立方米，均处在高位，是理想的自流灌溉水源。

根据上述水源及水利设施状况，红梅水库通过弥兴大沟、弥兴大河每年可向项目区供水约 500 万立方米；胡家山水库通过弥兴大沟、弥兴大河、胡家山大沟、大村沟每年可以向项目区供水量 677 万立方米；梨园水库通过石官河，弥兴上、中、下沟每年可以向项目区供水量 340 万立方米；作为项目区补给水源的沙地海、官庄坝、杨家箐等水库及分布于项目区的 10 多座坝塘每年可向项目区供水共 53 万立方米左右，项目区每年的可供水总量约为 1570 万立方米。

3）社会经济条件

弥兴镇土地总面积 181.34km^2。全镇下辖弥兴、官庄、大村、上屯、朱街、小苴、大苴、红梅 8 个村民委员会，90 个自然村，156 个村民小组。全镇总人口 20570 人，5271 户；其中：农业人口 18795 人，劳动力人口 12887 人；有汉族 16136 人，彝族 4348 人，其他少数民族 86 人，是一个汉、彝混居的民族镇。

全镇统计耕地面积有 16980.66 亩，其中水田 13726.66 亩、旱地 3254 亩，人均耕地 0.9 亩。全年粮食总产量 832.3 万公斤，人均有粮 413kg；农村经济总收入 7102.97 万元，农民人均纯收入达 1854 元；拥有林地 200332.5 亩，森林覆盖率 43%。

4）基础设施条件状况

① 道路交通设施状况。县城至弥兴街的公路（沥青）通过项目区西部边缘。该公路路面宽度为 6.5m 左右，一般车辆均可正常通行，是项目区向外通行的主要的交通要道。此外，项目区内虽有通往居民点的多条乡村道路，但道路建设状况较差，还未形成一个干路、支路、田间道路相互连接贯通、布局均匀、合理的道路体系。田间耕作不便，更不能机械化作业，农产品很难运输，严重制约当地经济发展。

② 排灌系统骨干设施状况如下。

Ⅰ. 弥兴大沟：从胡家山水库取水，从南至北蜿蜒一直到项目区外北部的连厂等村委会，主要是对项目区外的连厂等村委会进行供水，也对项目区东南部分地块进行供水。

Ⅱ．胡家山沟：从胡家山水库取水，引水至项目区外西南侧的孙刘村，对项目区南部大村村委会上游的地块进行供水。

Ⅲ．中村上沟：从弥兴大沟取水，由南向北引水至项目区东南部的中村上游的地块进行供水。

Ⅳ．中村下沟：从弥兴大河取水，取水处有1座溢流坝，通过溢流坝蓄水后把水引至项目区东南部的中村下游的地块进行供水。

Ⅴ．大村沟：从弥兴大河取水，把水引至项目区西南部地块进行供水。

Ⅵ．弥兴上沟：从梨园水库取水，沿途经石官、蒋铺、普家、弥兴，主要是对项目区外西部的田块进行供水，也对项目区西部的部分地块辅助供水。

Ⅶ．弥兴中沟：从梨园水库取水，沿途经石官、上屯到达弥兴，中间从梨园河二次取水，主要是对项目西部的田块进行供水。

Ⅷ．弥兴下沟：从梨园水库取水，取水处有1座机械水闸，由南向北一直把水引至项目区北部边缘，负责灌溉项目区中部和西北部及北部的田块。

Ⅸ．孙家湾沟：从官庄河取水，途经张家村、孙家湾，把水引至项目区东北，对项目区东北部的田块进行灌溉。

Ⅹ．官庄沟：从项目区东边距项目区约1.2km的官庄坝水库取水，把水引至项目东部进行灌溉。

Ⅺ．朱家沟：从项目区东南边距项目区约0.1km的沙地海水库取水，途经湾子、朱家、庄房、官庄后汇入官庄沟，主要对朱家、庄房村下游的田块进行灌溉。

Ⅻ．沙地海放水沟：从沙地海水库取水，自东向西把水引至中村附近的田块进行灌溉。

目前除弥兴大沟、大村沟、弥兴下沟外，其余沟渠均为土沟土渠，渗漏严重，灌溉利用率低；项目区的排水主要通过西部梨园河，东部的湾子河和官庄河汇水至弥兴大河，向北流至渔泡江。上述河道均为自然河流，多处倒损，极易造成涝灾。

③ 电力设施状况。项目区内的电网已经形成，电力供应充足，用电条件方便，电力设施完全能满足该项目建设过程中的用电需求。

④ 农田保护设施状况。项目区东西两边为坡面，有数条排沙沟经过农田后通至弥兴河，排沙沟多为土沟，抗冲及排水能力都较差，时常被冲毁，泥沙流入农田。

弥兴河局部河埂较低，河水会漫进并冲毁农田，当地群众通过将泥沙灌进麻袋来加高河埂保护农田，但仍不能有效解决该问题，部分河堤被冲毁。

5）土地利用现状

① 土地利用结构。项目区土地总面积603.65hm^2，建设规模514.90hm^2，区内土地利用类型以耕地为主。土地利用现状详见表9-6。

表9-6 项目区土地利用现状结构表

一级类 编号	一级类 名称	二级类 名称	三级类 名称	面积 /hm²	占总面积比例 /%	备注
1	农用地	耕地	灌溉水田	412.11	68.27	—
			水浇地	12.04	1.99	—
			旱地	4.18	0.69	—
			小计	428.33	70.96	—
		园地	其他园地	32.7	5.42	不动工面积
		林地	有林地	2.64	0.44	不动工面积
			灌木林地	5.03	0.83	不动工面积
			小计	7.67	1.27	—
		其他农用地	农村道路	8.74	1.45	不动工面积有2.33hm²
			坑塘水面	0.35	0.06	不动工面积
			农田水利用地	4.54	0.75	—
			田坎	75.19	12.46	—
			小计	88.82	14.71	—
		合计		557.52	92.36	—
2	建设用地	住宅用地	农村宅基地	27.25	4.51	不动工面积
		交通运输用地	公路用地	0.51	0.08	不动工面积
		特殊用地	墓葬地	0.52	0.09	不动工面积
		合计		28.28	4.68	—
3	未利用地	未利用地	荒草地	1.67	0.28	不动工面积有1.24hm²
		其他土地	河流水面	16.18	2.68	不动工面积
		合计		17.85	2.96	—
	总计			603.65	100.00	—

② 土地开发利用程度。项目区现状农用地开发利用程度指标如下。

Ⅰ. 土地利用率。项目实施前项目区内已利用土地面积为585.80hm²，土地利用率为97.04%，但田块零乱，利用粗放，水利设施不配套，土地产出率低。

Ⅱ. 土地垦殖率。项目实施前项目区内耕地面积为428.33hm²，土地垦殖率为70.96%。

6) 新增耕地潜力

项目建设规模为项目区总面积减去不动工面积，总面积为603.65hm²，不动工面积为88.75hm²，项目建设规模为514.90hm²。

项目新增耕地来源主要有3个：a. 对整理前的耕地而言，通过降低埂坎系数增加一部分耕地；b. 通过平整、填埋原有零乱沟渠、道路增加一部分耕地；c. 改直原有土沟土渠增加一部分耕地。整理后耕地面积为444.17hm²，新增耕地面积15.84hm²，新增耕地率3.08%。详见表9-7。

表 9-7 项目区土地开发整理前后分类面积对比汇总表

地类		整理前面积		整理后面积		地类面积变化(±)/hm²
		面积/hm²	比例/%	面积/hm²	比例/%	
农用地	水田	412.11	80.04	426.98	82.92	+14.87
	水浇地	12.04	2.34	17.19	3.34	+5.15
	旱地	4.18	0.81	0.00	0.00	−4.18
	农村道路	6.41	1.24	4.98	0.97	−1.43
	农田水利用地	4.54	0.88	3.07	0.60	−1.47
	田坎	75.19	14.60	62.68	12.17	−12.51
	小计	514.47	99.92	514.90	100.00	+0.43
未利用地	荒草地	0.43	0.08	0.00	0.00	−0.43
合计		514.90	100.00	514.90	100.00	0

(3) 项目任务目标

本次规划的任务主要是：以增加有效耕地面积，提高耕地质量，优化土地利用结构，提高农业综合生产能力为主要目标；以综合整治低产耕地为重点，合理确定地块形态和规模，有效调整土地关系，合理分配土地利用方式；合理组织区内的土地建设，有机配置田间工程，做到平面布置合理、空间布置适宜、措施功能有序、工程效益明显；高标准、高质量、严要求地规划设计和施工。

通过项目区的土地整理，新增耕地 15.84hm²，新增耕地率 3.08%，完成土地整理面积 514.90hm²，提高耕地质量（保水、保肥、保土），治理水土流失面积 514.90hm²。

项目的实施可加强农田水利设施建设，整理低效耕地，提高耕种条件，使项目区实现经济效益、社会效益、生态效益的协调统一，实现耕地总量动态平衡的总体目标。工程特性见表 9-8。

表 9-8 工程特性表

序号	项目名称	单位	数量	备注
一	项目区面积	—	—	
1	项目区总面积	hm²	603.65	—
2	项目建设规模	hm²	514.9	
3	规划用地类	—	—	
①	耕地面积	hm²	444.17	
②	农村道路用地面积	hm²	4.98	
③	农田水利用地面积	hm²	3.07	
④	田坎占地面积	hm²	62.68	
4	新增耕地面积	hm²	15.84	
5	新增耕地率	%	3.08	
二	主要工程项目	—	—	

续表

序号	项目名称	单位	数量	备注
1	土地平整工程	—	—	—
	土地平整面积	hm²	208.47	—
2	农田水利工程	—	—	—
①	斗渠	m	15192	7条
②	斗沟	m	2827	4条
③	农渠	m	21122	52条
④	农沟	m	5254	14条
⑤	涵管	道	26	—
⑥	人行桥	座	2	—
3	田间道路工程	—	—	—
①	田间道	m	9545	18条
②	生产路	m	3698	9条
4	农田防护工程	—	—	—
①	农田防护墙	m	370	5道
三	经济指标	—	—	—
1	总投资	万元	1496.91	—
2	单位面积投资	万元/hm²	2.91	—
四	综合效益指标	—	—	—
1	土地利用率	%	97.11	—
2	土地垦殖率	%	73.58	—
3	静态投资回收期	年	6	—
4	静态投资收益率	%	17.08	—
5	新增耕地单位面积投资	万元/hm²	94.5	—
6	人均年增加纯收入	元	296.8	—
7	单位投资增加就业人数	人/万元	0.01	—
8	年粮食总产量	万公斤	528.673	正常年
9	年净收益	万元	255.66	正常年

（4）农用地等别分析

1）数据资料调查

根据云南省姚安县农用地分等成果，结合项目区实际情况，项目区资料调查见表9-9。

表9-9 资料调查表

名称	基础数据	名称	基础数据	名称	基础数据	名称	基础数据
地类码	111	高程/m	1900	有效土层厚度/cm	60~100	岩石出露度	0
乡（镇）	弥兴镇	水稻单产/(kg/亩)	550	有机质含量/%	1.57	表层土质	壤土

第9章 土地整治与耕地质量演变

续表

名称	基础数据	名称	基础数据	名称	基础数据	名称	基础数据
村委会	弥兴村	小麦单产/(kg/亩)	380	pH值	5.94	剖面构型	壤粘壤
农用地类型	水田	水稻投入/(元/亩)	387	障碍层深度/cm	100	排水条件	基本健全
种植制度	一年两熟	小麦投入/(元/亩)	250	地形坡度/(°)	5~10	灌溉条件	充分满足

2) 等别分析计算

根据《农用地质量分等规程》及相关政策法规，耕地质量等别计算采用因素法，其基本思想是通过分等因素分级量化并赋予权重，将多个指标转化为一个能够反映耕地综合情况的指标来进行等别计算。项目区耕地等别计算的总体思路是以标准耕作制度和作物光温（气候）生产潜力为基础，以分等因素体系为依据，计算各指定作物自然质量分，进而得到各分等单元自然质量等指数和自然等别；依据土地整理项目实施后耕地的实际利用状况，对项目区原土地利用系数进行调整，得出整理后项目区耕地新的土地利用系数，进而得到各分等单元利用等指数及利用等别；利用"产量-成本"指数计算土地经济系数，进而得到各分等单元经济等指数及经济等别。计算结果详见表9-10。

表9-10 分等等别计算结果表

等别	项目		弥兴镇
自然质量等别	自然质量分值		0.962
	自然质量等别指数	水稻	1597
		小麦	1068
	自然质量等别/等		14
利用等别	最大标准粮产量/(kg/亩)		1400
	综合土地利用系数		0.7457
	利用等别指数		1987
	利用等别/等		10
经济等别	最大"产量-成本"指数/(kg/元)		1.55
	综合土地经济系数		0.492
	经济等别指数		9778
	经济等别/等		5

3) 计算结果分析

根据云南省姚安县农用地分等成果，查出相应村农用地整理前的等别范围，整理前后农用地等别情况详见表9-11。

表 9-11 农用地整理前后等别比较表

名称		自然质量等别/等	利用等别/等	经济等别/等
弥兴镇	整理前	13	10	4
	整理后	14	10	5

结合以上计算结果进行分析比较，该项目实施后产生的社会效益、生态效益、经济效益都非常明显，耕地质量有明显提高。项目的实施增加了耕地面积，极大地改善了项目区耕地的灌排、运输等条件。

9.2.4.2 土地开发整理项目

案例：新平县漠沙镇峨德、平安村土地开发整理（补充耕地）项目

（1）项目区位置及范围

新平县漠沙镇峨德、平安村土地开发整理（补充耕地）项目位于新平县漠沙镇峨德村委会、平安村委会境内。地理位置坐标为东经 101°39′49″～101°41′45″，北纬 23°57′24″～24°02′23″。项目区东部以鲁池别河为界，南部及北部以乡村道路为界，西部以垭口梁子、三苏梁子为界。

（2）项目规划目标及建设意义

本项目建设规模 769.10hm^2，项目实施完成后，将新增耕地 372.32hm^2，新增耕地率达 48.41%。

区内由于长期灌排设施缺乏、道路设施不配套，致使土地产出率低下，造成了土地资源的极大浪费；通过综合整治，完善区内水利、道路等基础设施及其配套程度，达到旱能灌、涝能排、沟相通、路成网的目标；为农业机械化、产业化搭建平台，降低劳动强度和生产成本，改善人民群众生活、生产条件，合理利用和有效配置土地资源，提高土地利用率和耕地质量；对项目区现有耕地、未利用土地进行开发整理具有重要的现实意义和长远意义。

工程特性见表 9-12。

表 9-12 工程特性表

序号	项目名称	单位	数量	备注
一	项目区面积	—	—	
1	项目区总面积	hm^2	1204.46	—
2	项目建设规模	hm^2	769.10	—
3	规划用地类	—	—	
①	耕地面积	hm^2	550.78	—
②	农村道路用地面积	hm^2	38.87	—
③	农田水利用地面积	hm^2	5.52	—
④	田坎占地面积	hm^2	173.93	—
4	新增耕地面积	hm^2	372.32	—

续表

序号	项目名称	单位	数量	备注
5	新增耕地率	%	48.41	—
二	主要工程项目	—	—	—
1	土地平整工程	—	—	—
	土地平整面积	hm^2	586.20	—
2	农田水利工程	—	—	—
①	水窖	座	1075	—
②	农沟	m	35633	7条
③	涵洞	座	96	—
④	管涵	道	1107	—
3	田间道路工程	—	—	—
①	田间道	m	35633	7条
三	经济指标	—	—	—
1	总投资	万元	3345.83	—
2	单位面积投资	万元/hm^2	4.35	—
四	综合效益指标	—	—	—
1	土地利用率	%	93.17	—
2	土地垦殖率	%	56.90	—
3	静态投资回收期	年	7.32	—
4	静态投资收益率	%	13.66	—
5	新增耕地单位面积投资	万元/hm^2	8.99	—
6	人均年增加纯收入	元	1308	—
7	单位投资增加就业人数	人/万元	0.94	—
8	年净收益	万元	457.17	—

(3) 项目区概况

1) 地形地貌

项目区地处低热河谷地带，微地貌为丘陵。自然地形：地形坡度在7°~25°，平均坡度21°，地面高程在670~1420m之间。

2) 气象

项目区全年平均气温21.8℃，年均积温7957℃，年均降水量800mm，年日照时数2331h，无霜期329d。

3) 土壤

项目区土壤土属为红紫泥土，土种为紫羊肝土。pH值为5.85，有机质含量3.08%，碱解氮150×10^{-6}，速效磷25×10^{-6}，速效钾183×10^{-6}，全氮0.157%，全磷0.048%，全钾1.347%。为粒状，质地重壤。土壤微酸，耕层浅薄，有机质丰富，氮、钾养分中等。

4）经济状况

漠沙镇地处哀牢山脉东麓，红河中上游，新平县城西南，镇政府驻地托竜距县城64km。全镇总户数12821户，总人口47301人；其中农业户数10970户，农业人口44351人。农业总收入29570万元，人均纯收入5408元；粮食总产3250万公斤，人均有粮687kg，人均耕地1.77亩。

5）基础设施现状

① 道路交通设施。省道218线从项目区东南边缘穿过，为水泥路面。另区内现有田间道路宽度为2~3m，但运力不足，急需改建并提级。

② 排灌系统骨干设施。鲁池别沟从项目区东北部山箐引水，穿过项目区，最终汇入鲁池别村西南的小坝塘，该灌沟已硬化，总长4500m。

③ 田间灌排设施。项目区无田间灌排设施，为满足灌排要求，尚需配套增建。

④ 电力设施。项目区内国家电网覆盖附近村庄，可满足项目建设用电需要。

6）土地利用现状

① 土地利用结构。项目区总面积为1204.46hm²，扣除项目区不参与开发整理的园地、林地、草地、交通运输用地、水域及水利设施用地、城镇村及工矿用地，项目区建设规模为769.10hm²，其中耕地面积437.60hm²，林地57.49hm²，草地52.50hm²，交通运输用地30.12hm²，水域及水利设施用地1.22hm²，其他土地190.17hm²。土地利用现状详见表9-13。

表9-13 项目区土地利用现状结构表

编号	一级类 名称	二级类 名称	三级类 名称	面积 /hm²	占总面积比例 /%
1	农用地	耕地	灌溉水田	8.67	0.72
			旱地	531.77	44.15
			小计	540.44	44.87
		园地	果园	0.32	0.03
		林地	有林地	285.82	23.73
			灌木林地	4.53	0.38
			小计	290.35	24.11
		其他农用地	农村道路	33.10	2.75
			坑塘水面	1.67	0.14
			农田水利用地	1.22	0.10
			田坎	236.62	19.65
			小计	272.61	22.63
		合计		1103.72	91.64
2	建设用地	住宅用地	农村宅基地	6.63	0.55
3	未利用地	未利用地		94.11	7.81
	总计			1204.46	100.00

② 土地利用程度。项目建设规模为769.10hm²，其中耕地面积437.60hm²，土地垦殖率为56.90%，土地利用率为93.17%，耕地复种率为125%。项目区土地因受到缺乏田间配套水利设施和道路设施的限制，耕地资源未得到充分利用，项目区同时还存在着不规则道路、坎（埂）占地，只有通过采取必要工程手段进行开发整理才能提高土地的利用程度。

③ 耕地质量。云南省农用地分等研究成果，将云南省的耕地划分为滇中高原盆地区、滇南中山宽谷区、滇东北山原区、滇西北高山峡谷区和南部边缘低山宽谷盆地区五个省级二级区。根据《新平县农用地分等》成果，新平县处于滇南中山宽谷区。开发整理前，项目区内分布的耕地自然等别为9等，利用等别为4等，经济等别为2等。

④ 土地利用经济效果。项目区内现有耕地为坡旱地，且缺乏灌排设施，粮食产量仅为200kg左右，土地利用经济效果不佳。

7）新增耕地来源

项目新增耕地面积来源主要有3个途径：a. 新平县第二次全国土地调查新增耕地；b. 对其他宜农地进行开发，增加一部分耕地；c. 对原有的耕地进行整理，通过降低地坎（埂）系数增加一部分耕地。

项目区总面积1204.46hm²，建设规模769.10hm²，开发整理后耕地面积为550.78hm²，新增耕地面积372.32hm²，新增耕地率48.41%。其中：二调新增耕地面积259.14hm²；土地开发面积109.99hm²，新增耕地面积83.59hm²，新增耕地率76.00%；土地整理面积659.11hm²，新增耕地面积29.59hm²，新增耕地率3.85%。详见表9-14。

表9-14 项目区土地开发整理前后分类面积对比汇总表

地类		整理前面积		整理后面积		地类面积变化
		面积/hm²	比例/%	面积/hm²	比例/%	
农用地	水田	7.92	1.03	7.92	1.03	0
	水浇地	0.00	0.00	542.86	70.58	+542.86
	旱地	429.68	55.87	0.00	0.00	-429.68
	有林地	55.60	7.23	0.00	0.00	-55.60
	灌木林地	1.89	0.25	0.00	0.00	-1.89
	农村道路	30.12	3.92	38.87	5.05	+8.75
	农田水利用地	1.22	0.16	5.52	0.72	+4.30
	田坎	190.17	24.73	173.93	22.61	-16.24
	小计	716.60	93.17	769.10	100.00	+52.50
未利用地	荒草地	52.50	6.83	0.00	0.00	-52.50
合计		769.10	100.00	769.10	100.00	0

（4）农用地等别分析

1）数据资料调查

根据新平县农用地分等成果，结合项目区实际情况，项目区涉及的峨德、平安村调查资料见表 9-15～表 9-18。

表 9-15　资料调查表（1）

名称	基础数据	名称	基础数据	名称	基础数据	名称	基础数据
地类码	111	高程/m	750～1085	有效土层厚度/cm	80	岩石出露度	0
乡（镇）	漠沙镇	水稻单产/(kg/亩)	600	有机质含量/%	2.8	表层土质	壤土
村委会	峨德村	小麦单产/(kg/亩)	300	pH值	5.7	剖面构型	砂/黏/砂壤/砂/砂
农用地类型	水田	水稻投入/(元/亩)	298	障碍层深度/cm	90	排水条件	基本健全
种植制度	一年两熟	小麦投入/(元/亩)	319	地形坡度/(°)	0	灌溉条件	充分满足

表 9-16　资料调查表（2）

名称	基础数据	名称	基础数据	名称	基础数据	名称	基础数据
地类码	113	高程/m	750～1400	有效土层厚度/cm	58	岩石出露度	0
乡（镇）	漠沙镇	水稻单产/(kg/亩)	300	有机质含量/%	3	表层土质	壤土
村委会	峨德村	小麦单产/(kg/亩)	150	pH值	5.6	剖面构型	砂/黏/砂壤/砂/砂
农用地类型	水浇地	水稻投入/(元/亩)	359	障碍层深度/cm	90	排水条件	基本健全
种植制度	一年两熟	小麦投入/(元/亩)	404	地形坡度/(°)	0	灌溉条件	一般满足

表 9-17　资料调查表（3）

名称	基础数据	名称	基础数据	名称	基础数据	名称	基础数据
地类码	111	高程/m	880～1155	有效土层厚度/cm	75	岩石出露度	0
乡（镇）	漠沙镇	水稻单产/(kg/亩)	350	有机质含量/%	3.3	表层土质	壤土
村委会	平安村	小麦单产/(kg/亩)	250	pH值	5.3	剖面构型	砂/黏/砂壤/砂/砂
农用地类型	水田	水稻投入/(元/亩)	602	障碍层深度/cm	90	排水条件	基本健全
种植制度	一年两熟	小麦投入/(元/亩)	345	地形坡度/(°)	0	灌溉条件	充分满足

表 9-18　资料调查表（4）

名称	基础数据	名称	基础数据	名称	基础数据	名称	基础数据
地类码	113	高程/m	670～1420	有效土层厚度/cm	58	岩石出露度	0
乡（镇）	漠沙镇	水稻单产/(kg/亩)	250	有机质含量/%	2.8	表层土质	砂土
村委会	平安村	小麦单产/(kg/亩)	100	pH值	4.5	剖面构型	砂/黏/砂壤/砂/砂

续表

名称	基础数据	名称	基础数据	名称	基础数据	名称	基础数据	名称	基础数据
农用地类型	水浇地	水稻投入/(元/亩)	408	障碍层深度/cm	90	排水条件	基本健全
种植制度	一年两熟	小麦投入/(元/亩)	415	地形坡度/(°)	0	灌溉条件	一般满足

2）等别分析计算

根据《农用地质量分等规程》及相关政策法规，耕地质量等别计算采用因素法，其基本思想是通过分等因素分级量化并赋予权重，将多个指标转化为一个能够反映耕地综合情况的指标来进行等别计算。项目区耕地等别计算的总体思路是以标准耕作制度和作物光温（气候）生产潜力为基础，以分等因素体系为依据，计算各指定作物自然质量分，进而得到各分等单元自然质量等指数和自然等别；依据土地整理项目实施后耕地的实际利用状况，对项目区原土地利用系数进行调整，得出整理后项目区耕地新的土地利用系数，进而得到各分等单元利用等指数及利用等别；利用"产量-成本"指数计算土地经济系数，进而得到各分等单元经济等指数及经济等别，计算结果详见表9-19。

表9-19 分等别计算结果表

等别	项目	漠沙镇峨德村	漠沙镇平安村
自然质量等别	自然质量分值	水田：0.827	水田：0.806
		水浇地：0.836	水浇地：0.786
	自然质量等别指数	水田：3366	水田：3177
		水浇地：1928	水浇地：1813
		平均值1866	
	自然质量等别/等	10	10
利用等别	最大标准粮产量/(kg/亩)	1400	1400
	综合土地利用系数	0.4510	0.4510
	利用等别指数	水田：1518	水田：1432
		水浇地：870	水浇地：818
		平均值841	
	利用等别/等	5	5
经济等别	最大"产量-成本"指数/(kg/元)	1.55	1.55
	综合土地经济系数	0.431	0.431
	经济等别指数	水田：654	水田：617
		水浇地：375	水浇地：352
		平均值363	
	经济等别/等	2	2

3）计算结果分析

根据新平县农用地分等成果，查出相应村农用地整理前的等别范围，整理前后农用地等别情况详见表 9-20。

表 9-20 农用地整理前后等别比较表

名称		自然质量等别/等	利用等别/等	经济等别/等
水田	整理前	16	8	4
	整理后	16	8	4
旱地→水浇地	整理前	9	4	2
	整理后	10	5	2

结合以上计算结果进行分析比较，该项目实施后，增加田间道路及农渠、农沟、管道、水窖等基础水利设施配套建设；改善了由于长期灌排设施缺乏、道路设施不配套，致使土地产出率低下，造成了土地资源的极大浪费的情况；通过土地整理，合理利用和有效配置土地资源，提高土地利用率和耕地质量，实现社会、经济、生态的可持续发展，不仅改善了人民群众生活、生产条件，还增加了农民收入。

9.2.4.3 "兴地睦边"农田整治重大工程项目

党的十八大以来，土地政策在改善贫困地区生产生活条件、促进农民脱贫致富方面发挥了积极作用。自然资源部等有关部门把脱贫攻坚作为重大政治任务，不断创新和完善土地政策，实施超常规差别化支持措施，构建了用地保障、增减挂钩等扶贫用地政策体系，在土地整治、地质调查等项目资金安排上对贫困地区予以倾斜，全力支持贫困地区如期打赢脱贫攻坚战。中央财政下达补助资金约 164 亿元，在贫困地区比较集中的甘肃省、陕西省、四川省、江西省、云南省、贵州省、广西壮族自治区、新疆生产建设兵团实施土地整治重大工程，在项目安排、资金分配上向贫困地区倾斜，掀起以土地平整、农田水利、田间道路、生态保持为主要内容的建设热潮。土地整治成为精准扶贫的有效抓手，让贫困搬迁群众移得出、稳得住、能致富，为巩固扶贫开发成果做出了巨大贡献，极大改善了贫困地区农村面貌和农业生产条件。

云南省"兴地睦边"农田整治重大工程是国家西部生态建设地区农田整治重大工程的重要组成部分，是自然资源部支持边疆民族地区发展的重大工程，属全国首批实施的 10 个土地整治重大工程项目之一。项目涵盖云南与越南、缅甸、老挝交界的保山、德宏、西双版纳、普洱、临沧等 8 个州（市）及腾冲、芒市等 25 个边境县（市），惠及 645 万边疆各族人民群众。通过统一规划，统一建设耕地、村庄和产业用地，为地质灾害隐患区和高寒贫困山区群众易地扶贫搬迁创造条件，使成千上万贫困群众得以走出大山、奔向小康，实现了脱贫致富与守土固边的共赢。

(1) 目的和意义

云南省地处中国的西南边陲，西部与缅甸接壤南部与老挝、越南两个国家毗邻，是一个集边疆、山区、多民族为一体的省份。在长达 4061km 的边境线上，分布有 25 个县（市）国土面积 8.83 万平方公里，其中 22 个县（市）是少数民族聚居地区。受自然、经济等条件的制约，边境地区中低产田地数量多，少量自然条件较好的耕地也得不到合理利用，居民生活贫困，人均收入水平极低，17个县属国家和省重点扶持的贫困县。

"兴地睦边"是国家战略的重要组成部分。云南省"兴地睦边"农田整治重大工程是实现守土固边、兴边富民、强国睦邻目标的具体体现，已经被列入云南省133万公顷中低产田地改造规划。项目的实施对脱贫致富，实现耕地保护目标，保障粮食安全，解决三农问题，增强民族团结稳定边疆，树立睦邻和谐的国家形象都具有十分重大的意义。

(2) 必要性

云南省"兴地睦边"农田整治重大工程项目区是我国与东南亚、南亚国家交往的重要通道，也是我国西南贫困山区。作为国家兴边富民行动计划的重要内容之一，该工程符合边疆各族人民的利益要求，项目建设十分必要。

1) 农业生产可持续发展的需要

项目所涉及的25个县（市）地处边疆偏远地区以农业生产为主，自然条件好，但耕地利用水平低产出效能也较低，严重制约着当地农业生产及经济的发展。项目的建设可有效改善农业生产条件，提高农业生产力水平，促进边境地区居民生活条件的改善和区域生态环境的建设，推动农业生产的可持续发展。

2) 确保边境地区粮食安全的需要

本区域现有耕地中坡耕地数量多，中低产田地比重大，农业基础设施不配套。项目的建设可增加有效耕地数量，减缓耕地质量退化，并将中低产田改造为优质高稳产田，提高区域的粮食生产能力。

3) 提高耕地利用水平、充分发挥耕地经济效益的需要

依据云南省农用地分等研究成果，25个边境县（市）耕地自然质量等总体较高，利用等、经济等远低于自然质量等可支撑的水平，现有耕地没有得到合理利用，经济效益没有得到充分发挥。科学规划的土地整治有利于促进农业产业结构调整，使耕地的利用水平及经济产能有较大幅度的提高。

4) 边疆稳定、民族和谐、经济社会持续发展的需要

进行本区域土地整治，可完善农田基础设施，优化农村人居环境，改善生态环境，促进农业生产，粮食增产，农民增收，人民生活水平的提高，是边疆稳定，民族和谐，25个边境县（市）生态、经济、社会持续发展的根本保障。

(3) 项目概况

1) 自然概况

① 地形地貌。25个边境县（市）地貌类型复杂多样，高原、山地、丘陵、河谷、盆地相互交错，局部地区岩溶地貌广泛发育，地表切割严重。大部分地区海拔在500～2000m之间，部分河谷地区下降至500m以下，地势起伏较大。

② 气候。本区域多为热带、亚热带气候区，光热资源丰富，年均日照总时数长一般为1600～2300h，年均气温16～20℃，积温5500～7500℃。在北部的高山峡谷地带，分布有北亚热带、南温带、北温带、高山苔原带四种气经类型，立体气候十分明显。整个区域雨量充沛，多年平均降雨量1200～1700mm，且雨季集中于每年的5～10月份。

③ 土壤。本区域土壤类型主要有砖红壤、赤红壤、红壤、黄壤、黄棕壤、棕壤、燥红土、水稻土、草甸土、石灰土、冲积土、紫色土十二类，以砖红壤、砖红壤性红壤、山原红壤、棕壤和紫色土为主。土壤pH值多在4.0～7.5之间，有机质含量在1.5%～5.0%之间，土壤肥力中等，结构良好。

④ 水资源。本区域分属于澜沧江、怒江、红河、南盘江、伊洛瓦底江五大流域，地表径流和地下水资源量均比较丰富，水资源总量达924.87亿立方米，但受地形地貌的制约，以及降水时空的季节变化影响，水资源时空分布不均，垂直变化明显。

2) 社会经济概况

25个边境县（市）共有436个乡镇（108个乡镇与国外接壤），2093个村（居）民委员会，现有总人口645.5万，本项目建设区域内所涉及乡镇现有总人口522.39万，其中农村人口442.24万。2006年底，国民生产总值363.26亿元，人均生产总值6954元，地方财政收入100.72亿元，人均纯收入1928元，现有耕地面积1002108hm^2，农民人均耕地面积0.23hm^2，粮食总产量344.22万吨，平均亩产229kg；农民经济收入主要来源于粮食作物和经济作物种植。

3) 土地利用现状

依据云南省2007年地籍台账统计结果，25个边境县（市）国土总面积为8828185hm^2，其中农用地7199804.4hm^2（耕地面积1238273.57hm^2）、建设用地120433.64hm^2、未利用地1507946.96hm^2。

项目区总面积272330.52hm^2，其中农用地244023.35hm^2（耕地167358.97hm^2、灌溉水田85624.97hm^2、望天田2914.21hm^2、水浇地135.19hm^2、旱地80434.12hm^2、菜地430.35hm^2、园地3234.47hm^2、林地31229.91hm^2、牧草地24.13hm^2、其他农用地42175.88hm^2）、建设用地8595.13hm^2、未利用地19712.04hm^2、耕地后备资源严重不足。

项目区土地利用空间分布具有明显的山原特点，土地利用率92.76%，但垦殖率相对较低，仅为61.45%。受水力和重力的综合作用，项目区土壤侵蚀面积大，水土流失严重，耕地质量不断退化。

4) 工程建设范围及内容

云南省"兴地睦边"农田整治重大工程项目区位于云南省西、南部，地理位置坐标为东经97°31′39″～106°11′47″，北纬21°08′32″～28°23′00″，建设范围涉及云南省25个边境（市），沿陆地边境线呈"L"形条带状。项目区总面积272330.52hm^2，由420个项目构成，总建设规模215236hm^2，预计新增耕地15354.69hm^2，新增耕地率7.13%。

项目建设内容由以下5部分构成。

① 土地平整工程：对项目区内耕地进行整治，对零星宜农荒草地等未利用地进行开发。项目预期平整土地面积199026.11hm^2，有利于实现区域的机械化耕作，提高土地利用率，减少水土流失，方便农民种、管、收。

② 农田水利工程：配套耕地灌排系统，完善项目区水利设施。项目预期新建渠道11323.87km，排水沟3813.92km，管道515.62km，截水沟38.83km，水池2357座，

水窖109278座，减压池1407座，阀门井612座，混凝土灌桩13238座，阀门13899个，滚水坝573座，水窖109278座。

③ 田间道路工程：完善项目区内道路设施，改善农业生产条件。项目预期新建田间道6857.70km，生产路3808.06km，过水路面0.78km，道路边沟256.04km，农桥325座，涵洞20957座。

④ 农田防护与生态保护工程：防治水土流失，改善项目区内的农业生产环境和生态条件。项目预期修建农田防护挡墙208.79km。

⑤ 村庄基础设施建设工程：改善人居环境，提高边境居民的物质生活和精神文明水平。项目预期修建村庄道路742.7km，路边排水沟840.64km。

5）工程投资与进度安排

项目估算总投资86.2亿元，其中中央投资51.72亿元，占估算总投资的60%；地方投资34.48亿元，占估算总投资的40%。项目单位面积投资4.01万元/hm^2。

项目分为四个阶段，5年完成：2009年4月～2012年12月为规划阶段；2009年7月～2012年12月为设计阶段；2009年10月～2014年9月为施工阶段；2010年10月～2014年12月为验收阶段。对于沿边境线与国外接壤的乡镇土地整治项目优先实施。

(4) 效益分析

1）社会效益分析

项目实施前，项目区内原有耕地面积167358.97hm^2，农民人均耕地面积0.23hm^2。项目建设完成后，预期新增耕地15354.69hm^2，新增耕地率7.13%，人均新增耕地面积0.03hm^2。通过改善农业基础设施和农业生产等条件，耕地质量和产出率将得到进一步提高，分析预测耕地自然质量等可提高1～2个等别，利用等可提高2～5个等别，经济等可提高2～4个等别。按人均耕地1亩来估算，新增耕地可供养230320人。项目建设对促进粮食增产，农民增收，推动农业生产的可持续发展，带动25个边境县（市）的经济发展，促进社会主义新农村建设，维护国家安全、边疆社会稳定，确保国家粮食安全具有重大作用，符合边境人民的意愿，当地群众热切盼望项目，建设社会效益明显。

2）生态效益分析

项目实施前，区内土壤流失严重，耕地质量严重退化。据云南省土壤侵蚀遥感调查结果显示，项目所涉及的25个县（市）土壤侵蚀面积2.42万平方公里，耕地年平均土壤侵蚀深度4.84mm，坡耕地平均土壤侵蚀模数6052.64t/(km^2·a)，梯（平）田土壤侵蚀模数300～500t/(km^2·a)，耕地年土壤侵蚀总量高达5308.81万吨，项目区年土壤侵蚀总量784.1万吨。

项目建设完成后可治理水土流失面积142791hm^2，坡耕地土壤侵蚀模数减少95%左右，降至300～500t/(km^2·a)，项目区年土壤侵蚀量可减少718.97万吨，土地垦殖率提高5.22%，绿色覆盖率提高4.99%，区内受旱涝灾害影响的耕地面积减少136614hm^2，耕地质量退化可以得到解决。通过节水灌溉项目区内每年可节省32.23亿立方米的灌溉用水用于生态环境需水，生态效益突出。

3）经济效益分析

项目实施前，项目区耕地分散，生产方式落后，复种指数为160%，农地单产水平较低，仅为3435kg/hm²（一年两熟），粮食年产量57.49万吨，项目建设完成后耕作田块集中连片，具备机械化、规模化、集约化经营条件，农作物种植结构得到合理调整，复种指数提高20%，粮食产量水平增量5250kg/hm²（一年两熟），年产量高达158.69万吨，净增量101.2万吨。农民人均年纯收入增加527元，年新增净产值55778.48万元，静态投资回收期16.3年，静态投资收益率6.15%。项目区新增耕地单位面积投资59.21万元/公顷，每万元投资新增耕地数量0.02hm²，经济效益显著。

9.3 土地整治前后质量变化

土地是粮食生产的基础，提高粮食供给、保障粮食安全，不仅要保证耕地数量，同时必须在耕地质量上有所保障；为实施最严格的耕地保护制度，实现土地资源管理由数量管理为主向数量、质量、生态综合管理转变，《国土资源部、农业部关于加强占补平衡补充耕地质量建设与管理的通知》已提出在补充耕地项目验收时形成"补充耕地质量评定意见"，进一步明确和细化了加强耕地质量管理的程序。通知要求在补充耕地项目立项规划设计阶段，对补充耕地新旧耕地质量等级进行评定与预测；在项目验收时，对耕地质量进行评定，与预评估耕地质量等级进行对比，形成验收结论；对不符合规划设计标准的，要求限期整改，待补充耕地质量合格后予以验收。这些都进一步明确和强化了补充耕地项目实施过程中对耕地质量管理的要求。

根据云南省2013～2018年新增耕地与质量建设耕地项目清单数量汇总统计，全省累计实施的各类项目整治前，耕地质量平均国家利用等别为10.2等；项目整治后，通过土地整理、完善灌排及交通等基础设施建设，耕地质量平均国家利用等别为9.8等。对比整治前平均国家利用等别提升了0.4等，其中整理类项目对比整治前平均国家利用等别提升了0.3等，开发类项目对比整治前平均国家利用等别提升了0.3等，开发整理类项目对比整治前平均国家利用等别提升了0.5等，复垦类项目对比整治前平均国家利用等别提升了0.8等，整治类项目对比整治前平均国家利用等别提升了0.2等。对比情况详见图9-11。

9.3.1 整理类项目质量变化情况

云南省2013～2018年实施整理类项目整治前，耕地质量平均国家利用等别为9.7等；项目整治后，通过土地整理、完善灌排及交通等基础设施建设，耕地质量平均国家利用等别为9.4等，对比整治前平均国家利用等别提升了0.3等。从各州市来看，项目实施后平均国家利用等别不变的有昭通市和迪庆州，其他各州市实施后平均国家利用等

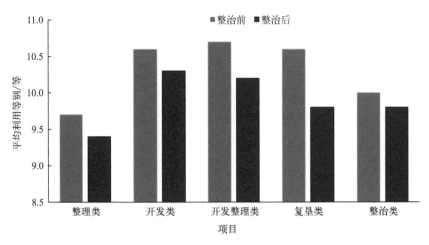

图 9-11 云南省 2013~2018 年实施项目国家利用等别情况对比

别均有所提升，其中提升最多的是西双版纳州和德宏州，分别提升了 1.0 等和 0.9 等。对比情况详见图 9-12。

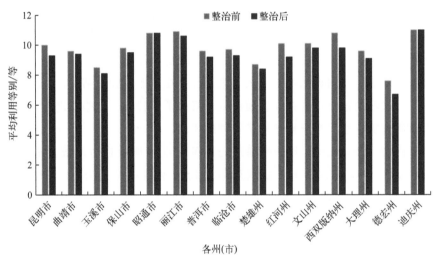

图 9-12 云南省 2013~2018 年实施整理类项目国家利用等别情况对比

9.3.2 开发整理类项目质量变化情况

云南省 2013~2018 年实施开发整理类项目整治前，耕地质量平均国家利用等别为 10.7 等；项目整治后，通过土地整理、完善灌排及交通等基础设施建设，耕地质量平均国家利用等别为 10.2 等，对比整治前平均国家利用等别提升了 0.5 等；从各州市来看，项目实施后平均国家利用等别提升最多的是玉溪市和保山市，均提升了 0.9 等，提升最少的是丽江市，只提升了 0.1 等。对比情况详见图 9-13。

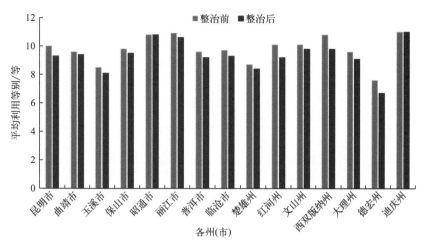

图 9-13 云南省 2013~2018 年实施开发整理类项目国家利用等别情况对比

9.3.3 复垦类项目质量变化情况

云南省 2013~2018 年实施复垦类项目整治前，耕地质量平均国家利用等别为 10.6 等；项目整治后，通过土地整理、完善灌排及交通等基础设施建设，耕地质量平均国家利用等别为 9.8 等，对比整治前平均国家利用等别提升了 0.8 等；从各州市来看，临沧市实施前无等别，实施后等别为 11.0 等，其次昆明市整治前后等别一致，均为 11.0 等。对比情况详见图 9-14。

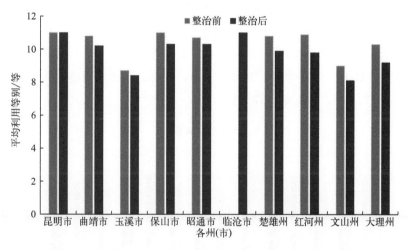

图 9-14 云南省 2013~2018 年实施复垦类项目国家利用等别情况对比

9.3.4 开发类项目质量变化情况

云南省 2013~2018 年实施开发类项目整治前，耕地质量平均国家利用等别为 10.6 等；项目整治后，通过土地整理、完善灌排及交通等基础设施建设，耕地质量平均国家利用等别为10.3等,对比整治前平均国家利用等别提升了0.3等;从各州市来看,迪庆州实施前无等别,实施后等别为12.0等,其次玉溪市实施后等别提升了1.0等,丽江市和临沧市均提升了0.9等,其他各州市等别均有所提升。对比情况详见图9-15。

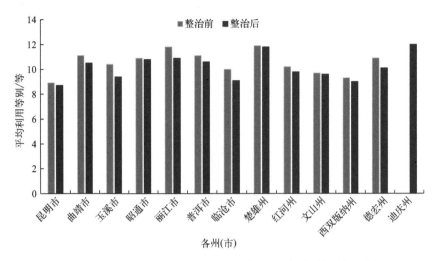

图 9-15 云南省2013~2018年实施开发类项目国家利用等别情况对比

9.3.5 整治类项目质量变化情况

云南省2013~2018年实施复垦类项目整治前,耕地质量平均国家利用等别为10.0等;项目整治后,通过土地整理、完善灌排及交通等基础设施建设,耕地质量平均国家利用等别为9.8等,对比整治前平均国家利用等别提升了0.2等;从各州市来看,楚雄州和怒江州提升最多,分别为1.1等和1.0等,普洱市和德宏州整治前后等别一致,分别为10.4等和7.7等。对比情况详见图9-16。

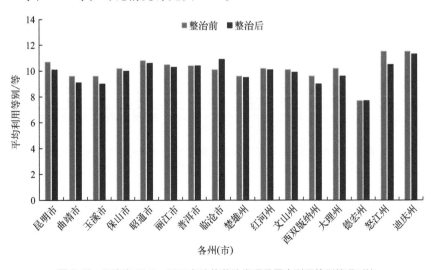

图 9-16 云南省2013~2018年实施整治类项目国家利用等别情况对比

综上可知，通过 2013~2018 年实施的各类项目，土地的综合生产能力不断提高，为国家建设旱涝保收基本农田，提高粮食综合生产能力提供了有力支撑；为缓解人地矛盾，改善人民群众生活、生产条件，增加农民收入提供了有力保障。

第10章 高标准农田建设与耕地质量演变

高标准农田是指土地平整、集中连片、设施完善、农田配套、土壤肥沃、生态良好、抗灾能力强，与现代农业生产和经营方式相适应的旱涝保收、高产稳产，划定为永久基本农田的耕地。高标准农田建设是指通过改善或消除主要限制性因素、全面提升耕地质量而开展的土地平整、土壤改良、灌溉与排水、田间道路、农田防护与生态环境保持、农田输配电以及其他工程建设，并保障其高效利用的建设活动。

建设高标准农田是党中央、国务院做出的重大战略部署，全国各地认真落实中央决策部署和发展改革、财政、自然资源、水利、农业等部门要求，合力推进高标准农田建设，取得积极进展。机构改革后，农业投资、农业综合开发、农田整治、农田水利建设等农田建设项目管理职责整合，由农业农村部统一进行管理。农田建设管理体制得以进一步理顺，资金整合力度进一步加大，改变了以往"五牛下田"分散管理的局面，农田建设管理打开新局面，高标准农田建设取得新成效，迎来新突破。

10.1 高标准农田建设概况

10.1.1 高标准农田建设提出

（1）高标准农田建设提出背景

国外在高标准农田建设方面出台了很多的制度和标准，只是没有"高标准农田"这一概念，更多的研究是关于优质耕地保护。美国最早提出了通过划分耕地等级确定优质耕地的范围，从而更有针对性地制定保护耕地的相关制度和政策。英国是首先确定优质农田，确定的标准是土地的产出，然后通过制度对优质类农田严格管理。日本土地面积短缺，一贯比较重视通过土地工程进行污损、退化等后备耕地资源的整理实现国家粮食安全以及经济的发展。

我国党中央、国务院高度重视高标准农田建设。习近平总书记指出，中国人的饭碗要牢牢端在自己手里，而且里面应该主要装中国粮；强调要突出抓好耕地保护和地力提升，坚定不移抓好高标准农田建设，提高建设标准和质量，真正实现旱涝保收、高产稳产。原国务院总理李克强对发展粮食生产、加强高标准农田建设提出明确要求。各地、各部门认真贯彻落实党中央、国务院决策部署，持续推进高标准农田建设，有力支撑了粮食和重要农产品生产能力的提升。

随着粮食消费结构不断升级，粮食需求和资源禀赋相对不足的矛盾日益凸显，加之面临的外部环境趋于复杂，确保国家粮食安全的任务更加艰巨。党的十九大提出了实施乡村振兴战略的重大历史任务，十九届五中全会要求全面推进乡村振兴、实施高标准农田建设工程。确保重要农产品特别是粮食供给，是实施乡村振兴战略、加快农业农村现代化的首要任务。建设高标准农田，是巩固和提高粮食生产能力、保障国家粮食安全的关键举措。大力推进高标准农田建设，加快补上农业基础设施短板，增强农田防灾抗灾减灾能力，有利于聚集现代生产要素，推动农业生产经营规模化专业化，促进农业农村现代化发展；有利于落实最严格的耕地保护制度，不断提升耕地质量和粮食产能，实现土地和水资源集约节约利用，推动形成绿色生产方式，促进农业可持续发展；有利于有效应对国际农产品贸易风险，确保国内农产品市场稳定。

为了加强对土地资源的保护工作，我国从1997年开始大力地推进土地整治活动，同年发布的《关于进一步加强土地管理切实保护耕地的通知》就明确提出要采取必要的手段，改变耕地大量减少的失衡趋势；到2003年，国家正式发布的《全国土地开发整理规划(2001—2010)》就对我国进行土地整理活动的内容进行了详细阐述。我国高度重视高标准农田的建设工作，在2008年的十七届三中全会首次提出要加快对中低产量基本农田进行改造以提升耕地的等级，使得高产稳产的农田比重大幅度增加之后，我国便开始了高标准农田建设的步伐，具体表现就是在2009～2021年的中央1号文件中强调了要加快推进高标准农田建设工作，并且在2010年的十七届五中全会上更是明确地提出要大规模地建设"即使在面临突发的自然灾害情况下，依然能保证粮食稳产甚至增产"的高标准农田。2013年3月16日通过的《国家农业综合开发高标准农田建设规划(2011—2020年)》对即将建设好的高标准农田在产量上做出要求，规划指出要通过高标准农田建设项目，使得在2020年的时候我国的粮食生产能力比实施农业综合开发之前平均提高$1500kg/hm^2$以上，并为此专门建立起了由国土资源部、国家发改委、农业农村局、财政部等多个部门组成的"共同协商、密切协作、互相支持"的联合工作机制。

为了更加科学合理地对高标准农田建设工作进行指导，自2012年以来我国针对高标准农田建设的目标、条件、内容以及基本原则，发布实施了《高标准农田建设通则》，针对高标准农田建设相关的技术标准、建设程序、绩效评价则陆续发布实施了《高标准基本农田建设标准》《高标准农田建设评价规范》等一系列国家标准和规范，除此以外，各省在进行高标准农田建设活动的时候，还会根据本省的实际情况，制定适合本省的高标准农田建设标准。随着我国经济发展不断深入，民众的综合素养和消费习惯得到了很大的提升，尤其是食品安全意识的提升，使得民众在进行农产品消费的时候，不仅追求农产品的质量，还注重农产品在生产的过程中有没有做到保护环境、节约资源，如何提供更加优质的农产品，兼顾我国的粮食安全和丰富民众的菜篮子，使得我国对土地资源尤其是耕地资源的保护在政策和战略上都更进一步。2017年，国务院发出《关于加强耕地保护和改进占补平衡的意见》（以下简称《意见》）提出，在数量上，要划定我国基本耕地的数量红线；在质量上，要加强高标准农田建设，提升耕地质量等级；在生态上，要加强耕地保护，提升抵御自然灾害、调节生态功能的能力。《意见》的提出使得保护耕地的体系更加趋于成熟，接着在"十三五"规划提出的"藏粮于地、藏粮于技"战略，更是明确说明了进行高标准农田建设对于保障我国粮食安全的重要意义。

农业是社会经济发展的基础，在我国目前面临的农业发展形势下，大力推进高标准农田建设，不仅是为稳步提高农业综合生产能力、保障国家粮食安全做好物质基础准备，还是为了助力我国发展现代农业、建设中国特色社会主义新农村和提高农业整体效益的必然选择，更是我国在新时期进行农业综合开发的重要历史使命，具有重大的现实意义和深远的战略意义。2020年，全国建成的高标准农田规模达到了8亿亩，2022年全国要建成的高标准农田规模能够达到10亿亩。

（2）高标准农田建设的必要性

粮食以耕地而存在，而耕地又是人类赖以生存和发展的物质基础。新时期，为确保广大人民群众把饭碗牢牢端在自己手里，中国明确提出要坚守18亿亩耕地"红线"，不仅要注重耕地数量的控制，更要注重质量的提升。目前我国人均耕地面积约1.43亩，不到世界平均水平的40%，而且有660多个县的人均耕地面积少于联合国制定的人均耕地警戒线0.8亩。据资料显示，全国耕地面积平均每年减少0.8%，2000～2010年中国耕地面积从原来的19.24亿亩减少到18.18亿亩。从中长期看，随着我国工业化、城镇化的步伐加快，我国耕地资源呈逐年下降的趋势。在诸多影响粮食安全的因素中，耕地属于最重要、最基础的因素，对确保粮食有效供给和提高粮食综合生产能力具有最根本的保障和制约作用。

但在耕地数量不断减少的同时，由于城镇化进程大量占用耕地、自然环境恶化、水资源短缺，加之耕地占补平衡中存在占优补劣等制度性因素，中国面临着耕地质量整体下降的形势，"低、费、污"已逐步成为中国耕地质量新一轮的核心问题。中、低产田作为粮食增产的潜力所在是影响粮食生产迈向新台阶的制约因素，目前两者面积分别为81004万亩和44680万亩，占全国耕地总面积的41.95%和23.14%；而高产田的面积是67429万亩，只占全国耕地总面积的34.91%。耕地的残酷现状进一步说明，切实保护耕地、提高耕地质量是保障中国未来粮食安全的长效机制，正是这种现实困境与潜在隐忧，使得加快4亿亩旱涝保收的高标准农田建设，改善农业生产条件迫在眉睫。

而高标准农田建设能够实现藏粮于土，提高耕地的基础地力，是巩固和加强农业基础的重要内容，是确保粮食安全的核心。李家洋分析指出，只要能使中低产田的单产再提升一小步，就意味着向国家粮食问题迈进了一大步；林鹏生估算中国中低产田的理论增产潜力为现实产出能力的 2.97 倍。其中，中产田的理论增产潜力为 63505 万吨，约占全国的 46.61%，相当于其现实产出能力的 2.34 倍；低产田的理论增产潜力为 32787 万吨，约占全国的 24.06%，相当于其现实产出能力的 6.26 倍。因此，中、低产田改造是耕地潜力挖掘的重点，目标是向高标准农田迈进。按照《国家粮食安全中长期规划纲要（2008—2020年）》的要求，到 2020 年，中、低产田的比重要降到 50% 左右。2010 年发生的特大干旱、洪涝灾害，充分暴露出农田水利等基础设施建设的滞后性及农业抵御自然灾害的能力依然较弱，成为影响农业生产和国家粮食安全的突出因素，要实现保障粮食等主要农产品的有效供给，迫切需要加快中、低产田改造、建设旱涝保收的高标准农田。通过高标准农田建设，可以提高农业的现有装备水平，改善农业生产条件，提高农业的科技含量及现有耕地的利用效率和产出效率，促进农民增产增收，同时也是推进新农村建设的需要、保护耕地最重要的手段及保障粮食安全的基石，是加强农业基础地位的客观要求，是实现农业可持续发展的战略选择，是促进农业增长方式转变、发展现代农业的根本途径。

10.1.2 国家高标准农田建设进展

(1) 农田建设任务全面完成

2018 年、2019 年、2020 年全国新增高标准农田分别达到约 8200 万亩、8150 万亩、8000 万亩，均超额完成 8000 万亩的年度建设任务，全国建成 8 亿亩高标准农田目标已实现。从区域分布看，2011~2019 年，13 个粮食主产省累计建成高标准农田面积约占全国总量的 70%，为稳定我国粮食安全格局发挥了重要作用。高标准农田建设有力推动了"藏粮于地"战略实施，为乡村振兴战略的实施打下了坚实基础。

① 进一步夯实了国家粮食安全基础。建成后项目区农田基础设施配套比较完善，生产条件改善，农田抗灾减灾、旱涝保收能力提高。高标准农田粮食产能均提高 10%~20%。

② 加快了农业转型升级和绿色发展。高标准农田的灌排和交通体系更加完善，推动了土地规模经营和农业机械化生产，促进了农业节本增效，减少农村面源污染，增强农业发展后劲，转变农业发展方式。

③ 促进农民增收效果显著。与建设前相比，高标准农田项目区农业生产条件进一步改善，通过节约人工、肥料、农药等投入和增加综合收益，亩均可促进当地农民年收入增加约 500 元。

(2) 分区分类高质量推进高标准农田建设进展

1) 优化全国分区方案，构建全国及省县高标准农田建设分区分类方案

本次《全国高标准农田建设规划》根据高标准农田建设的"以提升粮食产能为首要目标，兼顾油料、糖料、棉花等重要农产品生产"的目标性和统一管理的便利性，在将全国分为粮食主产区和非粮食主产区两大类型区的基础上，参考以往的《中国综合农业

区划》《国家农业综合开发高标准农田建设规划（2011—2020年）》《高标准农田建设标准》(NY 2148—2012)、上一轮的《全国高标准农田建设总体规划》等分区方案，在保持省级行政区划相对完整性的条件下，将全国划分为东北、黄淮海区、长江中下游区、东南区、西南区、西北区（含黄土高原区和西北内陆绿洲农业区两个区）、青藏区七个区域。

2）根据承担国家粮食安全的责任，合理布局高标准农田建设任务

① 东北、黄淮海和长江中下游三个区为全国性粮食主产区，也是我国粮食生产功能区和油料、棉花等重要农产品生产保护区的核心区域，是国家高标准农田建设的重点区域，其区域内适宜于高标准农田建设的耕地应力争全部实施高标准农田建设。

② 东南区为以高效农业为主的粮食主销区，其粮、油、糖生产比重已很低，但该区域承担着共同扛起保障国家粮食安全的责任，需要保持应有的粮食自给率。为此，应选择条件适宜，以发展粮食、油料、糖料为主要目的耕地实施高标准农田建设。

③ 西南区以高原山地为特色，山高坡陡，水土流失严重，生态环境建设与保护为该区域的首要任务，但该区人口众多，粮食消费需求数量大，需要保持较高的粮食自给率。

④ 西北区实际上包含了黄土高原区与西北内陆绿洲农业区两个区。黄土高原区以生态脆弱、水土流失严重为特色，退耕还林还草、保护生态环境为该区域的重要任务，但汾渭平原和国家投入大量资金建立起来的位于黄土塬面上的引黄灌区为黄土高原区域内粮食安全的保障基地；另外，黄土高原黄土层深厚，在有水源保障和科学规划的基础上，增加耕地面积的潜力很大。同时，高标准农田建设可以大幅提升单位面积耕地上的粮食产能，促进黄土高原陡坡耕地退耕还林还草，促进生态环境改善。为此，在黄土高原区应选择条件适宜、以发展粮食、油料为主要目的耕地，以及有水源保障的粮田实施高标准农田建设。西北内陆绿洲农业区是我国棉花集中产区，集中了全国近80%的棉花面积；是我国区域性商品粮食和油料生产基地。高标准农田建设可以大幅提升耕地粮食、棉花、油料产能，有利于控制西北内陆绿洲农业区耕地面积无序扩张、水资源浪费、土地沙化和土壤次生盐渍化，有利于改善生态环境。为此，在西北内陆绿洲农业区，力争对有水源保障，以发展粮食、棉花、油料为主要目的耕地全面实施高标准农田建设。

⑤ 青藏区以高寒为特色，粮经作物主要沿河谷地带分布，青稞、油菜籽、小麦是该区域主要作物，青稞和油菜籽也是藏区百姓粮食和食用油的主要来源，实施高标准农田建设，提升粮食和油料产能是改善藏区农牧民生活和促进藏区生态环境改善的重要路径。为此，在青藏区应选择条件适宜，以发展粮食、油料为主要目的耕地实施高标准农田建设。

3）根据生产障碍因素和破解途径确定区域高标准农田建设重点

不同区域生产障碍因素不同，破解途径不同，为此不同区域高标准农田建设重点也不相同。

① 东北区主要针对黑土地退化、冬干春旱、水土流失等主要制约因素，以完善农田灌排设施、保护黑土地、节水增粮为主攻方向，围绕稳固提升水稻、玉米、大豆、甜菜等粮经作物产能开展高标准农田建设。

② 黄淮海区主要针对春旱、地下水超采、土壤有机质含量低、土壤盐碱化等主要制约因素，以提高灌溉保证率、农业用水效率、耕地质量等为主攻方向，围绕稳固提升小麦、玉米、花生等粮经作物产能开展高标准农田建设。

③ 长江中下游区主要针对土壤酸化与潜育化、暴雨洪涝灾害多发、季节性干旱等主要制约因素，以增强农田防洪排涝能力和土壤改良为主攻方向，围绕稳固提升水稻、油菜籽、小麦等粮经作物产能开展高标准农田建设。

④ 东南区主要针对山地丘陵多、地块小而散、土壤酸化与潜育化、台风暴雨危害等主要制约因素，以增强农田防御洪涝能力、改良土壤酸化与土壤潜育化为主攻方向，围绕巩固提升水稻、糖蔗等粮经作物产能开展高标准农田建设。

⑤ 西南区主要针对丘陵山地多、耕地碎片化、工程性缺水、土壤保水能力差、水土流失易发等主要制约因素，以提高梯田化率和道路通达度、增加土体厚度为主攻方向，围绕稳固提升水稻、玉米、油菜籽、糖蔗等粮经作物产能开展高标准农田建设。

⑥ 西北区的黄土高原区主要针对水土流失严重、水资源短缺、耕地碎片化等主要制约因素，以提高梯田化率、蓄水保墒为主攻方向，围绕稳固提升玉米、小麦、小杂粮、油菜籽等粮经作物产能开展高标准农田建设；西北区的西北内陆绿洲农业区主要针对气候干旱和灌溉水资源浪费，以及土地沙化和土壤次生盐渍化等问题，以完善农田基础设施、节水灌溉、保墒培肥为主攻方向，围绕稳固提升棉花、玉米、小麦、甜菜、油菜籽等粮经作物产能开展高标准农田建设。

⑦ 青藏区主要针对高原严寒、耕地土层薄、土壤贫瘠、生态环境脆弱等主要制约因素，以完善农田基础设施、改良土壤、防寒保温为主攻方向，围绕稳固提升青稞、小麦、油菜籽等粮经作物产能开展高标准农田建设。

我国高标准农田建设取得积极进展，2020年建成高标准农田8391万亩，高效节水灌溉2395万亩，超额完成年度目标，进一步提升了我国粮食保障能力。

高标准农田建设家底基本摸清。各方共同努力下，历时10个多月，共核实了9万多个高标准农田建设项目的数量、质量、空间位置和利用情况，完善1000多万个地块数据，基本摸清了2011~2018年全国已建成高标准农田家底。

青海已累计建成高标准农田29.4万公顷，耕地质量明显提升，水资源利用效率逐年提高，农村生态环境有效改善，农业综合生产能力不断增强，为年均粮食产量稳定奠定了基础。

据介绍，2022年，青海将完成1.35万公顷高标准农田和0.08万公顷高效节水灌溉建设任务。近年来，青海深入落实"藏粮于地、藏粮于技"战略，扎实推进高标准农田建设各项措施，支撑了粮食和重要农产品生产能力提升。

(3) 高标准农田建设过程中的其他进展

1) 制度标准体系不断完善

2019年11月，国办印发《关于切实加强高标准农田建设提升国家粮食安全保障能力的意见》，明确今后一个时期全国高标准农田建设的指导思想、基本原则、目标任务和工作机制，压实地方政府主体责任，凝聚相关部门和公众的共识，增强地方农业农村部门的信心，为深入推进高标准农田建设创造了有利条件。同时，农业农村部扎实推进农田建设法规制度建设，制定完善项目管理、资金管理、监督评估等办法。一是印发《农田建设项目管理办法》，明确了农田建设项目管理程序和要求。二是分别联合财政部、国家发展改革委印发《农田建设补助资金管理办法》《关于中央预算内投资补助地方农业项目投资计划管理有关问题的通知》，加强不同渠道资金使用管理政策衔接，为高标准农田建设项目顺利实施提供了政策依据。三是研究制定《高标准农田建设评价激励实施办法（试行）通知》，进一步压实地方责任，激发和调动各地开展高标准农田建设的积极性、主动性和创造性。

2) 资金筹措途径有效拓宽

机构改革后，高标准农田建设中央财政资金主要由财政部管理的中央财政转移支付农田建设补助资金和国家发展改革委管理的中央预算内投资两个渠道组成。2020年两个渠道共落实农田建设补助资金867亿元，比2019年提高了7.8亿元。同时，各地积极拓展投资渠道，通过创新投融资模式、发行专项债务、充分利用新增耕地指标调剂收益等方式，加大高标准农田建设投入。江西、山东、四川、安徽、黑龙江等省份使用高标准农田建设的专项债、抗疫特别国债、一般债券等达到180多亿元。

3) 评价激励作用逐步显化

按照国办印发的《关于对真抓实干成效明显地方进一步加大激励支持力度的通知》《关于印发粮食安全省长责任制考核办法的通知》和农业农村部印发的《关于高标准农田建设评价激励实施办法（试行）》要求，2019年和2020年，对全国31个省（自治区、直辖市）高标准农田建设情况进行了综合评价和粮食安全省长责任制考核。其中，综合评价排名靠前、建设成效显著的省份由国务院办公厅进行激励；粮食安全省长责任制考核结果由国家粮食和物资储备局牵头汇总，并由国务院办公厅进行通报。通过综合评价和粮食安全省长责任制考核，进一步压实了地方责任，有力推进了全国农田建设工作。

4) 后期管护力度持续加大

高标准农田建设工作是中央和地方共同事权，建后管护利用工作由地方负责。近年来，江苏、安徽、福建、江西、山东等省份相继出台了高标准农田建设项目后期管护制度，并在地方财政预算中安排专项经费对农田基础设施管护运营进行补贴，有效调动了管护主体的积极性。例如，江西省实行"县负总责、乡镇监管、村为主体"的建后管护机制，目前已有60多个县对建成的高标准农田安排了10~20元/亩的后期管护经费；山东省建立"县负总责、乡镇落实、村为主体、所有者管护、使用者自护、受益者参与"的管护运营机制，管护经费来源为财政补助、村集体公益金提取和市场化运作等。

虽然高标准农田建设取得了一定成效，但仍面临建设任务艰巨、建设资金缺口大、建后管护难落实等问题与困难，亟须进一步研究解决。当前和今后一个时期，高标准农田建设将继续以习近平新时代中国特色社会主义思想为指导，紧紧围绕服务全面实施乡村振兴战略总抓手，按照保障国家粮食安全的总体要求，深入实施"藏粮于地、藏粮于技"战略，加快补齐农业基础设施短板，为保障国家粮食安全提供坚实支撑。

一是加强组织领导：进一步完善体制机制，强化省级政府粮食安全责任制，加强部门协同，落实高标准农田建设"五统一"要求。

二是完善规划体系：充分发挥规划引领作用；实施新一轮高标准农田建设规划，指导各地依据全国高标准农田建设规划，坚持新建与改造并重，聚焦重点区域，突出重点任务，找准建设方向，认真谋划重大工程、重点项目，加快编制本地区农田建设规划，构建国家、省、市、县四级农田建设规划体系。

三是健全制度标准：加快制定贯彻落实国办《关于切实加强高标准农田建设提升国家粮食安全保障能力的意见》等配套制度，形成"权责明晰、分级管理、放管结合、科学高效"的新时期农田建设管理制度体系，夯实全面提升农田建设系统治理能力的政策基础。加快修订高标准农田建设通则等国家标准，针对高标准农田建设管理薄弱环节，研究制定行业内规范和细化的技术要求，做到国家标准、行业标准、地方标准上下结合、互为补充。

四是强化资金保障：加强与相关部门的沟通协调，推动建立健全中央财政支持农田建设投入的稳定增长机制。鼓励地方发挥政府投入引导和撬动作用，通过整合涉农资金、创新投融资模式、充分利用新增耕地调剂收益等方式，有序引导金融、社会资本和农业新型经营主体投入高标准农田建设，进一步拓宽筹资渠道，切实提高建设标准，调动地方实施高标准农田建设的积极性，有效提高建设成效。

五是推动健全管护机制：结合农村集体产权制度改革，建立健全高标准农田建后管护机制，明确管护主体，落实管护责任。指导地方总结提炼经验做法，建立农田建设项目管护经费合理保障机制，采取有效方式调动受益主体和村集体开展工程管护的积极性，确保工程设施正常运行。

（4）中国高标准农田建设成效

高标准农田建设，在改善农业生产条件、促进耕地质量提升、适度规模经营等方面取得明显成效，为加快推进农业现代化、稳定中国粮食安全格局发挥了重要作用。

1）改善农业生产条件，有效保障粮食稳产增产

高标准农田建设通过改善地块生产条件、完善农田基础设施和提高耕地质量，促进粮食产能稳定提高。高标准农田在耕地条件和耕地质量方面，要求提高耕作层、土层厚度和深度，增加土壤养分含量，从而带动耕地质量等级提高和耕地地力条件改善。据《2019年全国耕地质量等级情况公报》，从2014年至2020年底，全国高标准农田建设面积从3.72亿亩增加到8.0591亿亩，占总耕地面积比例从18.36%提高到39.84%，13个粮食主产省累计建成高标准农田面积约占全国总量的70%；耕地质量平均等级从2014年的5.11等提高到2019年的4.76等，较2014年提高了0.35个等级。高标准农

田在水利灌溉设施方面，要求具有田间水利灌排工程配套设施，从而实现旱能浇、涝能排，提高水土资源利用效率，增强农田防灾抗灾减灾能力，解决农民"靠天吃饭"的问题。粮食主产区通过高标准农田项目建设提高耕地质量和有效灌溉率，支撑粮食单产提升（表10-1）。高标准农田项目建设区的粮食单产提升效果则更加明显，与建设前相比粮食亩产平均提高10%~20%，农民亩均增收500元左右。

表10-1 中国南北方部分粮食主产区高标准农田建设情况

建设情况	年份	北方			南方		全国
		黑龙江	辽宁	山东	湖南	四川	
耕地面积/千公顷	2017	15845.7	4971.5	7589.8	4151	6725.2	134881.2
高标准农田面积/千公顷	2014	—	—	—	—	—	24764.2
	2019	4843.9	1581.2	3717.5	1989.9	2793.2	48374
高标准农田占比/%	2014	—	—	—	—	—	18.36
	2019	30.57	31.8	48.98	47.94	41.53	35.86
耕地质量等级/等	2014	3.88	3.88	4.56	5.08	5.2	5.11
	2019	3.59	3.59	4.2	4.72	4.98	4.76
	提高	0.29	0.29	0.36	0.36	0.22	0.35
灌溉面积/千公顷	2014	5305.2	1474	4901.0	3101.7	2666.3	64539.5
	2019	6177.6	1629.2	5271.4	3176.1	2954.1	68678.6
有效灌溉率/%	2014	33.45	29.59	64.32	74.76	39.59	47.79
	2019	38.99	32.77	69.45	76.51	43.93	50.92
	提高	5.54	3.18	5.13	1.76	4.33	3.13

注：表中数据来源于《中国统计年鉴》《全国耕地质量等级情况公报》以及农业农村部网站；有效灌溉率＝灌溉面积/耕地面积。为了保持与耕地质量数据的一致性，本表耕地与耕地质量数据为2019年全国统计数据，非第三次全国国土调查数据。

2）提高了农业规模化、机械化和社会化服务水平，推动农业全面转型升级

高标准农田通过集中连片建设打破原有零散、碎片化的土地经营方式，推进农业生产全程机械化、完善社会化服务体系和提升农业规模效益。例如，耕地面积最大的黑龙江省，在高标准农田建设中从政策上引导整县、整乡、整村推进，统一规划，把小规模经营、分散零星、区块差异较大的耕地，整治为集中连片的优质农田，县平均高标准农田建设面积超过万亩，全部实现机械化收割。一些高标准农田建设区，种粮大户与家庭农场等农业新型经营主体通过土地托管服务、社会化服务参与高标准农田建设。例如，东部沿海一些地区高标准农田项目建成区通过土地托管进行集中开发，土地流转率大幅度提高；北方一些粮食主产区的高标准农田项目区采取统一耕作、灌溉、施肥标准，解决了耕地高低不一、灌排不畅、渠路杂乱等问题，适应机械化生产、标准化作业、规模化经营要求，水稻机插秧、机收率、田间作业等基本实现了全过程机械化。此外，在高标准农田建设区，普遍要求优先推广绿色农业技术等措施，调整优化了农田生态格局，增强了农田生态防护能力，减少了农田水土流失，提高了农业生产投入品利用率，降低

了农业面源污染，一定程度上保护了农田生态环境。

综上，高标准农田建设加快了农业生产经营方式转变和农业转型升级，为实现农业现代化夯实了基础。

10.1.3 云南高标准农田建设概况

(1) "十二五"以来云南省高标准农田建设情况

2011年以来，云南省紧紧围绕省委、省政府的各项决策部署，在省发展改革委、省财政厅、省自然资源厅、省水利厅、省农业农村厅、省烟草公司等部门和各州（市）的共同努力下，通过精心组织、科学规划、规范管理、狠抓落实、探索积累了有效做法，创新创造了鲜活经验，闯出了一条符合云南特点的耕地建设之路，全省高标准农田建设迈出了重大步伐。

2011~2018年，云南省共128个县（昆明市官渡区因行政区划调整已无耕地）进行了农田建设，建成高标准农田1767.96万亩。

2019~2020年，农业农村部下达云南省高标准农田建设任务672万亩，其中，2019年下达任务320万亩，2020年下达任务352万亩。2019~2020年，云南省建成高标准农田685万亩，其中，2019年建成324万亩，2020年建成361万亩，超额完成农业农村部下达高标准农田建设任务。

到2020年末，云南省高标准农田建成面积2453万亩，占耕地面积的30.31%，人均高标准农田面积0.52亩。

(2) 高标准农田建设分区和建设重点

1）建设分区

为合理组织高标准农田项目工程建设，依据区域气候特点、地形地貌、水土条件、耕地质量等因素，将全省分为西南区、华南区、青藏区3个分区，因地制宜，采取针对性措施，推动高标准农田建设。

① 西南区：本区域是云南省最大的农田区域，总耕地面积4978.31万亩，占全省耕地总面积的61.51%，包括昭通市、曲靖市、昆明市、楚雄州、大理州、丽江市、怒江州（兰坪县、泸水市）、保山市（腾冲市）、普洱市（景东县）、玉溪市（红塔区、江川区、澄江市、通海县、华宁县、易门县、峨山县）、红河州（弥勒市、泸西县）、文山州（文山市、丘北县、砚山县）共12个州（市）的77个县（市、区），耕地质量平均等级为4.95等。

② 华南区：本区域总耕地面积3025.8万亩，占全省耕地总面积的37.39%，包括德宏州、保山市、临沧市、普洱市（江城县、景谷县、澜沧县、孟连县、墨江县、宁洱县、思茅区、西盟区、镇沅县）、西双版纳州、玉溪市（新平县、元江县）、红河州、文山州（西畴县、麻栗坡县、马关县、广南县、富宁县）共8个州（市）47个县（市、区），耕地质量平均等级为6.56等。

③ 青藏区：本区域总耕地面积89.22万亩，占全省耕地总面积的1.10%，包括怒江州（福贡县、贡山县）、迪庆州2个州（市）5个县（市、区），耕地质量平均等级为6.92等。

2）建设重点

根据土壤情况、水资源情况、农田基础设施情况、立地条件类型等确定分区建设重点。

① 西南区-旱地：加大坡改梯力度，增厚土层，聚土垄作，横坡耕作，采取增施有机肥、培厚土层，减少水土流失；建设小型蓄水设施，解决工程性缺水，发展节水灌溉，提高抗旱减灾能力；加大田块归并力度，发展宜机化农业。

② 西南区-水田：秸秆还田，增施有机肥，培肥土壤；完善田间排水工程，采取放水晒田、翻耕晒土等措施；加大地表水拦蓄工程建设；加大田块归并力度，发展宜机化农业。

③ 华南区-旱地：增施有机肥培肥地力，适当休耕免耕、利用土壤调理剂改良酸化土壤；采取生物物理化学等综合措施，治理土传病害，渍害地区采取挖沟、排水等措施控制地下水位；归并田块和梯田生态防护工程防止水土流失；修筑雨水收集、蓄积工程，完善基础设施，提升抵御自然灾害能力。

④ 华南区-水田：增施有机肥、土壤调理剂，改良酸化土壤；完善灌排设施，大力发展水稻节水灌溉，提高排涝标准；完善圩堤工程，提升抵御自然灾害能力。

⑤ 青藏区-旱地：采取增施有机肥、培肥地力；加大坡改梯力度，增厚土层，减少水土流失；修筑雨水收集、蓄积工程，兴建田间灌溉工程；加强农田生态保护，稳定高标准农田面积。

(3) 云南高标准农田建设资金投入情况

近几年来云南省大力实施高标准农田建设，全省2018年上半年共投入资金23.68亿元，完成高标准农田建设148.84万亩，完成省政府下达的220万亩高标准农田建设目标任务的68%。高标准农田建设成效初显，为确保全面完成全年目标任务奠定了坚实基础，为云南省打造"绿色食品牌"打牢根基。

2021年6月9日，国务院办公厅印发通报，对2021年落实有关重大政策措施真抓实干、成效明显地方予以督查激励，并相应采取30项激励支持措施。其中，云南、江苏、江西、山东、湖南共5省被列入2021年度高标准农田建设激励省份名单，这是云南省高标准农田建设首次入围。根据相关规定，2022年中央财政将通过定额补助激励资金2亿元以上，用于高标准农田建设。

同时，为积极落实藏粮于地、藏粮于技战略，云南省发展改革委、省农业农村厅联合下达了云南省藏粮于地藏粮于技专项（高标准农田建设项目）2021年中央预算内投资计划88754万元，用于支持红河县、蒙自市、建水县、石屏县、弥勒市、泸西县、屏边县、开远市、元阳县、绿春县、金平县、景洪市、勐海县、勐腊县、弥渡县、洱源县、剑川县、鹤庆县、沧源县、腾冲市20个县（市）共84万亩高标准农田建设。通过高标准农田建设项目的实施，将有效改善项目县农田基础设施条件，提升耕地质量，提高粮食等重要农产品综合生产能力，筑牢粮食安全底线。

云南省委、省政府历来高度重视高标准农田建设，把高标准农田建设作为重要政治任务，并列入全省疫后重振补短板强功能"十大工程"，统筹谋划、高位推进。省政府专门印发了三年行动方案（2020—2022年），实行项目、资金、招投标、任务、责任"五到县"，强化督查激励措施，压实各级责任，务实推进项目建设。2021年，省农业农村厅认真贯彻省委、省政府决策部署，紧盯国家下达的410万亩高标准农田（含高效节水灌溉19万亩）建设硬任务，严格质量控制，狠抓项目进度，高质量按时完成了年度目标任务。

（4）云南省高标准农田建设成效

"十二五"以来，云南省高标准农田建设通过集中投入、连片开发，夯实了农业生产特别是粮食生产基础，在保障粮食安全和重要农产品有效供给，巩固拓展脱贫攻坚成果同乡村振兴有效衔接等方面成效显著。

① 夯实高原粮仓，确保粮食安全。全省高标准农田建设，坚持向产粮大县和"粮食生产功能区和重要农产品生产保护区"倾斜，通过对项目区进行"田、土、水、路、林、电、技、管"综合治理，解决了水利灌溉设施老化和机耕道路不配套等短板问题，改善农业生产条件、提高农业生产机械化率和土地利用率与产出率，提高项目区粮食单产，为全省粮食持续增产奠定了坚实基础。

② 增加农民收入，助力脱贫攻坚。全省各地将高标准农田建设与脱贫攻坚工作相结合，以项目建设为支撑，坚持科学谋划、统筹推进，通过农田基础设施配套，耕作条件显著改善，土地效益普遍提高，通过土地流转规模化集约经营和产业发展，增加就近就业机会，给租地企业和种植大户增加收入。节省了生产成本，提高了农业综合生产能力，促进了粮食增产和农民增收，助力全省脱贫攻坚。

③ 减轻农业面源污染，保护农业生态文明。农业资源环境是农业生产的物质基础，也是农产品质量安全的源头保障。围绕全省打造高原特色现代农业的战略目标，全省农田建设牢固树立"绿水青山就是金山银山"理念，通过实施"一控两减"措施（"一控"，即严格控制农业用水总量，大力发展节水农业；"两减"，即大力推广施用有机肥、秸秆还田、种植绿肥和生物防控技术减少化肥和农药使用量）和大力开展耕地质量保护与提升行动，减轻农业面源污染，提升耕地内在质量，加快推进农业生态文明建设，不断提升农业可持续发展支撑能力，促进农业农村经济又好又快发展。

④ 助力发展高原特色现代农业。高标准农田是农业生产的重要基础，是实现农业农村现代化的前提和保障，在稳固粮食生产的基础上，全省农田建设项目紧紧围绕省委省政府发展高原特色现代农业的决策部署，瞄准蔬菜、种业等特色产业，通过实施水利、农业、科技等综合措施，补齐田间基础设施短板，提升土地肥力，不断提高农业综合生产能力，实现农业产业提质增效，助力发展高原特色现代农业。

（5）高标准农田建设中存在的不足

① 建设任务还十分艰巨。2020 年，云南省已建成高标准农田仅占耕地面积的 30.31%，大部分耕地仍然存在着基础设施薄弱、抗灾能力不强、耕地质量不高、田块细碎化等问题。要完成到 2025 年建成高标准农田 3953 万亩、到 2030 年建成 4573 万亩的目标，新建任务十分繁重。同时，受到自然灾害破坏等因素影响，部分已建成高标准农田不同程度存在着工程不配套、设施损毁等问题，影响农田使用成效，改造提升任务仍然艰巨。现有高标准农田无论是数量规模还是质量等级都离农业高质量发展的要求还有差距。

② 项目建设标准低。由于云南省的地形地貌特殊，高标准农田建设投资标准相对高于平原地区，建设成本高。由于项目投资标准低，导致资金缺口，部分项目建设达不到高标准农田的要求。"十二五"以来，高标准农田建设亩均不超过 1500 元财政资金的建设标准，且随着近年来项目工程人工费和建筑材料费大幅上涨，造成项目工程成本年年攀升，高标准农田建设大多以解决主要生产道路和主要排灌渠道为主，未进行田、土、水、路等综合治理提升，导致建成后的高标准农田，无法完全满足《高标准农田建设通则》（GB/T 30600—2014）和高标准农田建设项目绩效评价表中的相关指标，项目效益发挥不足，影响了项目的实施效果。

③ 项目建设质量参差不齐。"十二五"以来，高标准农田建设项目实施部门涉及农业、国土、水利、发改、烟草等，不同部门间实施项目标准不一致、规划建设内容不统一、亩均投入资金差别大，导致建成的高标准农田项目质量参差不齐。

④ 前期工作准备不充分。部分县无储备项目库或项目库形同虚设，工作衔接不到位，导致高标准农田项目未纳入脱贫攻坚任务库安排实施；部分县制度执行不到位，未编制农田建设规划或方案编制现场勘查不充分，导致建设中变更次数多，超工期情况频发。

⑤ 项目建后利用及管护力度弱。农田"三分建、七分管"，高标准农田项目建设完成后，一些地方没有把工程建设和建后管护纳入一个整体进行系统规划，在工程建设上做得多，而在效益发挥上考虑得少。在项目管护上，存在重建、轻管，未能有效落实管护主体责任。管护措施和手段薄弱，日常维护不到位，设施设备损毁后得不到及时修复，常年带病运行，工程使用年限明显缩短，部分设施已不能发挥功效。

⑥ 重视工程建设，忽视耕地质量建设。"十二五"以来，高标准农田建设受项目建设资金限制，未能全部按照《全国高标准农田建设规划》和《高标准农田建设通则》的要求，科学合理地设计高标准农田建设内容，实施项目区的田、土、水、路、林、电、技、管综合配套规划建设，对满足群众意愿偏重的道路建设比重偏大，资金占比超过 60%，甚至部分项目只有田间道路建设内容，而土壤改良、地力培肥、农田防护与生态环境保持、农业科技服务等综合配套措施建设投入不足。

⑦ 农业绿色发展水平仍需高度重视。农业绿色发展是加快农业现代化、促进农业可持续发展的重大举措，高标准农田在推进农业绿色发展中发挥着重要作用。但仍存在高标准农田建设生态观念淡薄，粗放式实施，随意填埋沟渠池塘，过度硬化沟渠道路，不够注重保护农田的生态环境等问题。高标准农田建成后，一些地方绿色发展意识不

强，缺乏与良种良法良机良制等措施的有效融合，仍然是传统粗放的生产方式，不够重视推行农业投入品安全无害、资源利用节约高效、生产过程环境友好等绿色生产技术。质量效益偏低、农业面源污染、生态系统退化等问题没有根本解决，高标准农田引领现代农业绿色发展的作用没有充分体现。

10.2 高标准农田建设标准

"民以食为天，食以土为本"。农田作为粮食生产的基础，其质量高低不仅影响粮食产量的高低，还关系到农产品质量的好坏，是粮食安全的根基。根据2009年国土资源部开展的全国农用地等级调查结果，我国1.2亿公顷耕地中，高产稳产农田约0.4亿公顷，仅占耕地总量的1/3，其余均为中低产田，由此看来，我国高标准农田建设工作潜力巨大，建设旱涝保收高标准农田是巩固农业发展基础的核心，也是确保国家粮食安全的重要手段，是促进粮食稳定增长、农民持续增收的重大举措。高标准农田建设标准是高标准农田建设规范化、标准化的重要保障。

10.2.1 标准制定背景

粮食作为事关国计民生的重要商品，是关系经济发展、社会稳定和国家籽粒的物质基础，保障国家粮食安全始终是治国安邦的头等大事。随着人口的增长，我国粮食消费呈刚性增长；同时，随着城镇化、工业化进程的加快，水土资源、气候等制约因素使粮食持续增产的难度加大；生物燃料发展，全球粮食消费增加，国际市场粮源偏紧，粮价波动变化加剧，利用国际市场调剂余缺的空间越来越小。根据《国家粮食安全中长期规划纲要（2008—2020年）》预测，2020年全国粮食消费量将达到5725亿公斤，按照保持国内粮食自给率95%测算，国内粮食产量应达到约5450亿公斤，比2008年现有粮食生产能力增加近450亿公斤，粮食生产安全形势严峻。为此，必须坚持立足国内实现粮食基本自给的方针，着力提高粮食综合生产能力，确保国家粮食安全。自党的十七届三中全会以来，以及近几年的中央一号文件，都明确提出大力开展中低产田改造，提高耕地质量，建设高标准农田，大幅度增加高等级耕地的比重，积极推进现代农业和新农村建设。党的十八大报告也明确支出要加快发展现代农业，增强农业综合生产能力，确保国家粮食安全和重要农产品有效供给。《国民经济和社会发展第十二个五年规划纲要》中指出："加强以农田水利设施为基础的田间工程建设，改造中低产田，大规模建设旱涝保收高标准农田。"2010~2011年的中央一号文件进一步明确将"大力建设高标准农田"列入提高现代农业装备水平，促进农业发展方式转变的七大内容之一，提出要大兴农田水利建设。2012年，中央一号文件进一步强调，要通过"制定全国高标准农田建设总体规划和相关专项规划，多渠道筹集资金，增加农业综合开发投入，开展农村土地整治重大工程和示范建设，集中力量加快推进旱涝保收高产稳产农田建设"，以加强农田水利建设和高标准农田建设。2013~2014年，中央一号文件分别从强化农业物质技术装备，完善农田水利建设管护机制两方面提出"落实和完善最严格的耕地保护制度，加大力度推进高标准农田建设""实施全国高标准农田建设总体规划，加大投入力度，规范建设标准，探索监督维护机制"，从而加快现代农业发展，增强农村发展活力。

与此同时，在2012年6月25日的第22个全国土壤日主题也确定为"建设高标准农田保障国家粮食安全"，进一步唤起国民对土地问题的关注，进一步明确土地管理的价值所在，进一步凝聚全社会的智慧和力量，共同思考、探索破解"工业化、城镇化和农业现代化"协调推进下我国土地管理面临的新课题。

为此，2013年10月17日，国务院批复了国家发展改革委会同国土资源部、农业部、财政部、水利部、国家统计局、国家林业局、国家标准化委员会等部门编制的《全国高标准农田建设总体规划》，该规划是高标准农田建设方面的政策性文件。2012年3月1日，由农业部发布和实施了农业行业标准《高标准农田建设标准》（NY/Y 2148—2012）；2016年10月26日，农业部再次发布了《高标准农田建设技术规范》（NY/T 2949—2016）。我国高标准农田建设逐步走向了标准化、规范化的道路。

10.2.2 标准主要内容

在农业部标准《高标准农田建设标准》（NY/T 2148—2012）、《高标准农田建设技术规范》（NY/T 2949—2016）的基础上，有机融合国家标准《高标准农田建设 通则》（GB/T 30600—2022），对统一高标准农田建设标准，提升农田建设质量，规范农田建设活动内容进行了梳理，将高标准农田建设的硬件标准和内在质量要求相融合，确保高标准农田建设的效果。相关内容如下所述。

10.2.2.1 相关术语与定义

① 高标准农田指土地平整、集中连片、设施完善、农电配套、土壤肥沃、生态良好、抗灾能力强，与现代农业生产和经营方式相适应的旱涝保收、高产稳产，并被规定为永久基本农田的耕地。

② 农田综合生产能力指一定时期和一定经济技术条件下，由于生产要素综合投入，农田可以稳定达到较高水平的粮食产出能力。生产要素包括农田基础设施、土壤肥力以及优良品种、灌溉、施肥、植保和机械作业等农业技术。

③ 田块整治工程是为了满足农田耕作、灌溉与排水、水土保持等需要而采取的田块修筑和耕地能力保持措施。这里应包括耕地田块修筑工程和耕作层地力保持工程。

④ 工程质量保证年限是指项目建成后，保证工程正常发挥效益的使用年限。

⑤ 田块是田间末级固定设施所控制（不包括水田的田埂）的最小范围。

⑥ 田面平整度是在一定的地表范围内两点间相对水平的垂直坐标值之差的最大绝对值。

⑦ 田间道路通达度是指集中连片田块中，田间道路直接通达的田块数占田块总数的比例。田间道路通达度用十分法表示，最大值为1.0。

⑧ 土壤有机质是土壤中形成的和外加入的所有动植物残体不同阶段的各种分解产物和合成产物的总称。

⑨ 有效土层厚度是指作物能够利用的母质层以上的土体总厚度；当有障碍层时，为障碍层以上的土层厚度。

⑩ 耕层厚度是指经过耕种熟化而形成的土壤表层厚度。

⑪ 耕地地力是指在当前管理水平下，由土壤立地条件、自然属性等相关要素构成的耕地生产能力。

⑫ 耕地质量是由耕地地力、土壤健康状况和田间基础设施构成的满足农产品持续产出和质量安全的能力。

10.2.2.2 区域划分

根据全国行政区划，结合不同区域的气候条件、地形地貌、障碍因素和水源条件等，农业部《高标准农田建设标准》（NY/T 2148—2012）将全国高标准农田建设区域划分为东北区、华北区、东南区、西南区和西北区5大区、15个类型区（见表10-2）。国家标准《高标准农田建设 通则》（GB/T 30600—2022）则将全国高标准农田建设区域划分为东北区、黄淮海区、长江中下游区、东南区、西南区、西北区、青藏区7个大区（见表10-3），将"华北区"调整为了黄淮海区、长江中下游区域、青藏区，且国标的划分更贴近当地耕作习性。并补充说明了高标准农田建设应具备如下特征：

① 建设区域农田应相对集中、土壤适合农作物生长、无潜在地质灾害，建设区域外有相对完善的、能直接为建设区提供保障的基础设施；

② 高标准农田建设的重点区域应包括已划定的永久基本农田、粮食生产功能区和重要农产品生产保护区；

③ 高标准农田建设限制区域应包括水资源贫乏区域、水土流失易发区、沙化区等生态脆弱区域，历史遗留的挖损、塌陷、压占等造成土地严重损毁且难以恢复的区域，安全利用类耕地，易受自然灾害损毁的区域，沿海滩涂、内陆滩涂等区域；

④ 高标准农田建设禁止区域包括严格管控类耕地、生态保护红线内区域，退耕还林区、退牧还草区，河流、湖泊、水库水面及其保护范围内区域。

表10-2 农业部 NY/T 2148—2012 全国高标准农田建设区域划分

区域	类型区	包含省(自治区、直辖市)及部分地区
东北区	平原低地类型区	黑龙江、吉林、辽宁和内蒙古东部地区
	漫岗台地类型区	
	风蚀沙化类型区	

续表

区域	类型区	包含省(自治区、直辖市)及部分地区
华北区	平原灌溉类型区 山地丘陵类型区 低洼盐碱类型区	北京、天津、河北、山西、河南、山东、江苏和安徽北部、内蒙古中部地区
西北区	黄土高原类型区 内陆灌溉类型区 风蚀沙化类型区	陕西、甘肃、宁夏、青海、新疆、内蒙古西部和山西西部地区
西南区	平原河谷类型区 山地丘陵类型区 高山高原类型区	云南、贵州、四川、重庆、西藏、湖南和湖北西部地区
东南区	平原河湖类型区 丘岗冲垄类型区 山坡旱地类新区	上海、浙江、江西、福建、广东、广西、海南、安徽、江苏、湖南和湖北部分地区

表10-3 国家标准 GB/T 30600—2022 全国高标准农田建设区域划分

序号	区域	范围
1	东北区	辽宁、吉林、黑龙江及内蒙古赤峰、通辽、兴安、呼伦贝尔市
2	黄淮海区	北京、天津、河北、山东、河南
3	长江中下游区	上海、江苏、安徽、江西、湖北、湖南
4	东南区	浙江、福建、广东、海南
5	西南区	广西、重庆、四川、贵州、云南
6	西北区	山西、陕西、甘肃、新疆(含新疆生产建设兵团)及内蒙古呼和浩特、锡林郭勒、包头、乌海、鄂尔多斯、巴彦淖尔、乌兰察布、阿拉善盟(市)
7	青藏区	西藏、青海

10.2.2.3 农田综合生产能力

(1) 农田综合生产能力

农田综合生产能力以粮食产量为衡量标准，以不同区域高产农田水稻、小麦或玉米等粮食作物应达到的产量标准为依据，其他作物可折算成粮食作物产量。

不同区域高标准农田综合生产能力见表10-4。

表10-4 不同区域高标准农田综合生产能力（NY/T 2148—2012）

区域	类型区	评价参数	代表作物	产量标准/(kg/亩)
东北区	平原低地类型区	熟制		一年一熟
		产出水平	水稻	>550
			玉米	>600
	漫岗台地类型区	熟制		一年一熟
		产出水平	玉米	>600
	风蚀沙化类型区	熟制		一年一熟
		产出水平		>500

续表

区域	类型区	评价参数	代表作物	产量标准/(kg/亩)
华北区	平原灌溉区	熟制		一年两熟
		产出水平	小麦	>450
			玉米	>500
	山地丘陵类型区	熟制		一年一熟或一年两熟
			玉米	>500
	低洼盐碱类型区	熟制		一年两熟
		产出水平	小麦	>400
			玉米	>450
西北区	黄土高原类型区	熟制		一年一熟
		产出水平	玉米	>450
	内陆灌溉类型区	熟制		一年一熟或一年两熟
		产出水平	小麦	>400
			玉米	>500
	风蚀沙化类型区	熟制		一年一熟
		产出水平	玉米	>350
西南区	平原河谷类型区	熟制		一年两熟
		产出水平	小麦	>350
			水稻	>450
	山地丘陵类型区	熟制		一年两熟
		产出水平	水稻	>800
	高山高原类型区	熟制		一年两熟或一年一熟
		产出水平	小麦	>250
			玉米	>400
东南区	平原河湖类型区	熟制		一年两熟或一年三熟
		产出水平	水稻	>900
	丘岗冲垄类型区	熟制		一年两熟或一年三熟
		产出水平	水稻	>800
	山坡旱地类型区	熟制		一年两熟
		产出水平	小麦	>250
			玉米	>400

(2) 农业先进科技配套

① 农业机械作业水平：农业机械作业水平包括耕、种、收单项作业机械化水平和综合作业机械化水平两类指标。高标准农田的农机综合作业水平在东北、华北区应达到85%以上，在西北区、东南区应达到65%以上，在西南区应达到40%以上。

不同区域高标准农田农业机械作业水平见表10-5。

表 10-5　不同区域高标准农田农业机械作业水平　　　　　　　　单位:%

区域	类型区	作物	机耕率	机(栽植)播率	机收率	综合
东北区	平原低地类型区	水稻	>99	>90	>92	>94
		玉米	>99	>98	>45	>80
	漫岗台地类型区	玉米	>98	>98	>30	>77
	风蚀沙化类型区	玉米	>98	>98	>70	>88
华北区	平原灌溉类型区	小麦	>99	>98	>98	>98
		玉米	>99	>98	>60	>86
	山地丘陵类型区	玉米	>90	>85	>45	>73
	低洼盐碱类型区	棉花	>98	>98	>15	>70
		小麦	>98	>98	>95	>97
西北区	黄土高原类型区	玉米	>90	>80	>15	>61
	内陆灌溉类型区	小麦	>98	>90	>90	>93
		玉米	>98	>98	>35	>79
	风蚀沙化类型区	小麦	>98	>98	>98	>98
		玉米	>98	>98	>70	>88
西南区	平原河谷类型区	水稻	>85	>60	>80	>75
	山地丘陵类型区	水稻	>80	>30	>40	>50
		小麦	>80	>50	>35	>55
		玉米	>80	>35	>15	>43
	高山高原类型区	青稞	>80	>75	>65	>73
		小麦	>80	>80	>65	>75
		豌豆	>80	>15	>15	>36
东南区	平原河湖类型区	水稻	>95	>55	>95	>82
	丘岗冲垄类型区	水稻	>80	>40	>90	>70
		小麦	>80	>75	>80	>78
		玉米	>80	>55	>15	>53
	山坡旱地类型区	小麦	>95	>90	>95	>93
		玉米	>80	>55	>25	>53

② 艺技术配套:高标准农田的优良品种覆盖率应达到95%以上,测土配方施肥覆盖率达到90%以上,病虫害统防统治覆盖率应达到50%以上,实行保护性耕作技

术和节水农业技术。以县为单位开展的墒情监测和土壤肥力监测服务应覆盖到高标准农田。

10.2.2.4 高标准农田建设内容

关于高标准农田建设的内容，GB/T 30600—2022 与 NY/T 2148—2012 两个标准中的规定稍有差别。

GB/T 30600—2022 涉及的高标准农田建设的内容主要包括：

① 基础建设工程，主要涉及一般规定内容、田块整治工程、灌溉与排水工程、田间道路工程、农田防护与生态环境保护工程、农田输配电工程；

② 农田地力提升工程，主要涉及一般规定内容、土壤改良工程、障碍土层消除工程、土壤培肥工程。

NY/T 2148—2012 涉及的高标准农田建设内容主要涉及田间工程和田间定位监测点 2 项内容。

① 田间工程。高标准农田田间工程主要包括土地平整、土壤培肥、灌溉水源、灌溉渠道、排水沟、田间灌溉、渠系建筑物、泵站、农用输配电、田间道路及农田防护林网等内容，以便于农业机械作业和农业科技应用，全面提高农田综合生产水平，保持持续增产能力。

② 田间定位监测点，包括土壤肥力、墒情和虫情定位监测点的配套设施和设备，主要服务于土壤肥力、土壤墒情和虫害的动态监测与自动测报。

10.2.2.5 高标准农田建设的具体内容

（1）基础建设工程

1）一般规定内容

关于农田基础设施建设工程，其中一般规定内容主要涉及：

① 结合各地实际，按照区域特点和存在的耕地质量问题，采取针对性措施，开展高标准农田建设，即要做到因地制宜。

② 通过高标准农田建设，促进耕地集中连片，提升耕地质量，稳定和增加有效耕地面积；优化土地利用结构与布局，实现节约集约利用和规模效益；完善基础设施，改善农业生产条件，提高机械化作业水平，增强防灾减灾能力；加强农田生态建设和环境保护，实现农业生产和生态保护相协调；建立监测、评价和管护体系，实现持续高效利用。

③ 农田基础设施建设工程应包括田块整治、灌溉与排水、田间道路、农田防护与生态环境保护、农田输电及其他工程，各区域高标准农田基础设施工程建设要求具体参照 GB/T 30600—2022 中附录 C 规定。

④ 鼓励应用绿色材料和工艺，建设生态型田埂、护坡、渠系、道路、防护林、缓冲隔离带等，减少对农田环境的不利影响。

⑤ 田间基础设施占地率是农田中灌溉与排水、田间道路、农田防护与生态环境保

护、农田输配电等设施占地面积与建设区农田面积的比例，一般不高于8%，田间基础设施占地涉及的地类按照GB/T 21010规定执行。

⑥ 农田基础设施建设工程施用年限指高标准农田各项工程设施按设计标准建成后，在常规维护条件下能够正常发挥效益的最低年限，各项工程设施使用年限应符合相关专业标准规定，整体工程使用年限一般不低于15年。

2）田块整治工程

田间整治工程应符合：

① 耕作田块是由田间末级固定沟、渠、路、田坎等围成的，满足农业作业需要的基本耕作单元，应因地制宜进行耕作田块布局，合理规定，提高田块归并程度，实现耕作田块相对集中，田块长度和宽度应根据气候条件、地形地貌、作物种类、机械作业、灌溉与排水效率等因素确定。

② 耕作田块应实现田面平整，田面高差、横向坡度和纵向坡度根据土壤条件和灌溉方式合理确定。

③ 田块平整时不宜打乱表土层和新土层，确需打乱应先将表土进行剥离，单独堆放，待田块平整完成后，再将表土均有摊铺到田面上。

④ 田块整治后，有效土层厚度和耕层厚度应符合作物生长需要。

⑤ 平原区以修筑条田为主；丘陵、山区以修筑梯田为主，并胚胎坡面防护设施，梯田田面长边宜平行等高线布置；水田区耕作田块内部宜布置格田。田面长度根据实际情况确定，宽度应便于机械作业和田间管理。

⑥ 地面坡度为5°～25°的坡耕地，宜改造成水田梯田，土层较薄时，宜先修筑成坡式梯田，再经逐年向下方翻土耕作，减缓田面坡度，逐年建成水平梯田。

⑦ 梯田修筑应与沟道治理、坡面防护等工程相结合，提高防御暴雨冲刷能力。

⑧ 梯田埝坎宜采用土坎（土质黏性区域）、石坎（易冲刷的土石山区）、土石混合坎或植物坎（土质稳定性差且易造成水土流失区域）等。

3）灌溉与排水工程

灌溉与排水工程则是指为防治农田旱、涝、渍和盐碱等对农业生产的危害所修建的水利设施，应遵循水土合理利用的原则，根据旱、涝、渍和盐碱综合治理的要求，结合田、路、林、电进行统一规划和综合布置。灌溉与排水工程应配套完整，复合灌溉与排水系统水位、水量、流量、水质处理、运行、管理要求，满足农业生产的需要。灌溉工程设计时要首先确定灌溉设计保证率（参照GB/T 30600—2022附录C执行）。水源选择应根据当地实际情况，选用能满足灌溉用水要求的水源，水质应符合GB 5084的规定，以地表水为主，地下水为辅，严格控制开采深层地下水。水源工程应根据水源条件、取水方式、灌溉规模及综合利用要求，选用经济合理的工程方式。渠（沟）道、管道工程应按照灌溉与排水规模、地形条件、宜机作业和耕作要求合理布置。在灌溉过程中应推广节水灌溉技术，提高水资源利用效率，因地制宜采取渠道防渗、管道输水灌溉、喷微灌等节水灌溉措施，灌溉水利用系数应符合GB/T 50363的规定。农田排水标准应根据农业生产实际、当地或邻近类似地区排水试验资料和实践经验、农业基础条件等综合论证确定。田间排水应按照排涝、排渍、改良盐碱地或防治土壤盐碱化任务要求，根据涝、渍、碱的成因，结合地形、降水、土壤、水文地质条件，兼顾生物多样性保护，因地制宜选择水平或垂直排水、自流、抽排或相结合的方式，采取明沟、暗管、排水井等工程措施。灌溉与排水设施以整洁实用为宜。

4）田间道路工程

田间道路工程是指为农田耕作、农业物资与农产品运输等农业生产活动所修建的交通设施，田间道路布置应适应农业现代化实际需求，与田、水、林、电、路、村规划相衔接，统筹兼顾，合理确定田间道路的密度。田间道路工程应减少占地面积，宜与沟渠、林带结合布置，提高土地节约集约利用率。田间道（机耕路）与田面之间高差>0.5m或存在宽度（深度）>0.5m的沟渠，宜结合实际合理布置下田坡道或下田管涵。田间道（机耕路）路面应满足强度、稳定性和平整度要求，宜采用泥结石、碎石等材质和车辙路（轨迹路）、砌石（块）间隔铺装等生态化结构，根据路面类型和负载要求，推广应用生物凝结技术、透水路面等生态化涉及，在暴雨冲刷严重的区域，可采用混凝土硬化路面，道路两侧可视情况设置路肩，路肩宽宜为30～50cm。

5）农田防护与生态环境保护工程

农田防护与生态环境保护工程是指保障农田生产安全、保持和改善农田生态条件、防止自然灾害等所采取的各种措施，包括农田防护林工程、岸坡防护工程、坡面防护工程和沟道治理工程等，应进行全面规划、综合治理。农田防洪标准按洪水重现期20～10年确定。农田防护面积比例是通过各类农田防护与生态环境保护工程建设，受防护的农田面积占建设区农田面积的比例，应符合GB/T 30600—2022附录C要求。在有大风、扬沙、沙尘暴、干热风等危害的地区，应建设农田防护林工程。岸坡防护可采用土堤、干砌石、浆砌石、石笼、混凝土、生态护岸等方式，应按照GB 51018规定执行。坡面防护应合理布局护坡、截水沟、排洪沟、小型蓄水等工程，系统拦蓄和排泄坡面径流，集蓄雨水资源，形成配套完善的坡面和沟道防护与雨水集蓄利用体系，坡面防护应符合GB 51018。沟道治理主要包括谷坊、沟头防护等工程，应于小型蓄水工程、防护林工程等相互配合。

6）农田输配电工程

此外，农田输配电工程和其他除田块整治、灌溉与排水、田间道路、农田防护与生态环境保护等工程以外建设的田间监测等工程，其技术要求按相关规定执行。

（2）农田地力提升工程

1）一般规定内容

农田地力提升工程包括土壤改良、障碍土层消除、土壤培肥等；实施农田地力提升工程的高标准农田，农田地力参考值应符合表10-6；高标准农田建成后，粮食综合生产能力参考值见表10-7，各省份可根据本行政区内高标准农田布局和生产条件差异，合理确定市县高标准农田粮食综合生产能力参考值。

表 10-6 高标准农田地力参考值（GB/T 30600—2022）

序号	区域	范围	农田地力提升工程			耕地质量等级
			土壤改良工程	障碍土层清除工程	土壤培肥工程（高标准农田建成3年后目标值）	
1	东北区	辽宁、吉林、黑龙江及内蒙古赤峰、通辽、兴安、呼伦贝尔市	—	深耕深松作业深度视障碍图层距离地表深度和作物生长需要的耕层厚度确定	有机质含量宜≥30g/kg（平原区）；养分比例适宜作物生长	宜达到3.5等以上
2	黄淮海区	北京、天津、河北、山东、河南	土壤pH值宜为6.0~7.5,盐碱区pH值≤8.5,盐分含量≤0.3%		有机质含量宜≥15g/kg（平原区）、≥12g/kg（山地丘陵区）；养分比例适宜作物生长	宜达到4等以上
3	长江中下游区	上海、江苏、安徽、江西、湖北、湖南	土壤pH值宜为5.5~7.5		有机质含量宜≥20g/kg；养分比例适宜作物生长	宜达到4.5等以上
4	东南区	浙江、福建、广东、海南				宜达到5等以上
5	西南区	广西、重庆、四川、贵州、云南				
6	西北区	山西、陕西、甘肃、宁夏、新疆（含新疆生产建设兵团）及内蒙古呼和浩特、锡林郭勒、包头、乌海、鄂尔多斯、巴彦淖尔、乌兰察布、阿拉善盟（市）	土壤pH值宜为6.0~7.5,盐碱区pH值≤8.5,盐分含量≤0.3%		有机质含量宜≥12g/kg，养分比例适宜作物生长	宜达到6等以上
7	青藏区	西藏、青海	土壤pH值宜为6.0~7.5		有机质含量宜≥12g/kg，养分比例适宜作物生长	宜达到7等以上

表 10-7 高标准农田粮食综合生产能力参考值（GB/T 30600—2022）

序号	区域	范围	粮食综合生产能力/(kg/hm²)		
			稻谷	小麦	玉米
1	东北区	黑龙江	7800	3900	7050
		吉林	8700	—	7950
		辽宁	9450	5550	7350
		内蒙古赤峰、通辽、兴安和呼伦贝尔市	8700	3450	7800
2	黄淮海区	北京	7050	6000	7350
		天津	10050	6150	6750
		河北	7200	6900	6300
		河南	8850	7050	6300
		山东	9450	6750	7350

续表

序号	区域	范围	粮食综合生产能力/(kg/hm²)		
			稻谷	小麦	玉米
3	长江中下游区	上海	9300	6150	7650
		湖南	7350	3750	6150
		湖北	9000	4200	4650
		江西	6750	—	4800
		江苏	9600	6000	6600
		安徽	7200	6300	5850
4	东南区	浙江	7950	4500	4650
		广东	6450	3750	5100
		福建	7050	3000	4800
		海南	5850	—	—
5	西南区	云南	6900	—	5700
		贵州	7050	—	4800
		四川	8700	4350	6300
		重庆	8100	3600	6300
		广西	6300	—	5100
6	西北区	山西	7650	4500	6000
		陕西	8400	4500	5400
		甘肃	7200	4050	6450
		宁夏	9150	3450	8100
		新疆(含新疆生产建设兵团)	9900	6000	8850
		内蒙古呼和浩特、锡林郭勒、包头、乌海、鄂尔多斯、巴彦淖尔、乌兰察布、阿拉善市	8700	3450	7800
7	青藏区	青海	—	4350	7200
		西藏	6150(青稞)	6450	6600

注：参考值是按照国家统计局公布的 2017 年、2018 年和 2019 年三年的统计数据，取平均值乘以 1.1，四舍五入后得到的。

2）土壤改良工程

土壤改良工程根据土壤退化成因，可采取物理、化学、生物或工程等综合措施治理。过沙或过黏的土壤应通过掺黏、掺沙、客土、增施有机肥等措施改良土壤质地，掺沙、掺黏宜就地取材。酸化土壤应根据土壤酸化程度，利用石灰质物质、土壤调理剂、有机肥等进行改良，改良后土壤 pH 值应达到 5.5 以上至中性。盐碱土壤可采取工程排盐、施用土壤调理剂和有机肥等措施进行改良，改良后的土壤盐分含量应低于 0.3%，土壤 pH 值应达到 8.5 以下至中性。农田土壤风蚀沙化防治可采取建设农田防护林，实施保护性耕作等措施。土壤板结治理可采取秸秆还田、增施腐殖酸肥料、生物有机肥、种植绿肥、保护性耕作、深耕深松、施用土壤调理剂、测土配方施肥等措施，改善耕层土壤团粒结构。

3）障碍土层消除工程

障碍土层主要包括犁底层（水田除外）、白浆层、黏磐层、钙磐层（砂浆层）、铁磐层、盐磐层、潜育层、沙漏层等类型。采用深耕、深松、客土等措施，消除障碍土层对作物根系生长和水气运行的限制，作业深度视障碍土层距地表深度和作物生长需要的耕层厚度确定。

4）土壤培肥工程

高标准农田建成后，应通过秸秆还田、施用有机肥、种植绿肥、深耕深松等措施，保持或提高耕地地力，其中土壤有机质参考表10-6；高标准农田建成后，应实施测土配方施肥，使养分比例适宜作物生长，测土配方施肥覆盖率应达到95%以上。

（3）田间工程

在农业农村部标准 NY/T 2148—2012 高标准农田建设标准中所涉及的田间工程主要包括土地平整、土壤培肥、灌溉水源、灌溉渠道、排水沟、田间灌溉等。

1）土地平整

土地平整包括田块调整与田面平整。

① 田块调整是将大小或性状不符合标准要求的田块进行合并或调整，以满足标准化种植、规模化作业、节水节能等农业科技的应用。

② 田面平整主要是控制田块内田面高差保持在一定范围内，尽可能满足精耕细作、灌溉与排水的技术要求。

田块大小与连片规模田块的大小依据地形进行调整，原则上大小弯取直、大弯随弯。田块方向应满足在耕地长度方向上光照时间最长、受光热量最大要求；丘陵山区田块应沿等高线调整；风蚀区田块应按当地主风向垂直或与主风向垂直线的交角小于30°的方向调整。田块建设应尽可能集中连片，连片田块的大小或朝向应基本一致。高标准农田连片与田块规模见表10-8。

田块性状：田块性状选择依次为长方形、正方形、梯形或其他性状，长宽比一般应控制在（4～20）:1。田块长度和宽度应根据地形地貌、作物种类、机械作业效率、灌排效率和防止风害等因素确定。

表10-8 高标准农田连片和田块规模　　　　　　　　　　　　　单位：亩

区域	类型区	连片面积	田块面积
东北区	平原低地类型区	≥5000	旱作 300～750
			稻作 75～150
	漫岗台地类型区	≥5000	旱作≥500
	风蚀沙化类型区	≥5000	旱作 150～450
			稻作 75～150

续表

区域	类型区	连片面积	田块面积
华北区	平原灌溉类型区	≥5000	≥150
	山地丘陵类型区	≥300	≥45
	低洼盐碱类型区	≥5000	≥120
西北区	黄土高原类型区	≥1500	≥150
	内陆灌溉类型区	≥5000	≥300
	风蚀沙化类型区	≥3000	≥300
西南区	平原河谷类型区	≥300	≥75
	山地丘陵类型区	≥50	≥10
	高山高原类型区	≥25	≥5
东南区	平原河湖类型区	≥5000	≥90
	丘岗冲垄类型区	≥300	≥5
	山坡旱地类型区	≥300	≥10

田面平整：田面平整以田面平整度指标控制，包含地表平整度、横向地表坡降和纵向地表坡降3个指标。水稻种植田块以格田为平整单元，其横向地表坡降和纵向地表坡降应尽可能小；地面灌溉田块应减小横向地表坡降，喷灌微灌田块可适当放大坡降，纵向坡降根据不同区域的土壤和灌溉排水要求确定。高标准农田田面平整度见表10-9。

表10-9　高标准农田田面平整度

耕地类型	项目	指标
稻作淹灌农田	地表平整度(100m×100m)	≤2.5cm
	横向坡降(500m)	<1/2000
	纵向坡降(500m)	<1/1500
旱作地面和自流灌农田	地表平整度(100m×100m)	≤10cm
	横向坡降(500m)	1/800～1/500
	纵向坡降(500m)	1/800～1/500
喷滴灌农田	地表平整度(100m×100m)	≤10cm
	坡降(500m)	≤1/30

田坎：平整土地形成的田坎应有配套工程措施进行保护。应因地制宜地采用砖、石、混凝土、土体夯实或植物坎等保护方式。土体及耕作层：土体及耕作层是使农田土体厚度与耕作层土壤疏松程度满足作物生长及施肥、蓄水保墒等需求。一般耕地的土体厚度应在100cm以上。山丘区及滩地的土体厚度应大于50cm，且土体中无明显黏盘层、砂砾层等障碍因素。一般耕作层深度应大于25cm。旱作农田应保持每隔3～5年深松一次，使耕作层深度达到35cm以上。水稻种植田块耕作层应保持在15～20cm，并保留犁底层。

2) 土壤培肥

高标准农田应实施土壤有机质提升和科学施肥等技术措施，耕作层土壤养分常规指标应达到当地中等以上水平。土壤有机质提升主要包括秸秆还田、绿肥翻压还田和增施有机肥等。每年作物秸秆还田不小于 4500kg/hm² （干重）。南方冬闲田和北方一季有余两季不足的夏闲田应推广种植绿肥，或通过作物绿肥间作种植绿肥。有机肥包括农家肥和商品有机肥。农家肥按 22500～4500kg/hm² 标准施用。土壤有机肥提升措施至少应连续实施 3 年以上。商品有机肥应符合 NY 525 的要求。

推广科学施肥技术。应根据土壤养分状况确定各种肥料施用量，对土壤氮、磷、钾及中微量元素、有机质含量、土壤酸化和盐碱等状况进行定期监测，并根据实际情况不断调整施肥配方。

高标准农田耕作层土壤有机质和酸碱度应符合表 10-10。

表 10-10　高标准农田耕作层土壤有机质和酸碱度

区域	类型区	指标
东北区	漫岗台地类型区	有机质 22～35g/kg；pH 6.5～7.5
	平原低地类型区	有机质 25～40g/kg；pH 6.5～7.5
	风蚀沙化类型区	有机质 10～20g/kg；pH 7～8
华北区	平原灌溉类型区	有机质 15～18g/kg；pH 7～7.5
	山地丘陵类型区	有机质 12～15g/kg；pH 7～7.5
	低洼盐碱类型区	有机质 10～20g/kg；pH 7.5～8.5，100cm 土体内盐分含量，硫酸盐为主 3～6g/kg，氯化物为主 2～4g/kg
西北区	黄土高原类型区	有机质 12～15g/kg；pH 7～7.5
	内陆灌溉类型区	有机质 15～20g/kg；pH 7～7.5，100cm 土体内盐分含量，硫酸盐为主 3～6g/kg，氯化物为主 2～4g/kg
	风蚀沙化类型区	有机质 6～15g/kg；pH 7.5～8.5
西南区	平原河谷类型区	有机质 25～40g/kg；pH 5.5～7.0
	高山高原类型区	有机质 10～35g/kg；pH 5.5～7.0
	山地丘陵类型区	有机质 15～35g/kg；pH 5.5～7.5
东南区	平原河湖类型区	有机质 30～40g/kg；pH 5.5～7.0
	丘岗冲垄类型区	有机质 15～35g/kg；pH 5.5～7.0
	山坡旱地类型区	有机质 15～30g/kg；pH 5.5～7.0

坡耕地修成梯田时，应将熟化的表土层先行移出，待梯田完成后将表层土回覆到梯田表层。新修梯田和农田基础设施建设中应尽可能避免打乱表层土与底层生土层，并应连续实施土壤培肥 5 年以上。耕作层土壤重金属含量指标应符合 GB 15618 的要求，影响作物生长的障碍因素应降到最低限度。

3）灌溉水源

应按不同作物及灌溉要求实现相应的水源保障。水源工程质量保证年限不少于 20 年。井灌工程的井、泵、动力、输变电设备和井房等配套率应达到 100%。塘堰容量应小于 100000m³，坝高不超过 10m，挡水、泄水和放水建筑物等应配套齐全。蓄水池容量控制在2000m³以下。蓄水池边墙应高于蓄水池最高水位0.3~0.5m，四周应修建1.2m高度的防护栏，以保证人畜等的安全。南方和北方均耕地配置蓄水池的容量应分别不小于8m³和30m³。小型蓄水窖（池）容量不小于30m³，集雨场、引水沟、沉砂池、防护围栏、泵管等附属设施应配套完毕，当利用坡面或公路等做集雨场时，每50m³蓄水容积应有不少于1亩地的集雨面积，以保证足够的径流来源，灌溉水源应符合GB 5084，禁止用未经处理过的污水进行灌溉。

4) 灌溉渠道

灌溉区田间明渠输配水工程应包括斗、农渠，且工程质量保证年限不少于15年。渠系水利用系数、田间水利用系数和灌溉水利用系数应符合GB/T 50363要求，渠灌区斗渠以下渠系水利用系数不小于0.80，井灌区采用渠道防渗的渠系水利用系数不小于0.85，采用管道输水的水利用系数不应小于0.90，水稻灌区田间水利用系数应不小于0.95，旱作物灌区田间水利用系数不应小于0.90，井灌区灌溉水利用系数应不小于0.80，渠灌区灌溉水利用系数不应小于0.70，喷灌、微灌区灌溉水利用系数不应小于0.85，滴灌区不应小于0.90，高标准农田灌溉工程水平参照NY/T 2148—2012附录H。

5) 排水沟

排水沟要满足农田防涝、排涝、防渍和防止土壤盐渍化的要求，根据作物的生长需要，无盐碱防治需求的农田地下水埋深不少于0.8m，有防治盐碱要求的区域返盐季节地下水临界深度应满足表10-11的规定。田间排水沟（管）工程质量保证年限应不少于10年。

表10-11 盐碱化防治需求地区地下水临界深度　　　　单位：m

土质	地下水矿化度/(g/L)			
	<2	2~5	5~10	>10
砂壤土、轻壤土	1.8~2.1	2.1~2.3	2.3~2.5	2.5~2.8
中壤土	1.5~1.7	1.7~1.9	1.8~2.0	2.0~2.2
重壤土、黏土	1.0~1.2	1.1~1.3	1.2~1.4	1.3~1.5

6) 田间灌溉

应根据水源、作物、经济和生产管理水平，田间灌溉应采用地面灌溉、喷灌和微灌等形式。其中：地面灌溉时，旱作农田灌水沟的长度、比降和入沟流量可参照表10-12确定；灌水沟间距应与采取沟灌作物的间距一致，沟灌作物行距一般为0.6~1.2m，旱作农田灌水畦长度、比降和单宽流量可按照表10-13确定；畦天不应有坡度，宽度应与农业机具作业幅宽的整倍数，且不宜大于4m。平原水田的格田长度宜为60~120m，宽度宜为20~40m，山地丘陵区应根据地形适当调整，在渠沟上应为每块格田设置排水口，受地形条件限值必须布置串灌串排格田时串联数量不得超过3块。喷灌工程应包括输配水管道、电力、喷灌设备及附属设施等，使用年限不少于15年；微灌应包括微喷、滴灌和小管出流（或涌泉灌）等形式，微灌工程固定设施使用年限不少于15年。

表 10-12　灌水沟要素

土壤透水性/(m/h)	沟长/m	沟底比降	入沟流量/(L/s)
强(＞0.15)	50～100	＞1/200	0.7～1.0
	40～60	1/200～1/500	0.7～1.0
	30～40	＜1/500	1.0～1.5
中(0.10～0.15)	70～100	＞1/200	0.4～0.6
	60～90	1/200～1/500	0.6～0.8
	40～80	＜1/500	0.6～1.0
弱(＜0.10)	90～150	＞1/200	0.2～0.4
	80～100	1/200～1/500	0.3～0.5
	60～80	＜1/500	0.4～0.6

表 10-13　灌水畦要素

土壤透水性/(m/h)	畦长/m	畦田比降	单宽流量/(L/s)
强(＞0.15)	60～100	＞1/200	3～6
	50～70	1/200～1/500	5～6
	40～60	＜1/500	5～8
中(0.10～0.15)	80～120	＞1/200	3～5
	70～100	1/200～1/500	3～6
	50～70	＜1/500	5～7
弱(＜0.10)	100～150	＞1/200	3～4
	80～100	1/200～1/500	3～4
	60～90	＜1/500	4～5

10.2.3　标准存在不足

(1) 农民认识有待提高

目前，多数劳动力输出进行打工后，仅有少部分农民在家进行土地耕种，且已习惯了传统的分散耕种模式，随着畜牧产业收入高、见效快的发展趋势，少数农户修建养殖场搞养殖，大多数农民对高标准农田建设不感兴趣，无法组织其进行投工投劳，集约化耕种观念和科学种植观念有待进一步提高，客观影响了高标准农田的开发和建设。

(2) 土地零散较为普遍

高标准农田建设需要对土地进行整理和分配，对土地质量有一定要求。大树镇目前耕种土地多处于中高山地区，土地零散，高低不平，不利于机械化耕作，且机耕路建设不标准，不利于大型农用机具的使用，农家肥施用麻烦，农民图方便，大量施用化肥造成土壤板结，土地质量下降，制约了高标准农田项目的实施。

(3) 建设标准不完善，配套设施不科学

① 建设标准不完善。我国高标准农田建设标准与农业现代化发展要求存在差距，

机耕、机播、机收等综合机械化未出台具体标准；条田建设标准仅有"集中连片"的规定，对于平原、丘陵地区条田规模无明确标准；耕作层和有效土层厚度设定了标准，但对土壤有机质含量、耕地质量等级提升、耕地地力改善未明确。

② 配套设施不科学。部分地区对高标准农田建设统筹规划不足，一些已经建成的项目区中灌溉、田埂、沟渠等设施配套不完善，如水利灌溉设施距离耕种区较远，无法满足农民实际用水需求；没有田埂或路面沟渠宽度不够，不便于下田作业。

（4）管护机制不健全，功能作用不持续

① 管护机制不健全。当前高标准农田建成后普遍由当地乡镇基层政府或村委会负责管护，由于乡镇干部流动性大、村干部职位调动等原因，管护主体缺位现象突出，责任落实不到位，部分配套设施缺乏监管、维护，高标准农田实际功效减弱。

② 功能作用不持续。《农田建设补助资金管理办法》中无高标准农田管护费用相关具体规定，高标准农田建设专项资金中无法安排管护费，加上基层财力困难，田间路、灌溉排水渠系等配套设施老化、风化、损坏时无法及时修复，导致使用周期缩短，功能作用减弱。

（5）建设资金渠道单一，亩均投资水平不高

① 建设资金渠道单一。高标准农田建设投资规模大、建设周期长、收益慢且具有不确定性，社会资本参与农田水利建设存有顾虑、积极性不高，目前项目资金主要依靠中央、省级财政投入，无法满足实际建设发展需要。调研的周口市太康县2019年、2020年农田建设项目资金均为财政资金；南阳市唐河县2020年农田建设项目总投入19919万元，其中：财政资金19669万元，社会资金250万元。

② 亩均投资水平不高。由于高标准农田建设面积较大，当前亩均投资标准不高。2019年中央财政安排高标准农田建设补助资金859亿元，用于规划建设8000万亩高标准农田，亩均投资约为1074元，加上地方财政配套资金，高标准农田亩均财政综合投资约为1415元。据专家测算，要建设适应现代农业发展需求的永久性高标准农田，平原地区亩均投资需3000元左右，缺口较大。

近年来，中央、省、市资金主要用于脱贫攻坚等方面，对高标准农田的建设投入较少。以大树镇为例，2020年至今县级相关部门都未下达高标准农田建设项目，虽然其他乡镇下达了少量项目，但建设高标准农田的规模仍然不大，速度依然很慢。

10.3　高标准农田质量

为合理组织高标准农田项目工程建设，依据区域气候特点、地形地貌、水土条件、耕地质量等因素，将全省分为西南区、华南区、青藏区3个分区，因地制宜，采取针对性措施，推动高标准农田建设。按照《耕地质量等级》（GB/T 33469—2016）国家标准中关于耕地质量等级划分区域范围的有关规定，云南省划入我国九区之西南区、华南区和青藏区3个农业区。分属西南区川滇高原山地农林牧二区、华南区滇南农林二区和青藏区川藏林农牧二区（见书后彩图 12）。

10.3.1 高标准农田的肥力质量

(1) 西南区

包括昭通市、曲靖市、昆明市、楚雄州、大理州、丽江市、怒江州（兰坪县、泸水市）、保山市（腾冲市）、普洱市（景东县）、玉溪市（红塔区、江川区、澄江市、通海县、华宁县、易门县、峨山县）、红河州（弥勒市、泸西县）、文山州（文山市、丘北县、砚山县）共 12 个州（市）的 77 个县（市、区），总耕地面积 5484.60 万亩，占全省耕地总面积的 58.88%；平均等级为 4.95 等。

① 评价为 1～3 等地的高等级耕地面积为 1373.23 万亩，占西南区耕地面积的 25.04%；主要分布在曲靖、昆明、楚雄、大理等州（市），以水稻土和红壤为主，没有明显障碍因素。

② 评价为 4～6 等的中等级耕地面积为 2869.43 万亩，占西南区耕地面积的 52.32%；主要分布在曲靖、昭通、昆明、楚雄、文山及大理等州（市），以红壤和水稻土为主，基础地肥力中等，灌排条件一般，存在酸化、障碍层次等障碍因素。

③ 评价为 7～10 等的低等级耕地面积为 1241.94 万亩，占西南区耕地面积的 22.64%；主要分布于昭通、曲靖、大理等州（市），以红壤、黄壤、水稻土和黄棕壤为主，立地条件较差，土层浅薄，存在酸化、潜育化、瘠薄、障碍层次等障碍因素。

针对酸化问题，可采用化学改良剂、施用碱性肥料等措施进行改良；针对瘠薄、障碍层次等问题，可采取聚土垄作或横坡耕作等措施减少水土流失，同时，增施有机肥料培肥地力，逐步改善土壤结构；针对潜育化问题，可采取开沟排水或放水晒田等措施加以缓解。

西南区耕地质量等级比例分布见图 10-1。

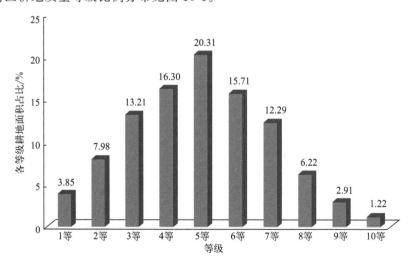

图 10-1 西南区耕地质量等级比例分布

（图来源于宗晓波等，2021）

(2) 华南区

包括德宏州、保山市、临沧市、普洱市（江城县、景谷县、澜沧县、孟连县、墨江县、宁洱县、思茅区、西盟区、镇沅县）、西双版纳州、玉溪市（新平县、元江县）、红河州、文山州（西畴县、麻栗坡县、马关县、广南县、富宁县）共8个州（市）的47个县（市、区），总耕地面积3726.81万亩，占全省耕地总面积的40.01%；平均等级为6.56等。

① 评价为1～3等地的高等级耕地面积为428.23万亩，占华南区耕地面积的11.49%；主要分布在红河州、保山等州（市），以水稻土为主，没有明显障碍因素。

② 评价为4～6等的中等级耕地面积为1199.39万亩，占华南区耕地面积的32.18%；主要分布红河、临沧、文山、普洱等州（市），以水稻土、红壤和赤红壤为主，基础地肥力中等，灌溉条件一般，部分耕地存在潜育化等障碍因素。

③ 评价为7～10等的低等级耕地面积为2099.19万亩，占华南区耕地面积的56.33%；主要分布在普洱、临沧、红河和文山等山地区域，以水稻土、红壤及赤红壤为主，基础地肥力相对较差，农田基础设施缺乏，部分耕地存在酸化、瘠薄等障碍因素（见图10-2）。

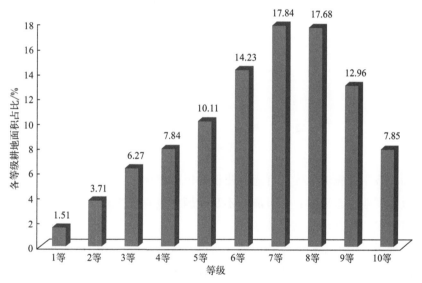

图 10-2 华南区耕地质量等级比例分布

（图来源于宗晓波等，2021）

针对基础设施缺乏问题，应重点完善配套农田水利设施，推广秸秆还田等技术培肥地力，提高耕地综合生产能力；针对酸化问题，可施用土壤调理剂、增施有机肥等措施加以改良；针对瘠薄问题，可通过秸秆还田、种植绿肥、增施有机肥等措施培肥熟化土壤，逐步改善耕层理化性状和养分状况。

(3) 青藏区

包括怒江州（福贡县、贡山县）、迪庆州2个州（市）的5个县（市、区），总耕地面积103.59万亩，占全省耕地总面积的1.11%；平均等级为6.92等。

① 评价为1～3等地的高等级耕地面积为6.43万亩，占青藏区耕地面积的6.21%；全部分布于迪庆州，以水稻土为主。这部分耕地基础地肥力较高，没有明显障碍因素。

② 评价为4～6等的中等级耕地面积为31.99万亩，占青藏区耕地面积的30.88%；散布于迪庆州、怒江州等山地坡下处，以水稻土和红壤为主，这部分耕地地块较为破碎，土壤肥力差，土层浅薄，灌溉能力差。

③ 评价为7～10等的低等级耕地面积为65.17万亩，占青藏区耕地面积的62.91%；主要集中迪庆州、怒江州的山地中上部，以黄棕壤和棕壤为主。这部分耕地海拔高，且土层较薄，灌溉能力差，耕地生产能力较低（见图10-3）。

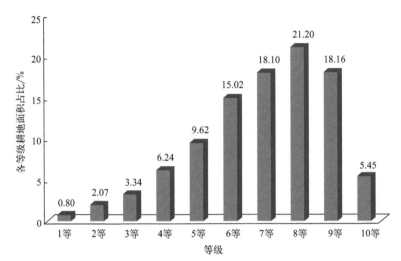

图10-3 青藏区耕地质量等级比例分布图

(图来源于宗晓波等，2021)

针对高海拔生态脆弱地区，可通过建设农田防护林网、合理轮作等措施加强农业生态保护，改善农业生态环境；针对灌溉不足问题，应通过持续推进高标准农田建设，实施节水灌溉技术，提高水肥利用效率。

影响耕地质量的因素错综复杂，涉及自然、生态环境、社会经济和区位条件等多方面。其中自然因素主要包括土壤、水文、气候、地质、地形地貌等，它是进行农业生产的基础，是决定耕地质量的重要指标。耕地自然质量强调耕地的本底条件，县级区域范围内气候条件及种植制度差异较小，其差异主要来自地形、表层土壤质地、有效土层厚度、土壤肥力水平等。而社会经济因素一般通过影响耕地经营管理水平而影响耕地质量，主要包括基础配套设施、耕作条件、土地利用状况、交通区位、土地管理、投入以及技术等，也是影响耕地质量的重要因素。

10.3.2 高标准农田的环境质量

土壤环境因素主要指土壤污染情况对耕地的影响，随着工农业的快速发展，土壤重金属污染已经成为威胁食物安全及区域生态系统健康的重要因素，而土壤重金属含量是评价土壤环境质量的重要指标之一。

（1）水资源利用对生态环境的影响

和农田灌溉保证率，增加和改善灌溉面积，对流域的水量和水质影响较小。高标准农田建设旨在提高农田基础设施水平，提升农田防灾减灾能力。通过提高灌溉水利用系数。

（2）工程建设对水土流失的影响

高标准农田建设内容主要为田块整治、排灌沟渠修建、输配水管道铺设、农田道路整修、小型泵站的修建、取水池、蓄水池、农田防护林网种植等，由于单个工程规模小，工程施工周期短，在建设期内不会造成较大的水土流失。农田林网的建设可有效拦截泥沙，有效地减轻土壤侵蚀强度，对防治水土流失、改善生态环境将起到积极作用。

（3）农业投入品施用及其对环境的影响

通过高标准农田建设，提高土壤肥力，改善农田小气候，可减轻对化肥、农药等投入品的依赖，同时通过推广应用科学施肥、增施有机肥、秸秆还田、绿肥种植还田、病虫害综合防治等技术，推广使用高效、低毒、低残留农药和生物农药，可降低化肥、农药的使用量，提高化肥、农药的使用效率。同时，由于水资源的高效利用，田间灌溉强度减少，使土壤中养分流失量减少，可有效地减少农业的面源污染。总之，在土地、水资源开发利用强度可承受范围内，按照保护环境、综合利用的原则进行开发和建设，高标准农田建设对环境会产生积极的影响，不会产生明显不利的影响。

（4）小结

《全国高标准农田建设规划》（后简称《规划》）涉及农田土地平整，配套建设水电路、堆肥等必要基础设施，肥药减量和增施有机肥，无害化处理畜禽粪污等内容，主要目标是提高耕地质量等级，促进农业资源高效利用，降低农业面源污染。所采取的工程措施和技术模式符合国家相关产业政策。《规划》实施有利于加强农业资源与生态环境保护，促进高原特色农业绿色发展。影响环境的潜在不利因素主要有：农田道路水渠等设施建设期，工程占地对自然景观产生一定影响；农药、化肥等农业投入品施用不当，畜禽粪污转运处置期间，可能对土壤、环境造成一定影响。总体上看，规划实施对环境影响较小，并在可控范围内。

通过实施《规划》，可在一定程度上缓解农业发展和耕地、水资源紧张的矛盾，有利于促进农业生产中的生态保护与建设。通过改善农田基础设施，可有效减少农田水土流失，减轻面源污染，保护水土资源；通过土地平整、保护性耕作、农田防护林网与生态环境保护与建设，可改善小气候、防风固沙、保持水土，有效防治土壤沙化和次生盐渍化，改善土壤理化性状，保护农田生态环境，促进无公害、绿色农产品的生产。综上所述，《规划》项目本身可改善生态环境，对周围环境基本上没有不良影响。

10.3.3　高标准农田的健康质量

研究对于云南省高标准农田三个地区与对照区农田土壤重金属含量进行了对比分析与污染状况评价，同时对当地居民健康产生的风险进行了评价。西南区、华南区、西藏区（西藏自治区）三个地区表层土壤未出现重金属含量超标现象，土壤重金属环境相对较好；对照区土壤个别点 Ni、As 含量超出人体所能承受的安全限值，但不具普遍性，对当地居民健康存在潜在威胁。两个对照组土壤中 Cd 及对照区土壤中的 Cr 含量因受人为活动影响高于新疆土壤背景值，但土壤中各重金属元素总体处于无污染水平（I_{geo}<0）；各重金属元素 I_{geo} 均表现为：西藏区＜西南区＜华南区＜对照区，说明云南省农田土壤重金属污染程度总体受人为活动影响相对对照区更小。研究提供的三个地区与对照区农田土壤重金属含量特征有助于了解整个于云南省土壤重金属含量状态，有助于进一步对当地土壤环境状况进行判断。两个对照组土壤中 As、Cd 对儿童的致癌风险均高于成人，这与杨敏等的研究结果相符，可能与儿童对环境自身免疫能力相对成人较弱有关。Cr 对成人的致癌风险均高于儿童，这可能是由于 Cr 的致癌效应以呼吸效应为主，成人相对儿童的吸入量较大，对成人的贡献比率相对儿童较高。因此，从土壤重金属对居民健康风险的角度分析，西藏区相对对照区更有利于当地居民健康，为当地居民长寿提供了基础条件。

高标准农田西南区、华南区、西藏区表层土壤中 Cr、Hg、Ni、Pb、As、Cu、Zn、Cd 含量均值低于对照区；土壤中未出现重金属含量超标现象，对照区个别土壤样点 Ni、As 含量超出我国《土壤环境质量标准》（GB 15618—1995）二级标准限值。高标准农田西南区、华南区、西藏区土壤重金属总体环境优于对照区。

由 Müller 地质累积指数法得出两对照组土壤处于无污染水平，但西南区、华南区、西藏区农田土壤重金属污染程度受人为活动影响相对对照区更小。土壤健康风险评价结果显示，两个对照组土壤重金属引起的总致癌风险（$Risk_{all}$）与总非致癌风险（HQ_{all}）均表现为：对照区＞西藏区＞西南区＞华南区；儿童＞成人。土壤中的 Cr、Cd 对两个对照组居民不会产生致癌风险（$Risk_{all}$<10^{-6}）；土壤中的 As 对两个对照组居民产生可接受致癌风险（10^{-6}<$Risk_{all}$<10^{-4}），对照区土壤中 As 引起当地 $Risk_{all}$ 比西南区高 1.90 倍。两个对照组土壤重金属元素经手口途径暴露、皮肤接触暴露及呼吸暴露三种暴露途径产生的总非致癌风险均是可接受的（HQ_{all}<1）。但对照区土壤中 Cr、Ni、As、Cd 引发当地非致癌风险的概率比三个地区要高。

高标准农田建设通过建设农田防护与生态环境保持工程，营造农田林网，提高农田防护林覆盖度，根据因害设防原则进行全面规划、综合治理。结合排水设施和地形地貌，实施生态化改造，吸收利用农田径流中的养分，促进其循环再利用，合理开发和利用农业资源，推广适宜的耕作制，提高农田生物多样性与清洁程度。

参考文献

[1] Askari M S, Holden N M. Quantitative soil quality indexing of temperate arable management systems [J]. Soil and Tillage Research, 2015, 150: 57-67.
[2] Cao Z H, Huang J F, Zhang C S, et al. Soil quality evolution after land use change from paddy soil to vegetable land [J]. Environmental Geochemistry and Health, 2004, 26 (2): 97-103.
[3] Lal R. Conservation tillage for sustainable agriculture: Tropics versus temperate environments [J]. Advances in Agronomy, 1989, 42: 85-197.
[4] Lenka, Narendra K, Lal, Rattan. Soil-related constraints to the carbon diode fertilization effect [J]. Critical Reviews in Plant Sciences, 2012, 31 (4): 342-357.
[5] Mercy Kamau, Melinda Smale, Mercy Mutua. Farmer demand for soil fertility management practices in Kenya's grain basket [J]. Food Security, 2014, 6 (6): 793-806.
[6] Niu L A, Hao J M, Zhang B Z, et al. Influences of long-term fertilizer and tillage management on soil fertility of the north China plain [J]. Pedosphere, 2011, 21 (6): 813-820.
[7] Yao, H., Jiao, X., Wu, F. Effects of continuous cucumber cropping and alternative rotations under protected cultivation on soil microbial community diversity [J]. Plant & Soil, 2006, 284 (1-2): 195-203.
[8] Ivashchuk Olga A., Fedorov Vjacheslav I., Koskin Alexandr V., et al. Method of integral assessment of soil quality in rural-urban areas based on the fuzzy logic [J]. International Journal of Engineering & Technology, 2018, 7 (4): 1-4.
[9] 宋圭武. 农业的产生是人类文明产生的真正标志 [J]. 甘肃农业, 2021 (04): 75-76, 79.
[10] 韩震. 人类文明形态的演进历程 [J]. 人民论坛, 2021 (34): 16-21.
[11] 佚名. 中国古代农业技术发展历程 [J]. 农村工作通讯, 2009 (07): 43.
[12] 杨邦杰, 郧文聚, 程锋. 论耕地质量与产能建设 [J]. 中国发展, 2012, 12 (01): 1-6.
[13] 傅伯杰. 土地评价研究的回顾与展望 [J]. 自然资源, 1990 (03): 1-7.
[14] 关瑜, 陈影, 叶静, 等. 耕地质量多维评价与利用分区——以黄骅市为例 [J]. 水土保持研究, 2022, 29 (03): 334-343, 350.
[15] 郜敏, 黄安东, 李德成, 等. 基于GIS的江淮丘陵地区典型县域土壤质量评价 [J]. 土壤通报, 2021, 52 (01): 16-24.
[16] 高璐璐, 张超, 吕雅慧, 等. 耕地健康产能多要素评价体系构建与应用 [J]. 农业机械学报, 2020, 51 (05): 215-222.
[17] 鲁明星, 贺立源, 吴礼树. 我国耕地地力评价研究进展 [J]. 生态环境, 2006 (04): 866-871.
[18] 武汉大学乡村振兴研究课题组. 全面推动乡村振兴, 确保粮食安全 [J]. 财贸经济, 2022, 43 (05): 5-18.
[19] 汤淑娟, 刘安迪. 我国耕地质量评价指标体系与方法综述 [J]. 现代农业研究, 2022, 28 (03): 45-47.
[20] 童陆亿, 胡守庚, 杨剩富. 土地整治区耕地质量重估方法研究 [J]. 中国土地科学, 2015, 29 (02): 60-66, 97.
[21] 杨颖. 基于多功能性的耕地土壤健康评价 [D]. 南京: 南京信息工程大学, 2021.
[22] 朱瑕, 张立亭, 靳焕焕. 基于因素法和SVM模型的耕地质量评价方法研究 [J]. 土壤通报, 2020, 51 (03): 561-567.
[23] 赵春雨, 朱永恒. 耕地质量指标体系的构建 [J]. 资源开发与市场, 2006 (3): 224-227.
[24] 鲍丽萍, 王景岗. 中国大陆城市建设用地扩展动因浅析 [J]. 中国土地科学. 2009, 23 (08): 68-72.
[25] 曹德军. 鄱阳湖生态经济区基础设施用地研究 [D]. 南昌: 江西农业大学, 2012.
[26] 陈治华. 云南红壤旱耕地机械化保护性耕作技术研究 [D]. 杨凌: 西北农林科技大学, 2005.
[27] 陈治华, 朱瑞祥, 周艳飞. 云南省红壤旱耕地保护性耕作技术 [J]. 农机化研究, 2006 (06): 27-30.
[28] 陈海军. 成都市城市化进程与耕地动态变化的协同性研究 [D]. 成都: 四川农业大学, 2010.
[29] 陈美球, 洪土林, 刘桃菊. 高标准农田建设的"困"与"解" [J]. 中国土地, 2017 (7): 15-16.
[30] 陈正虎, 胡封举. 黄冈市2015年度耕地质量等别变化分析及驱动力研究 [J]. 环境与发展, 2017, 29 (09): 235-237.
[31] 冯小龙, 郭树延, 喻昭, 等. 陕西省耕地质量变化及驱动因素分析 [J]. 西部大开发 (土地开发工程研究), 2018, 3 (07): 13-19.

[32] 范维．"一带一路"建设驱动陕西民营经济发展的路径研究［J］．经济研究导刊．2018（03）：68-69．
[33] 郭洁，佟彤．论永久基本农田质量保护的物权模式［J］．农村经济，2021（1）：22-30．
[34] 郭军．紧扣地方经济建设主旋律创新驱动实现自身转型发展［J］．中国银行业．2018（10）：36-38．
[35] 郭红兵，易军华，刘宗强，等．耕地质量变化趋势及改良对策——以石门县为例［J］．作物研究，2018，32（S1）：66-68．
[36] 郭春梅．地铁建设对经济社会发展的驱动作用及对策思考［J］．企业改革与管理，2020（01）：211-212．
[37] 古维迎，冯长春，沈昊婧，等．滇池流域城乡建设用地扩张驱动力分析［J］．城市发展研究，2011，18（07）：26-31．
[38] 管栩，金晓斌，周У书，等．农村土地整治项目对国民经济影响的定量分析——以长沙县福临镇土地整治项目为例［J］．中国土地科学，2013，27（02）：39-45．
[39] 龚伟．汉台高标准农田建设让昔日泥坑"变身"今朝良田［N］．汉中日报，2022-06-08（004）．
[40] 虎德钰，毛桂莲，许兴．不同草田轮作方式对土壤微生物和土壤酶活性的影响［J］．西北农业学报，2014，23（9）：106-113．
[41] 黄季焜，朱莉芬，邓祥征．中国建设用地扩张的区域差异及其影响因素［J］．中国科学（D辑：地球科学）．2007（09）：1235-1241．
[42] 黄煌．汨罗市耕地数量和质量的时空变化及驱动力分析［D］．长沙：湖南农业大学，2019．
[43] 黄欠如，胡锋，李辉信，等．红壤性水稻土施肥的产量效应及与气候、地力的关系［J］．土壤学报，2006，43（6）：926-933．
[44] 韩延丰．山区高速公路建设用地控制研究［D］．重庆：重庆交通大学，2011．
[45] 洪如水．红壤稻田养地体系的研究［J］．福建农业大学学报，1994，23（2）：185-190．
[46] 胡静，陈银蓉．城市扩张驱动力分析及GM（1，N）预测［J］．国土资源科技管理，2005（05）：69-72．
[47] 霍俊领．公路基础设施建设项目使用林地对生态环境影响分析［J］．经济师，2020（07）：290．
[48] 何国松．多尺度丘陵山区耕地演变机理及预警系统研究［D］．武汉：武汉大学，2004．
[49] 焦清，赵树国．城镇化发展趋势及基础设施建设用地与布局初探［J］．内蒙古农业科技，2005（S2）：41-42．
[50] 姜广辉，赵婷婷，段增强，等．北京山区耕地质量变化及未来趋势模拟［J］．农业工程学报，2010，26（10）：304-311．
[51] 孔波，黄涛珍．耕地质量等别划分与分区研究——以江苏省句容市为例［J］．山西农业科学，2013，41（09）：973-977．
[52] 李阔，许吟隆．适应气候变化的中国农业种植结构调整研究［J］．中国农业科技导报，2017，19（01）：8-17．
[53] 李曼，杨建平，杨圆，等．疏勒河双塔灌区农业种植结构调整优化研究［J］．干旱区资源与环境，2015，29（02）：126-131．
[54] 兰志龙，Muhammad Numan Khan，Tanveer Ali Sial，等．25年长期定位不同施肥措施对关中塿土水力学性质的影响［J］．农业工程学报，2018，34（24）：100-106．
[55] 陆逸君．交通因素对城市土地利用的影响研究［D］．重庆：重庆大学，2013．
[56] 吕田，宋保胜，吕春蕾，等．高标准农田建设效益与农户响应——以河南省N县为例［J］．焦作大学学报，2022，36（02）：68-72，77．
[57] 吕艳梅．农村城市化进程中的耕地保护问题研究［D］．焦作：河南理工大学，2009．
[58] 刘涛，曹广忠．城市用地扩张及驱动力研究进展［J］．地理科学进展．2010，29（08）：927-934．
[59] 刘立刚，廖倩凯，刘烨斌，等．高标准农田建设项目三方演化博弈与仿真研究［J/OL］．农林经济管理学报：1-12［2022-06-09］．
[60] 刘海楠，王德起，周霞．土地整治促进区域经济协调发展的机制与路径——基于改进的存量-流量模型［J］．中国农业资源与区划，2015，36（02）：23-28．
[61] 梁志娇，丘世均．广东交通建设占用耕地的特征及其趋势预测［J］．云南地理环境研究，2005（01）：50-54．
[62] 李砚清．交通项目建设占用耕地耕作层土壤剥离与利用技术研究［J］．西部交通科技，2021（06）：185-187．
[63] 李守强，车宗贤，史久英，等．浅谈甘肃省耕地质量与环境保护体系建设问题［J］．甘肃农业科技，2006（01）：30-31．
[64] 李冰．西安市公共交通设施用地综合开发研究［J］．城市公共交通，2020（10）：44-48．
[65] 李小敏．无人机航测技术在土地整理与开发中的应用研究［J］．测绘与空间地理信息，2022，45（03）：209-211，217．
[66] 李秀彬．中国近20年来耕地面积的变化及其政策启示［J］．自然资源学报，1999（04）：329-333．
[67] 李思源．农业基础设施建设PPP模式研究［D］．长沙：湖南农业大学，2016．
[68] 李明财，郭军，熊明明．基于遥感和GIS的天津建成区扩张特征及驱动力［J］．生态学杂志，2011，30（07）：1521-1528．
[69] 雷鸣涛．G212线建设驱动沿线经济发展研究［J］．交通标准化，2008（04）：191-195．
[70] 梁志会，张露，张俊飚．土地整治与化肥减量：来自中国高标准基本农田建设政策的准自然实验证据［J］．中国农村经济，2021（4）：123-144．
[71] 马雪莹，邵景安，曹飞．重庆山区县域高标准基本农田建设综合成效评估：以重庆市垫江县为例［J］．自然

资源学报，2018，33（12）：2183-2199.
[72] 尚勇，周万彩，傅健. 平原地区高速公路建设对农业生态影响的探讨[J]. 山东交通科技，2008（02）：75-77.
[73] 尚惠芳，易小燕，张宗芳. 农户耕地质量提升行为的逻辑路径与驱动力：研究进展与展望[J]. 中国生态农业学报（中英文），2021，29（07）：1253-1261.
[74] 孙勇，曲京博，初晓冬，等. 不同施肥处理对黑土土壤肥力和作物产量的影响[J]. 江苏农业科学，2018，46（14）：45-50.
[75] 谈明洪，李秀彬，吕昌河. 20世纪90年代中国大中城市建设用地扩张及其对耕地的占用[J]. 中国科学（D辑：地球科学），2004（12）：1157-1165.
[76] 佚名. 我国近20年来耕地面积的变化及其政策启示[J]. 西部资源，2007（06）：19-20.
[77] 唐美珍，郭正元，陈峻峰. 复合污染情况下对土壤中主要酶活性的影响[J]. 绿色科技，2011（10）：96-98.
[78] 王玉宝. 节水型农业种植结构优化研究[D]. 杨凌：西北农林科技大学，2010.
[79] 王劲松，樊芳芳，郭珺，等. 不同作物轮作对连作高粱生长及其根际土壤环境的影响[J]. 应用生态学报，2016，27（7）：2283-2291.
[80] 王火焰，周健民，陈小琴，等. 氮磷钾肥料在土壤中转化过程的交互作用[J]. 土壤学报，2005，42（1）：70-77.
[81] 王宇慧. 基础设施建设与我国现阶段社会经济发展的关系[J]. 西安建筑科技大学学报（社会科学版），2000（02）：22-25.
[82] 王雪微，王士君，宋飚，等. 交通要素驱动下的长春市土地利用时空变化[J]. 经济地理，2015，35（04）：155-161.
[83] 王莉. 我国城市基础设施建设对土地产出率影响的实证研究[D]. 长沙：湖南大学，2012.
[84] 王立君. 贵州高原区紫云至望谟高速公路耕地占补平衡折算[J]. 浙江农业科学，2018，59（09）：1631-1634.
[85] 王光明. 土地开发整理工作的问题分析及其应对策略[J]. 华北自然资源，2021（04）：127-128.
[86] 王晓瑞，林晨，刘向南，等. 西南喀斯特山区耕地质量现状与驱动因素分析——以贵州省为例[J]. 江西农业学报，2018，30（11）：94-100.
[87] 王春雨，孙晓芳，王猛，等. 2000—2015年中国城市化进程中耕地质量及其时空变化研究（英文）[J]. Journal of Resources and Ecology，2019，10（02）：174-183.
[88] 施爱枝，朱元根，等. 水稻土地力监测试验初报[J]. 安徽农学通报，2002，8（2）：57-58.
[89] 苏蒙，黄辉玲. 肇东市高标准农田建设项目效益评价研究[J]. 安徽农业科学，2021，49（13）：209-213.
[90] 许雪亚. 耕地质量也要"划红线"[J]. 农村工作通讯，2017（11）：17-19.
[91] 肖潇. 湖北省汉川市建设用地时空扩张特征及其驱动力分析[D]. 武汉：华中师范大学，2021.
[92] 杨劲松，余世鹏，刘广明，等. 黄淮海平原高水肥改良中低产田耕地质量动态评估[J]. 干旱地区农业研究，2009，27（3）：232-238.
[93] 杨少垒，杜兴端. 加强我国农业基础设施建设的几点建议[J]. 四川农业科技. 2013（03）：6-7.
[94] 杨鹏宇. 内蒙古自治区土地调查规划院开展自治区首例建设项目占用耕地与补充耕地质量评价工作[J]. 西部资源，2014（02）：17.
[95] 姚霖，吴俊荻，何寰. 武汉城市轨道交通用地控制规划管理与实践[J]. 城市轨道交通研究，2022，25（04）：17-21.
[96] 姚原温，李阳兵，金昭贵，等. 贵州省大坝土地利用变化及驱动力分析[J]. 长江流域资源与环境，2014，23（01）：67-74.
[97] 易小波，邵明安，赵春雷，等. 黄土高原南北样带不同土层土壤容重变异分析与模拟[J]. 农业机械学报，2017，48（4）：198-205.
[98] 张藕珠. 大力推广机械化深松技术，提高耕地综合生产能力[J]. 农业技术与装备，2011（01）：30-31.
[99] 张正峰，谭翠萍，梁育，等. 高标准农田建设对县域农村经济拉动效应的对比研究：以浙江省江山市与辽宁省盘山县为例[J]. 地域研究与开发，2019，38（5）：142-147.
[100] 张秀青. 对西部城市化进程中的耕地保护问题的思考[J]. 西昌学院学报（自然科学版），2004（03）：95-99.
[101] 张明. 区域土地利用结构及其驱动因子的统计分析[J]. 自然资源学报，1999（04）：381-384.
[102] 张媛. 绿色基础设施视角下的非建设用地保护与利用策略研究[D]. 武汉：华中农业大学，2013.
[103] 张雪茹. 江苏省城市建设用地变化及驱动因子研究[D]. 南京：南京师范大学，2017.
[104] 赵秉强. 传统化肥增效改性提升产品性能与功能[J]. 植物营养与肥料学报，2016，22（1）：1-7.
[105] 赵京，杨钢桥. 耕地利用集约度变化及其驱动因素分析——以湖北省为例[J]. 长江流域资源与环境，2012，21（01）：30-35.
[106] 邵晓梅，杨勤业，张洪业. 山东省耕地变化趋势及驱动力研究[J]. 地理研究，2001（03）：298-306.
[107] 朱会义，何书金，张明. 环渤海地区土地利用变化的驱动力分析[J]. 地理研究，2001（06）：669-678.
[108] 周南照. 经济建设驱动下的中国教育改革：进展问题趋势[J]. 中国教育学刊，1993（02）：21-24.
[109] 周利芳. 湖北省城市化进程中的耕地资源保护问题研究[D]. 武汉：华中师范大学，2012.

[110] 钟文圣，严瑶婷. 苏州经验：经济驱动型现代化与和谐社会构建 [J]. 天水行政学院学报，2013，14（04）：31-37.
[111] 耿丽娟，黄宏胜，何亚芬. 中国耕地占补平衡制度的演变与展望 [J]. 安徽农业科学，2016，44（07）：231-235.
[112] 郭珍. 坚持最严格的耕地保护制度（专题深思）[N]. 东北农业大学经济管理学院，2021-03-15（09）.
[113] 余建新，郑宏刚，张川，等. 土地整治体系 [M]. 北京：中国科学技术出版社，2015.
[114] 汤怀志，梁梦茵，范金梅，等. 我国土地整治规划的发展历程、趋势与反思 [J]. 郑州轻工业学院学报（社会科学版），2016，6：52-59.
[115] 国土资源部土地整治中心. 中国土地整治发展研究报告（2014版）[M]. 北京：社会科学文献出版社，2014.
[116] 杨邦杰，郧文聚，刘淑霞，等. "兴地睦边"农田整治重大工程调查研究 [J]. 中国发展，2010，10（1）：5.
[117] 中华人民共和国自然资源部，全国耕地质量等别调查与评定 [R].
[118] 云南省自然资源厅. 云南省2013年度耕地质量等别年度更新评价成果 [R]，2013.
[119] 云南省自然资源厅. 云南省2014年度耕地质量等别年度更新评价成果 [R]，2014.
[120] 云南省自然资源厅. 云南省2015年度耕地质量等别年度更新评价成果 [R]，2015.
[121] 云南省自然资源厅. 云南省2016年度耕地质量等别年度更新评价成果 [R]，2016.
[122] 云南省自然资源厅. 云南省2017年度耕地质量等别年度更新评价成果 [R]，2017.
[123] 云南省自然资源厅. 云南省2018年度耕地质量等别年度更新评价成果 [R]，2018.
[124] 张凤荣，张天柱，李超，等. 中国耕地 [M]. 北京：中国农业大学出版社，2021.
[125] 中国环境统计年鉴 [M]. 北京：中国统计出版社，2016.
[126] 中国统计年鉴 [M]. 北京：中国统计出版社，2016.
[127] 武立群. 云南省河流与水资源 [J]. 人民长江，2004（05）：48-50.

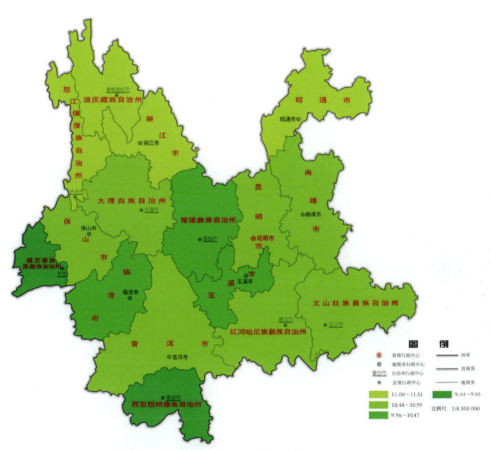

彩图1 云南省各州（市）耕地国家自然平均等别分布图

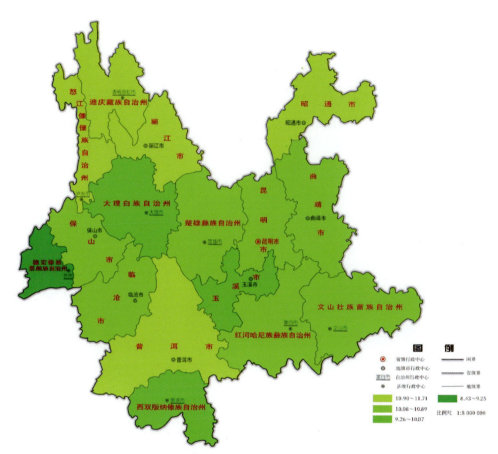

彩图 2 云南省各州（市）耕地国家利用平均等别分布图

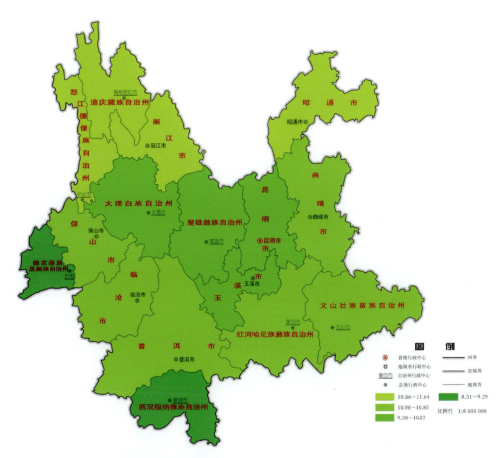

彩图 3 云南省各州（市）耕地国家经济平均等别分布图

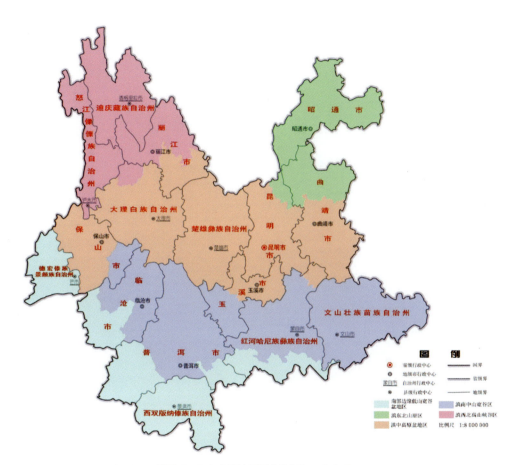

彩图 4 云南省耕地质量分等指标区分布图

彩图 5 乌蒙山贫困地区国土综合整治重大工程项目区

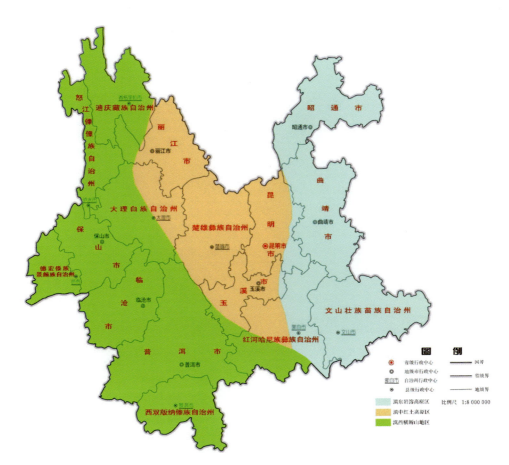

彩图 6 云南省三大地貌区域分布图

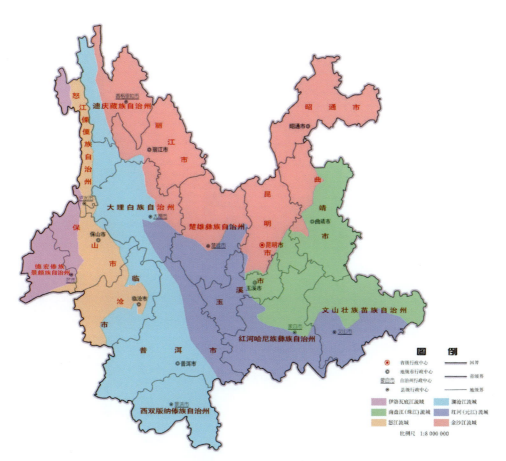

彩图 7 云南省六大水系流域分布图

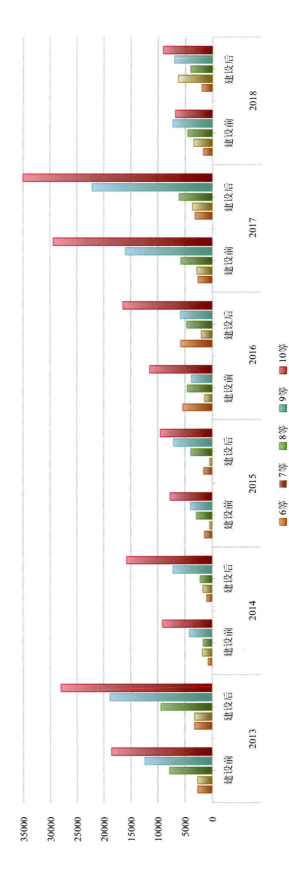

彩图 8 云南省 2013~2018 年度质量建设耕地等别面积建设前后对比

(a) 治理前　　　　　　　　　　　　　　(b) 治理后

彩图 9　陇川县南苑河西岸土地整理项目治理前后对比

(a) 整治前　　　　　　　　　　　　　　(b) 整治后

彩图 10　建水县土地开发整理项目整治前后对比图

(a) 整治前　　　　　　　　　　　　　　(b) 整治后

彩图 11　东川泥石流区域土地整治前后对比图

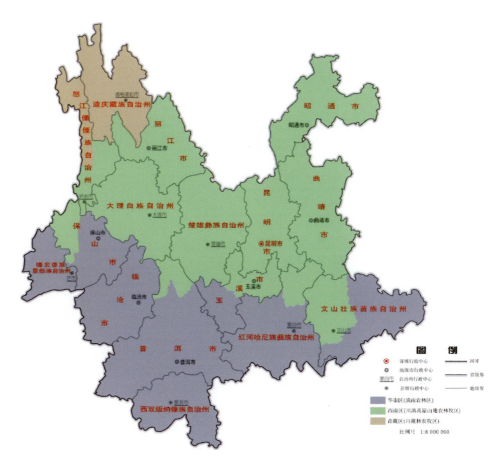

彩图 12　耕地质量等级调查评价区划图